통일로 향하는 분단시대의 근현대사 이야기

분단고통과

통일전망의

강만길 지음

역사

도서
출판 선인

분단고통과 통일전망의 역사

초판 1쇄 발행   2013년 5월 15일
    2쇄 발행   2015년 3월 30일

지은이   강만길
펴낸이   윤관백
펴낸곳   ✕도서출판 **선인**

등록   제5-77호(1998.11.4)
주소   서울시 마포구 마포대로4다길 4(마포동 324-1) 곳마루빌딩 1층
전화   02)718-6252 / 6257
팩스   02)718-6253
E-mail   sunin72@chol.com

정가   20,000원
ISBN   978-89-5933-619-7   03900

분단고통과
통일전망의 역사

책을 내면서
먼저 하고 싶은 말이 있습니다

필자는 2003년에 『우리 통일, 어떻게 할까요』라는 작은 책자를 세상에 내어놓은 일이 있습니다. 평양의 6·15남북공동선언 현장에 참가하고 와서 평소 가지고 있었던 통일문제에 관한 소신을 밝힌 책이었다고 하겠습니다. 그리고 1999년에 출판한 『20세기 우리 역사』란 책의 증보판을 2009년에 발간했습니다.

『우리 통일, 어떻게 할까요』와 『20세기 우리 역사』 증보판에서는 우리 민족사회가 추구하는 평화통일문제에 대한 필자 나름의 생각을 펴기도 했습니다. 이제 다시, 역사에서 외적들에 의한 우리 땅의 강점을 피하기 위해 제시되었던 방안들과 그럼에도 불구하고 결국 강점당한 과정, 그리고 강점에서 벗어나면서 국토와 민족이 분단된 과정을 되새겨보고 앞으로의 통일을 전망하는 책을 또 쓰기로 했는데 그것은 다음과 같은 몇 가지 이유에서입니다.

첫째, 『우리 통일, 어떻게 할까요』와 『20세기 우리 역사』에서도 통일문제에 앞선 분단과정을 어느 정도 밝혔지만, 특히 우리 땅의 지정학적 위치문제와 연관해서 역사상 거론되었던 우리 땅의 중립화론 및 분단논의에 대해 좀 더 상세히 설명함으로써 근대 이후의 우리 민족사회가 당면했던 역사적 처지에 대한 이해를 더 높일 필요가 있다는 생각 때문입니다.

둘째, 6·25전쟁에 관한 많은 자료와 저서들이 나왔는데, 이 전쟁이 우리 민족사회의 분단을 고착화하는 결정적 계기가 되었다는 점에서 전쟁사라는 측면에서보다 분단고착강화란 측면에서 이 전쟁에 대해 가능한 한 심층적인 분석을 해봐야 한다는 생각 때문입니다. 이 전쟁을 통해서 우리 땅의 경우 전쟁통일이 될 수 없는 조건이며, 전쟁통일이 안 되는 곳은 흡수통일도 될 수 없다는 사실을 좀 더 상세히 밝힘으로써 통일문제에 대한 이해를 더 높여 보려는 겁니다.

셋째는 6·15남북공동선언이 발표된 7년 뒤에 노무현정부에 의해 10·4남북공동선언이 이루어져서 우리 민족사회의 평화통일문제가 6·15남북공동선언 때보다 한층 더 진전되었기 때문에 그 내용을 일반 독자들에게 쉽게 풀어서 상세히 전해주는 것이 좋겠다고 생각했기 때문입니다. 『우리 통일, 어떻게 할까요』와 『20세기 우리 역사』에서는 다루지 못한 부분이기도 하구요.

넷째는 우리 땅의 통일문제에 대해 10년 전에는 미처 제대로 생각하지 못했던 점들이 있기 때문입니다. 즉 21세기 세계사가 '유럽연합', '아세안' 등 지역평화공동체를 이루어 가고 있는 점과 관련해서, 이 같은 세계사적 추세와 우리 민족의 통일문제가 어떻게 연관되겠는가 하는 문제를 생각하지 않을 수 없게 되었습니다. 전쟁통일도, 흡수통일도 아닌 통일방법이 강구되어야 하겠는데 이 점에 대해 나름대로의 이야기를 높여보려는 겁니다.

다섯째는 『우리 통일, 어떻게 할까요』는 가볍게 생각나는 대로 써내려간 것이었는데, 그렇게 하기보다는 좀 더 구체적인 자료를 근거로 한 사실(史實)들을 제시하여 독자들의 이해를 더 높일 수 있으면 좋겠다고 생각했고, 『20세기 우리 역사』는 통사형식이기 때문에 그 서술초점이 분단고통과 통일방향문제에 집중되지 않은 점이 있기 때문입니다.

이들 두 책과 다르게 쓰겠다고 해서 역사논문이나 시대사 쓰는 것처럼 딱딱한 실증성 중심으로 쓰자는 것은 아니고, 될 수 있으면 쉽게 또 부담 없이 가능하면 재미있게 읽을 수 있도록 하자는 생각입니다. 꼭 그렇게 될지 모르지만 말입니다. 그리고 책 말미에 이 책을 쓰면서 이용한 자료목록을 붙여놓았습니다. 혹시 참고가 될까 해서입니다.

여섯째는 이명박정부에 의해 6·15남북공동선언과 10·4남북공동선언이 모두 사장(死藏)되고 남북관계가 나빠져 지금 같아서는 평화통일이 아주 멀리 가버린 것 같은 상황이 됐습니다. 다행히도 이명박정부의 임기가 끝나고 후속정권이 섰지만, 이 시점에서 우리 민족의 평화통일의 길이 어디에 있는가를 다시 한번 일깨워보는 것이 좋겠다는 생각이 절실하기 때문이기도 합니다.

21세기로 들어서면서 김대중정부와 노무현정부에 의해 모처럼 남북화해분위기, 즉 평화통일지향 분위기로 나아갔던 우리 땅의 남북관계가 이명박정부에 와서 모두 무위로 되고 말았다고 하겠습니다. 우리 속담에 "10년 공부 도로아미타불"이란 말이 있지만, 중대한 통일문제가 그 꼴이 되고 말았다고 하겠지요.

그렇게 된 원인이 무어냐고 묻는다면 필자 같은 역사학전공자의 처지에서는 직설적으로 말해서 이명박정부가 분단민족사회 정부로서, 그리고 평화통일을 지향하는 정부로서 갖추어야 할 역사의식이 전혀 없는 정부거나, 아니면 반역사적 정부였기 때문이라 할 수밖에 없지 않을까 합니다. 아니면 시대착오적인 전쟁통일 및 흡수통일 지향적 정부이거나 말입니다.

우리 사회는 불행하게도 지난 20세기 후반을 통해서 근 30년간에 걸친 군사독재시기를 겪어야 했습니다. 그러나 이명박정권은 민간정권이면서도 지난날의 군사독재정권과 다름없는, 아니 7·4남북공동성명이 나온 박정희군사정권이나 '남북기본합의서'가 채택된 군인출신 노태우정부보다도 민족문제 및 평화통일문제에는 아무런 진전과 업적을 남기지 못한 불행한 정권이 되고 말았습니다.

대통령중심제 국가의 최고통치자는, 더구나 역사상 최대불행의 시대라 할 민족분단시대의 최고통치자는 반드시 분단문제 해결을 위한 나름대로의 철학을 갖는 것이 당연하다 하겠습니다. 전체 민족구성원이 평화통일을 염원하고 있는 분단민족사회의 대통령이 가져야 할 최고 최대의 임무와 책임은 분단문제를 평화적으로 해결하는 데 나름대로의 최선을 다하는 일이라 할 것입니다.

설령 대기업의 전문경영인출신으로서 한 지방자치단체의 행정을 맡아 주민들이 선호하는 특정토목공사를 한 것이 업적이 되어 대권을 쥐게 되었다 해도, 대통령으로서는 당면한 민족사적 최고 중대과제가 무엇이며 그것을 합리적으로 해결하는 역사적 현실적 길이 무엇인가를 제대로 터득하는 일이, 장기인 또 다른 대규모 토목공사를 벌이는 것보다 훨씬 중요함을 알아야 했음은 말할 나위가 없습니다.

우리 땅 남녘의 경우 이승만정부에서부터 이명박정부에 이르기까지 민족분단시대의 각 정권들에 대한 역사적 평가는, 비록 분단시대 정권이라 해도 각 정권이 정치-경제-사회-문화면의 민주주의를 얼마나 이루었는가 하는 문제와 함께, 각 정권마다 평화통일정책을 현실화하기 위해 무엇을 어떻게 했는가를 묻고 따지게 마련입니다. 그리고 그 결과가 각 정권의 업적으로 역사에 기록되기 마련입니다.

이명박정권은 민족분단시대의 정권, 그것도 군사독재정권이 아닌 민간정권으로서, 남북정상회담이 예정됐다가 북녘정상의 갑작스런 죽음과 그에 따르는 조문문제를 슬기롭게 풀지 못해서 통일문제에 관한한 역사에 기록될 만한 업적을 전혀 남기지 못했을 뿐만 아니라, 동해안에서 남북 사이의 무력충돌을 낳았던 김영삼정권의 전철을 그대로 밟게 되었다고 할 수밖에 없을 것 같습니다.

두말할 것 없이 지금 우리가 살고 있는 민족분단의 시대, 민족상잔의 시대는 우리 민족의 전체 역사를 통해서 가장 불행한 시대라 해도 틀리지 않습니다. 그리고 지난 일제강점기를 산 우리 민족구성원들 모두가 그 강제지배에서 벗어나기 위해 최선을 다해야 할 책무를 가졌던 것과 같이, 민족분단시대에 사는 민족구성원 모두는 이 분단불행을 해소하는 일에 이바지해야 하는 책무를 가지고 있습니다.

일제강점기를 산 우리 선인들의 경우도 민족구성원 전원이 독립투쟁에 직접 나선 것은 물론 아닙니다. 그러나 극소수의 친일반민족행위자를 제외하고는 '왜인'들의 강제통치에서 벗어나기 위한 나름대로의 위상을 유지했고, 그래서 일본제국주의의 패망과 함께 민족해방의 환희가 천지를 뒤덮었던 겁니다.

일제강점에서 해방된 지 반세기가 더 지난 지금, 세상에는 우리 근-현대사에 관한 책도 많이 나왔고 필자도 그런 책 몇 권을 쓰기도 했습니다. 그러면서도 이 시대 우리의 민족적 역사적 핵심문제라 할 타민족에 의한 강점과정과 그것에 이은 분단과정, 그리고 통일문제로 초점을 좁혀서 쓴 역사책은 그다지 많지 않다는 생각입니다.

20세기 전반을 통해 우리 땅이 왜 근 반세기 동안이나 남의 강제지배를 받게 되었는가, 넓지도 크지도 않는 우리 땅이 어떤 조건과 어떤 과정에 의해 남북으로 분단되었는가, 수천 년을 함께 살아온 동족이 왜 하루아침에 적이요 원수가 되고 말았는가 하는 문제를 정확하게 알아야 함을 새삼 강조하지 않을 수 없습니다.

이대로 계속 분단된 채 적이요 원수요 하며 살아야 하겠는가, 그렇지 않고 다시 평화적으로 통일해서 적이 아닌 동족이며 형제가 되려면 어떻게 해야 하는가 등의 문제에 대해. 평생 평화주의자로 자부하면서 우리 근-현대사전공자로 살아온 필자로서는 나름대로의 생각을 다시 한번 정리해 볼 필요가 있다고 생각했습니다.

세상은 이제 탈냉전시대라는 21세기에 들어섰는데, 유독 우리 민족만이 지난 20세기의 냉전주의적 생각에 묶여있는 것이 아닌가, 아직도 이데올로기 대립상황이 남아있는 우리 땅의 평화통일문제는 어떻게 해결될 수 있을 것인가 등의 문제를 다시 한번 냉철히 생각해보지 않을 수 없다는 생각입니다.

남북을 막론하고 분단된 우리 땅에서 21세기를 살아갈 젊은이들에게 조금이라도 도움이 될 수 있을지 모르겠습니다. 다시 말하지만 평화주의자로서 열린 민족주의자로서 그리고 미래지향적 인간주의자로서의 충정을 담으려고 애쓴 것이 독자들에게 어느 정도라도 전해질 수 있다면 천만다행이겠습니다.

• • •

도서관이나 연구시설과 동떨어진 동햇가의 한적한 곳에서 책을 쓰면서 여러 사람의 도움을 받았습니다. 특히 요청하는 자료를 충실히 수집해 보내준 박은숙 박사와 구투 문장을 세밀히 고쳐준 윤경로 교수와 신용옥 박사에게 감사합니다.

그 밖에도 원고를 미리 읽고 의견을 말해준 신근재 · 성대경 · 손석춘 교수에게도 감사합니다.

그리고 희생적으로 계간지 『내일을 여는 역사』의 출판을 맡고 있으면서 또 이 책의 출판을 맡아준 도서출판 선인에도 감사해 마지않습니다.

또다시 우리 땅의 전쟁 위험이 높아지고 있는

2013년 4월 4일에

강만길 씀

분단고통과
통일전망의 역사

목 차

1. 왜 거듭 분단과 통일을 말해야 할까요

21세기 세계 유일의 분단민족임이
더없이 부끄럽습니다

동아시아의 대륙과 해양 사이에 걸쳐진 넓지도 크지도 않는 반도 땅에서 수천 년을 함께 살아온 문화민족이라 자부하는 우리 민족사회가 지난 20세기에 들어와서 불행히도 근 반세기 동안이나 타민족의 강제지배를 받게 됐고, 그 강제지배에서 벗어나면서 바로 남북으로 분단되어 동족끼리 서로 대립하고 미워하고 싸우고 죽이며 살아온 지도 이미 반세기가 넘었습니다.

지난 20세기까지의 약육강식 제국주의시대에는 동북아시아의 대륙세력과 해양세력 사이에 놓인, 그리고 중국-러시아-일본 등 주변 강대국들에 둘러싸인 우리 땅은 국제분쟁의 요충지가 됐습니다. 그 때문에 역사 오랜 문화민족사회이면서도 상당 기간 남의 강제지배를 받기도 했고, 주변의 어느 민족국가보다도 결코 넓은 국토가 아니면서 반세기 이상이나 남북으로 분단되어 대립하고 다투어 오기도 했습니다.

민족사회가 분단된 직후 남북 사이에 3년 동안이나 처절한 동족상잔의 6·25전쟁이 있었고, 그 때문에 수천 년 동안 동족으로 살아온 우리 땅의 남북 주민들이 하루아침에 서로 총부리를 겨누어 죽이는 원수가 되고 말기도 했습니다. 전쟁은 인간역사에서 처절한 비극이지만 특히 동족상잔의 전쟁은 비극 중의 비극임을 필자는 10대 후반과 20대 초반에 걸쳐 6·25전쟁을 겪으면서 뼈저리게 체험했습니다.

6·25전쟁 때는 실제로 형제가 각기 남녘과 북녘의 군인이 되어 총부리를 겨누고 싸운 예가 많았습니다. 그것이 비록 20세기 전반을 통해 주권을 잃고 타민족의 강제지배를 받은 역사실패가 가져다준 어쩔 수 없는 '업보' 그것이었다 해도 이런 불행이 또 어디에 있겠습니까. 이른바 반만년의 역사를 자랑하는 문화민족사회가 말입니다.

수천 년 동안 같은 말을 쓰고 같은 역사와 문화를 가진 민족이라 자부하는 우리 땅 주민들이 남북으로 분단된 지 반세기가 더 지났지만, 그리고 동족상잔의 전쟁을 치르면서 서로 적이 되고 원수가 되기도 했지만, 그래도 60억 이상이 사는 이 지구에서 1억에도 못 미치는 동족임에는 틀림없지 않습니까.

그렇기 때문에 반드시 전쟁에 의한 정복통일이나 결과가 그에 다르지 않는 흡수통일이 아닌, 호혜적 대등적 평화통일을 달성해서 함께 살아야 한다는 생각이 지금까지도 크게 변하지 않은 것 또한 사실입니다. 남북 우리 땅에 사는 사람들은 말할 것 없고 해외동포들까지도 남북의 평화통일을 간절히 염원하고 있는 것이 사실이니까요.

우리 사회에서 이제 전쟁통일론자는 일단 어느 정도 없어졌다 해도 흡수통일론자가 아주 없어진 것은 아니라고 할 수 있겠습니다. 그리고 전쟁통일이 안된 곳에서는 흡수통일도 될 수 없다는 사실을 모르는 사람들이 아직 있는 것 또한 사실이라 하겠습니다. 이 책을 쓰는 이유 중의 하나는 이런 사람들이 민족문제를 올바르게 이해하는 데 조금이라도 도움이 되게 하기 위해섭니다.

경우에 따라서는 남북이 반세기 이상이나 떨어져 살았는데 구태여 통일할 것 있느냐, 따로 따로 살아도 무방하지 않느냐 하는 생각도 있을 수 있겠습니다. 그러나 동북아시아의 대륙세력과 해양세력 사이에 놓인 우리 땅이 분단되어 있는 한 흔히 '극동의 화약고' 또는 '세계에서 전쟁 위험이 높은 곳의 하나'로 지목되기 마련이었고 앞으로도 마찬가지일 겁니다.

통일문제만 해도 그렇습니다. 분단된 초기에는 남북을 막론하고 전쟁통일이 공공연히 말해지거나 기도되었고, 그에 따라 6·25전쟁이 일어나서 처음에는 북측에 의해, 다음에는 남측에 의해 실제로 전쟁통일이 될 뻔도 했습니다. 그러나 우리 땅은 이긴 쪽이 진 쪽을 정복하고 지배하게 되는 그런 전쟁통일은 될 수 없다는 사실을 분명히 증명해준 것이 6·25전쟁이었다고 하겠습니다.

우리가 다 알다시피 당초 민족내전으로 일어난 이 전쟁에 처음에는 미국군 중심 유엔군이, 다음에는 중국육군과 중국군 옷을 입은 소련공군이 참전해서 만 3년간 계속된 처절한 공방전이 되어 많은 사람이 죽고 전체 국토가 초토화되다시피 하고도 38도선이 그것과 비슷한 휴전선으로 바뀌었을 뿐, 결국 우리 땅에서는 전쟁통일은 되지 않고 남북분단이 지속됐습니다.

남북 우리 땅 전체가 전쟁의 방법으로 소련과 중국 등 사회주의 대륙세력권을 배경으로 한 북녘정부에 의해 통일되는 것을 미국 중심의 해양세력 자본주의세력권이 용납할 수 없었고, 반대로 미국 중심 해양세력 자본주의세력권에 포함되어 있는 남녘정부에 의해 우리 땅 전체가 통일되는 것을 소련과 중국 등 대륙의 사회주의세력권이 용납하지 않았던 겁니다.

지정학적 위치문제가 주된 원인이라 하겠지만, 우리 땅의 경우 이긴 쪽이 진 쪽을 지배하고 이긴 쪽의 체제가 진 쪽에 적용되는 전쟁통일 즉 정복통일은 되지 않는다는 사실이, 3년간이나 지속되어 쌍방에 많은 희생을 낸 6·25전쟁을 통해 극명하게 증명됐다고 하겠습니다. 그리고 이 엄중한 사실을 외면하고는 우리의 통일문제를 해결할 수는 없을 겁니다.

세계사적으로 냉전체제가 무너져 우리 땅을 둘러싼 한-미-일 자본주의체제와 조-중-소 사회주의체제의 대립이 해소됐다고 생각할 수 있습니다. 그러나 반드시 기억해야 할 일이 있습니다. 자본주의와 사회주의의 이데올로기 대립이 아직 없었던 청일전쟁과 러일전쟁 때도, 그것이 청국과 일본의 전쟁인데도 또 러시아와 일본의 전쟁인데도 그 중요한 전쟁원인은 우리 땅 문제였고 우리 땅이 전쟁터가 됐던 겁니다.

이데올로기문제를 떠나서도 남북 우리 땅 전체가 대륙세력권에 들어가면서 통일되는 것을 해양 쪽의 한-미-일 연합세력이 용납하지 않으려 하는 것은, 남북 우리 땅 전체가 해양세력권에 들어가는 통일을 지난날 대륙 쪽의 조-중-소 연합세력이 그랬던 것처럼 지금의 조-중-러 연합세력이 용납하지 않으려는 것과 전혀 다르지 않다는 겁니다.

비록 냉전체제의 와해로 이데올로기적 대립은 어느 정도 해소됐다 해도 우리 땅을 둘러싼 대륙세력과 해양세력 사이의 지정학적 대립문제는 그대로 남아 있는 겁니다. 우리 민족사회의 평화통일문제를 이해하는 데 남북을 막론하고 이 같은 우리 땅의 지정학적 위치문제를 도외시할 수 없음을 명심해야 합니다.

앞에서도 말했지만, 자본주의와 사회주의 사이의 이데올로기적 대립이 있기 이전인 19세기 후반과 20세기 초엽에도 동북아시아의 대륙과 해양 사이에 걸쳐진 우리 땅을 제 세력권에 넣기 위해 처음에는 대륙세력 청국과 해양세력 일본이 전쟁을 했고, 다음에는 대륙세력 러시아와 해양세력 일본이 전쟁을 했으며, 두 차례 전쟁의 결과 우리 땅은 두 번 모두 이긴 해양세력 일본의 강제지배를 받게 되고 말았던 겁니다.

유럽 쪽의 독일이 제2차 세계대전 후 동서로 분단되었다가 1990년에 서독에 의해 이른바 흡수통일 되자 독일식 흡수통일이 21세기의 우리 땅에서도 가능하지 않을까 기대하는 사람들도 있는 것 같지만, 우리 땅에서는 지금까지도 독일식 흡수통일이 되지 않았습니다.

잘 생각해 보면 우리 땅에서는 독일 같은 흡수통일이 되지 않는 이유를 알 수 있습니다. 흡수통일은 전쟁통일과 비록 방법은 다르다 해도 결과는 마찬가집니다. 즉 흡수한 쪽이 흡수당한 쪽을 지배하게 되고 흡수한 쪽의 체제가 그대로 흡수당한 쪽에 적용된다는 점에서 전쟁통일과 다르지 않은 겁니다. 따라서 전쟁통일이 안 되는 조건을 가진 곳은 흡수통일도 안 된다고 봐도 틀리지 않을 겁니다.

반만년의 유구한 역사를 가진 문화민족이라 자부하는 우리 민족사회가 21세기에 들어선 지금까지도 세계 유일의 분단민족이라는 오명을 쓰고 있습니다. 반역사적 파쇼체제를 청산한 제2차 세계대전 종결의 축복 속에서 해방된 우리 땅이 아직도 '극동의 화약고' 혹은 '세계에서 가장 전쟁 위험이 높은 지역의 하나'로 지목되고 있는 것이 더없이 부끄럽습니다. 이 오명과 부끄러움에서 빨리 벗어나야 하지 않겠습니까.

그러기 위해서는 특히 지난 19세기 후반과 20세기를 통해서 우리 민족사회가 어떤 길을 걸어왔는가, 우리가 살고 있는 이 반도 땅이 그동안의 국제관계 속에서 어떤 위치에 있었는가, 주변 어느 민족사회의 생활근거지보다 넓지도 크지도 않은 우리 땅이 왜 남북으로 분단되었는가, 저 처절한 6·25동족상잔을 겪고도 왜 전쟁통일은 되지 않았는가 등의 문제를 정확히 그리고 자세히 알아야 합니다.

특히 21세기 우리 민족사회의 주인이 될 남북의 젊은이들이 이 사실을 제대로 알아서 앞으로 남북 전체 우리 민족사회를 어떻게 영위해 가야 할 것인가 하는 문제를 심도 있게 이해하는 일이 중요합니다. 그 때문에 냉철하고도 객관적인 관점에서 외적에게 강점되고 남북으로 분단되었으면서도 통일을, 그것도 평화통일을 지향하고 있는 우리 역사에 대한 공부가 꼭 필요하다는 생각입니다.

젊은 세대는 통일에 관한 관심이 약하다는 게 사실일까요

분단된 지 반세기가 넘기도 했고 또 현실생활에 쫓기다보니, 그리고 분단과정과 동족상잔인 6·25전쟁을 직접 겪은 세대가 점점 줄어들다 보니, 민족구성원일반 특히 젊은이들의 분단고통에 대한 인식과 통일문제에 대한 관심이 줄어들고, 심지어는 구태여 통일할 것 있느냐 지금같이 남녘은 남녘대로 북녘은 북녘대로 살면 되지 않은가 하고 생각하는 사람들이 많아져 간다는 우려가 있는 것 또한 사실입니다.

그러나 1945년 해방 후부터의 불행한 우리 분단시대 역사를 되돌아보면 2000년의 6·15남북공동선언과 2007년의 10·4남북공동선언이 나온 10년 동안을 제외하고는, 남북관계가 항상 원수처럼 서로 대립해 왔고, 또 남북 사이에 크고 작은 분쟁들이 일어나 긴장이 계속되는 상황이었습니다. 창피하게도 '극동의 화약고'로 인정되고 있기도 하고요.

수천 년을 함께 살아온 동족사회가 한 때의 실수로 외적에게 강점되었다가 남북으로 분단되어 처절한 동족상잔을 겪고도 세기가 넘도록 세계 유일의 분단민족사회로 남아 대립과 분쟁과 증오를 계속함으로써 세상 사람들의 조소거리가 되어 있는 겁니다. 흔히 유구한 반만년의 역사를 가진 문화민족으로 자부하면서 말입니다.

이 같은 분단과 대립과 증오가 계속되는 한, 세계사적으로는 냉전체제가 해소되었는데도 우리 땅 남북관계가 냉전주의적 상황에 머물러 있는 한, 21세기에도 우리 땅은 계속 '극동의 화약고'로 남게 될 겁니다. 그리고 남북이 모두 힘에 겨운 군사력을 유지해야 할 것이며, 젊은이들에게 들씌워진 어쩔 수 없는 괴로운 의무병역제는 언제까지나 계속될 수밖에 없을 겁니다.

지금으로부터 60여 년 전에 대학생이었던 필자는 1학년을 마치고 군대에 가야 할지, 아니면 2학년을 마치고 입대해야 할지, 그도 아니면 졸업을 하고 병역의무를 다해야 할지 고민했던 기억이 지금도 생생합니다. 결국 졸업을 한 학기 남겨두고 입대했지만, 그때로부터 반백년이 더 지난 지금에도 손자뻘인 우리 젊은이들이 꼭 같은 고민과 희생을 강요당하고 있는 것이 현실이지 않습니까.

60여 년 전에 필자가 겪었던 분단민족사회의 일원으로서의 고뇌가 손자세대까지 그대로 계속되고 있는 겁니다. 이 얼마나 안타깝고도 불행한 일입니까. 의무병역문제는 앞으로 또 얼마나 많은 이 땅의 젊은이들이 어쩔 수 없이 겪어야 할 고민거리가 되어야 할까요, 어리석고도 한심한 일이 아닐 수 없습니다.

흔히 경쟁상대국으로 치는 이웃나라 일본이나 중국의 젊은이들은 병역이 의무제가 아니고 지원제입니다. 가고 싶은 사람만 상당한 보수를 받고 직업 삼아 가는 것이지요. 오랫동안 같은 문화권 안에서 살아온 '동양 3국' 중에서 우리 땅 남북의 젊은이들만이 21세기가 된 시점에서까지 반드시 병역의무를 다해야 하는 처지에서 '언제쯤 입대해야 할까'를 고민하고 있는 겁니다.

한시가 귀중한 인생의 꽃이라 할 꿈 많고 할 일 많은 20대 초반의 모든 젊은이들이 남녘은 2년 가량, 북녘은 더 길게 제 능력을 제대로 발휘할 수 없고, 어제까지의 일은 모두 '백지(白紙)'인지 '백치(白痴)'인지로 돌리기를 강요받는 괴로운 병영생활을 의무적으로 해야 하는 것은 안타까운 일이 아닐 수 없습니다.

국방의 의무는 물론 신성한 것입니다. 그러나 그 신성한 의무도 지금에는 다하는 방법이 국가마다 다릅니다. 대부분의 국가들이 의무제가 아니고 하고 싶은 사람만 직업적으로 담당하게 하고 있습니다. 주변국가와 충돌이 빈번한 이스라엘이나 제 민족끼리 대립해서 싸우는 우리 민족 등 '어리석고도' 불행한 소수 국가의 젊은이들만이 어쩔 수 없는 의무병역제에 묶여있는 겁니다.

남북이 적대관계에 있었던 지난 60년간의 분단시대를 통해 동족을 적으로 간주하면서 강제로 짊어져야 했던 의무병역제를 직업적 복무제로 바꿀 수는 없는 것일까요, 남북의 우리 젊은이들이 언제까지 가고 싶은 사람만 가는 직업군인제가 아닌 누구나 기어이 가야 하는 의무병역제의 멍에를 짊어지고 살아야 할까요. 그것도 동족의 한쪽을 적으로 삼는 불행한 의무병역제를 말입니다.

세계의 지성들이 21세기 세계사는 세계대전을 두 번이나 겪고도 냉전이 계속된 지난 20세기와는 달리 평화주의가 정착되어 가는 세기가 되리라 희망하고 또 전망하고 있습니다. 우리 젊은이들도 그런 21세기에는 국제무대에 활발히 진출해서 세계사의 당당한 주역이 돼야 할 겁니다.

그런데 제 민족문제조차 해결하지 못해서 제 조국이 남북으로 분단된 채 '극동의 화약고'로 취급되는 상황에서 우리 젊은이들이 국제무대의 떳떳한 주역 노릇을 할 수 있을까요. 제 민족문제도 평화적으로 해결하지 못한 사람들의, 국제무대에서의 활동을 세계인들이 비웃는다 해도 우리는 할 말이 없을 겁니다.

우리 젊은이들의 민족문제와 통일문제에 대한 관심이 희박하다는 말은 분명 잘못된 것일 겁니다. 21세기 민족사의 주역인 남북의 젊은 이들이야말로, 6·25전쟁을 겪은 세대로서 그 영향이 음으로 양으로 남아있는 남북 기성세대의 대북 및 대남 대결주의와 적대주의를 과감하게 넘어서고 극복한 민족구성원일 수 있을 겁니다.

남북을 막론하고 우리 민족의 21세기를 살아갈 젊은 세대야말로 지난 20세기를 산 기성세대의, 분단민족주의 및 남북대결주의에 빠진 일그러진 민족인식과 분단인식을 말끔히 극복하고, 민족문제 및 통일문제를 평화적으로 선의로 해결하려는 생각과 의욕이 더 높고 더 적극적일 것임을 믿어 의심치 않습니다.

해방 직후 찬탁·반탁노선이 극렬히 대립했던 시기를 거쳐 남북이 피로써 싸웠던 6·25전쟁을 겪었거나, 남쪽의 경우 분단시대의 산물인 이승만문민독재와 박정희 등의 군사독재 시기를 살지 않을 수 없었던 기성세대는 어쩔 수 없이 불행한 20세기적 인간들인데 반해, 지금의 젊은이들은 세계사적으로도 서서히나마 평화주의가 정착되어 가는 새로운 희망에 찬 21세기를 살 사람들입니다.

우리 민족사회의 20세기적 인간들은 어쩔 수 없이 남북 적대적 인간형이 되었던 데 반해, 남북을 막론한 21세기 세계사 속의 우리 민족사회를 이끌어 갈 새로운 인간형은 20세기적 인간형이 별수 없이 가졌던 대북적대주의 및 대남적대주의를 말끔히 극복하고 평화주의 지향의 21세기 세계사적 조류에 따라 남북화해와 남북협력과 평화통일을 지향하는 인간형이어야 할 것입니다.

일반적으로 기성세대는 젊은 세대가 자기와 같은 역사의식 및 민족의식을 가지기를 바라기 마련입니다. 그러나 그것은 대단히 잘못된 생각입니다. 기성세대와 젊은 세대가 사는 시대가 다르기 때문입니다. 남북분단 및 남북대결과 동족상잔시대의 주역이었던 기성세대의 역사관과 민족관이 그대로 평화통일 달성의 주역이 돼야 할 젊은 세대에게 교육되고 전승되는 것은 대단히 잘못된 일입니다.

기성세대와 젊은 세대의 역사관이나 민족관이 같아질 수 없지만, 만약 독재정권 등에 의해 같아져야 한다고 강요하는 상황이 되면 기득권을 가진 기성세대 쪽으로 같아질 가능성이 높기 마련입니다. 그러나 그것은 분명 역사를 퇴보시키는 일입니다.

20세기적 인간형인 기성세대가 가졌던 남북대결과 동족상잔과정에서 체득된 대결의식과 원한은 새로운 시대 21세기를 살아야 하는 젊은 세대에게 전해지지 말아야 합니다. 주로 20세기를 산 기성세대의 한 사람인 필자가 특별히 강조하고 싶은 일입니다.

역사학의 연구성과가
빨리 대중화되는 일이 요긴합니다

또 말하지만, 필자는 열아홉 살 때부터 여든 살이 된 지금까지 역사학을, 그것도 우리 근-현대사를 공부하고 가르치며 살아왔습니다. 요즈음에는 우리 근-현대사 전공자가 많아졌으나, 필자가 학문생활을 시작한 1950년대 초엽에는 우리 근-현대사 전공자는 참으로 드물었습니다. 국사학자의 대부분이 고대사나 중세사 전공자였다 해도 과언이 아니었습니다.

대학 역사학과의 강의에도 우리 근대사, 특히 현대사 과목이 개설되어 있지 않은 경우가 대부분이었던 것으로 기억합니다. 경우에 따라서는 오늘날에는 당연히 중세사에 들어가는 조선왕조시대사가 근대사로 취급되기도 했습니다. 일제강점기를 거친 사회의 국사학계라 강점기의 역사가 대상인 근-현대사를 연구하거나 가르치기는 어려웠던 면도 있었습니다.

흔히 역사는 우리가 살아가는 데 필요한 거울이라고도 하며, 그래서 역사를 배우는 것이기도 합니다. 고대사나 중세사도 거울이 되는 것은 물론입니다. 그러나 거울이 되는 정도를 두고 말하면 역시 고대사나 중세사보다 우리가 사는 지금의 시대와 가까운 근대사와 현대사가 더 절실하지 않을까 합니다.

아마 우리 젊은이들은 아직까지도 각급 학교에서 근대사와 현대사보다 고대사나 중세사를 더 많이 그리고 더 상세히 배우는 것이 아닌가 하는데, 그것이 잘된 역사교육 방법이라고 할 수는 없습니다. 그런데도 우리 사회의 역사교육이 고대사 및 중세사 중심이 된 데는 그만한 이유가 있으며, 젊은이들이 그 이유를 알아야 한다고 생각합니다. 그 문제는 우리 역사학의 역사와도 연관됩니다.

우리의 근대역사학은 대체로 19세기 말기부터 시작해서 20세기 사이에 이루어졌다고 할 수 있습니다. 그런데 우리의 근대와 현대는 바로 우리 민족사회에 대한 제국주의 침략과 그에 의한 강제지배, 그리고 뒤이어 민족분단과 동족상잔이 계속된 불행한 시대였습니다. 불행하게도 제국주의 침략과 강제지배, 그리고 민족분단과 민족상잔과정 그 자체가 바로 우리 민족의 근대사와 현대사 그것이었던 겁니다.

특히 일제강점기에는 그 부당한 지배가 강행된 과정과 그것에 대한 우리 민족의 저항의 역사 그것이 곧 우리의 근대사요 현대사였는데, 일제강점 아래서는 그런 역사를 사실대로 연구할 수도 서술할 수도 또 가르칠 수도 없었습니다. 일제강점자들이 저들의 지배를 강행하기 위해, 그 침략의 역사와 우리 민족의 저항의 역사를 연구하고 가르치기를 용납할 수 없었던 것은 그들에게는 당연한 일이었다 하겠습니다.

일제강점기를 국내에서 산 역사학자들 이외에 나라 밖에서 독립운동에 몸바치면서 우리 역사를 연구한 사람들이 있었습니다. 신채호(申采浩, 1880~1936), 박은식(朴殷植, 1859~1925) 같은 분들인데, 일본제국주의의 침략과정과 그것에 저항한 우리 민족의 독립운동, 즉 우리 민족의 근대사와 현대사를 연구하고 또 써서 세상에 내어놓기도 했습니다.

그러나 그 업적들이 일제강점기의 국내에서 가르쳐지기는 고사하고 알려지기조차 어려운 상황이었습니다. 이분들이 독립운동전선에서 모두 전사해 해방 후 귀국해서 역사학자 및 역사교육담당자가 되지 못했으며, 따라서 그 학문적 업적은 해방 후에도 상당한 시일이 지나서야 비로소 국내 학계에 받아들여지는 상황이었습니다.

필자의 경험을 말하면, 6·25전쟁 중에 대학에 입학해서 우리 역사 그것도 근대사와 현대사를 전공할 생각이 있었는데도 강의에서 신채호란 이름을 처음 들은 것이 아마 대학 3학년 때, 그러니까 1954년쯤이 아니었는가 기억됩니다. 해방된 지 근 10년이나 된 때였지요. 일제강점기 일본교육기관을 통해 역사학을 전공한 어느 학자는 신채호의 역사학을 비과학적이라고 비판했다는 말도 들은 기억이 있습니다.

지금에 와서는 민족사학이라 불리는, 일제강점에 저항하면서 성립된 우리 근대역사학이 사학사적으로 제자리를 찾기까지는 그만큼의 어려움이 있었던 겁니다. 왜냐하면 해방 후 상당 기간까지도 일제강점 아래서 양성된 역사학자들에 의해 일제강점기식 역사해석 방법이 판쳤고, 그에 따라 해석된 우리 역사가 일반화되고 가르쳐진 상황이었으니까요.

그 위에 해방과 함께 민족사회가 남북으로 분단되어 이데올로기와 역사관을 달리하는 두 개의 분단국가들이 성립됐고, 불행하게도 바로 저 처절한 동족상잔 6·25전쟁이 이어졌으며, 그래서 분단국가주의적 역사인식, 즉 분단국가들의 정당성이 강조된 역사인식에 한정됐고, 20세기가 지나도록 남북 사이의 역사인식상의 대립이 계속되고 있는 겁니다.

따라서 두 분단국가의 역사 특히 근대사와 현대사는 그 연구와 교육에서 많은 제약을 받을 수밖에 없었습니다. 객관성을 잃은 이데올로기 중심의 역사가 연구되고 써지고 가르쳐지는가 하면, 경우에 따라서는 상당 기간 아예 근대사와 현대사의 연구와 서술과 교육이 기피되다시피 했으니까요.

그런 중에서도 남녘의 경우 문민독재와 군사독재 시기가 가고 민주화시대가 오면서, 그리고 세계사적으로도 냉전시대가 가고 탈냉전시대로 바뀌면서, 그 위에 젊은 역사연구자들의 수가 증가하면서 우리 근대사와 현대사에 대한 객관적 연구가 상당히 이루어지게 된 것은 정말 다행한 일이라 하겠습니다.

그러나 역사학계의 논문형식으로 된 어려운 전문적 연구업적은 상당히 쌓였다 해도 민족구성원 일반이 그것에 쉽게 접근하고 이해해 그 역사의식이 높아지는 문제는 아직도 불충분하다는 생각입니다. 따라서 전문 학자들이 객관적·실증적 방법으로 연구한 우리 근대사와 현대사를 대중성 있게 재생산하여 일반인들에게 읽혀지게 하는 일이 시급하다는 생각입니다. 민족구성원 일반의 역사의식이 높아지지 않고는 민족사회의 올바른 발전을 기대하기 어렵다는 생각 때문입니다.

또 일제강점기에 대한 객관성 높은 역사연구업적이 상당히 생산되었다 해도 민족분단시대로서 해방 후 시대의 역사에 대한 객관적 연구는 아직 불충분한 상태라고 하지 않을 수 없습니다. 그 위에 통일지향 특히 평화통일지향의 우리 근대사 및 현대사의 연구와 서술과 보급은 아직도 거의 불모상태가 아닌가 합니다.

해방 후 분단시대의 역사서술에는 무력통일 정복통일을 지향하면서 남북 사이의 대립과 항쟁을 중심으로 다룬 분단국가주의 중심적 역사서술도 있을 수 있고, 반대로 분단국가주의적 역사인식 및 역사서술을 넘어서 남북 전체 민족사회의 평화통일을 지향한, 남북 사이의 타협과 화해를 중심으로 다룬 역사서술도 있을 수 있습니다.

군사독재정권 특히 '유신'정권이 남북사이의 대립 각을 세우면서 민족의 다른 한쪽에 대해 침략주의적 민족대립주의를 강조하고 그것을 역사교육현장에 적용시키기 위해 심지어는 국사교과서를 하루아침에 국정화해도 역사학계는 이에 눈감거나 오히려 순응하는 경우도 볼 수 있었습니다.

평화통일지향의 역사를 제대로 이해하고 체득하기 위해서는 분단의 원인과 그 과정에 대한 철저한 객관적 연구가 앞서야 하겠으며, 그 연구결과가 대중들의 상식으로 전환되어야 하겠는데 그 점이 아직은 대단히 미흡하다는 생각입니다. 이 책을 쓰는 목적은 이 미흡하다고 생각되는 점을 조금이나마 메워보자는 데 있기도 합니다.

그리고 역사소설이 아닌 역사서술도 소설처럼 쉽고 재미있게 읽을 수 있어야 한다는 생각을 가진 지 오래됐습니다. 그래야만 역사학의 대중화가 이루어지고 국민 일반의 역사의식이 높아져서 지난날의 '유신'시기와 같이 현실정치가 반역사적 체제로 가는 불행을 막을 수 있다는 생각입니다. 이 책을 쓰는 목적이 이런 점에도 있음을 거듭 강조하고 싶은 겁니다.

통일문제를 역사적으로 풀려는 의도는 이렇습니다

통일문제는 미래의 문제인데 왜 과거문제를 다루는 역사학도가

'건방지게' 통일문제를 말하는가 하는 질문을 심심찮게 받기도 했습니다. 그러나 어떤 문제를 제대로 해결하려면 먼저 그것이 일어나게 된 배경과 원인을 정확하게 이해하는 일이 앞서야 하며 통일문제 역시 그렇다는 생각입니다.

우리 민족의 분단문제를 제대로 이해하고 통일문제를 옳게 해결하려면 무엇보다도 먼저 분단의 근원적 원인이 무엇인가, 어떤 과정을 거쳐 민족사회가 분단되고 말았는가 하는 문제 등을 정확하게 이해하는 일이 앞서야 합니다. 따라서 분단의 원인과 그 과정을 정확하게 규명하는 일은 지난일이요 당연히 역사학의 몫이라 할 것입니다.

태평양전쟁이 끝나면서 왜 전쟁범죄 당사국인 일본은 분단되지 않았는데, 근 반세기 동안이나 일본제국주의의 강제지배에 시달렸던 우리 땅 우리 민족사회가 분단되었는가, 설령 분단은 되었다 해도 왜 6·25전쟁이 일어나서 수천 년 동안 같은 민족으로 살아온 우리 땅의 남북주민 사이가 하루아침에 동족이 아닌 적이요 원수가 되고 말았는가, 하는 문제를 정확하게 해명하지 않고는 앞으로의 통일문제를 제대로 해결할 수 없다는 생각입니다.

그리고 그런 문제를 면밀히 분석하고 그것을 근거로 해서 통일문제를 정확하게 전망하는 일은 당연히 역사학의 몫이라는 생각입니다. 미래문제를 정확하게 전망하고 실천하기 위해서는 무엇보다도 그 원인과 경과를 면밀히 분석하는 작업이 앞서야 함은 당연합니다.

앞에서도 잠깐 언급했지만, 일제강점기의 우리 역사학은 민족사회가 일본의 강제지배를 받게 된 과정이나 그것에 저항해서 독립을 쟁취하려 한 투쟁은 전혀 다루지 못하고, 무난한 고대사나 중세사를 연구하는 데 그치다시피 했고 그것마저도 젊은이들에게 가르치지 못했습니다. 심지어는 일본제국주의의 침략과정이나 일제강점기 자체는 역사학의 연구나 교육의 대상이 되지 않는다고 하기도 했습니다.

그런 상황에서도 해외에서 독립운동에 몸바치면서 우리 역사를 연구한 박은식-신채호 같은 선열들은 우리 민족이 일본에게 강제지배되어간 과정과 그 강제지배에서 벗어나기 위해 무엇을 어떻게 했는가 하는 문제 등을 역사로 썼습니다. '한국의 아픈 역사'(『韓國痛史』) '우리 민족이 독립을 위해 피를 바친 역사'(『韓國獨立運動之血史』) 등이 그것입니다. 모두 그분들이 살던 시대의 역사 바로 그것인 겁니다.

그렇다면 우리 민족사회가 어떻게 해서 남북으로 분단되었는가, 그 분단으로 인해 일어난 6·25전쟁이란 처참한 동족상잔을 역사적으로는 어떻게 봐야 할 것인가, 그 처절한 전쟁을 치르고도 통일이 안 된 이유가 무엇인가, 엄청난 희생을 바친 전쟁으로도 되지 않은 통일을 평화적으로 이루어갈 수 있는 길은 무엇인가, 그러기 위해서 우리는 무엇을 어떻게 해야 하는가 하는 문제 등을 역사적 관점에서 생각해 보자는 겁니다.

본론에서 상세히 풀이하겠지만, 아시아대륙의 동쪽 끝에 위치하면서 중국-러시아 등 대륙세력과 일본과 그 배후인 미국 등 해양세력 사이에 놓인 반도인 우리 땅이, 사회주의권과 자본주의권이 첨예하게 대립했던 냉전주의시대에는 동북아시아지역 국제분쟁의 최전선이 됐습니다. 그러나 우리 땅이 국제분쟁의 초점이 된 것은 20세기 후반의 이데올로기 대립시대인 냉전시대에 처음 시작된 것은 아닙니다.

우리 땅을 남북으로 분단해서 남쪽은 해양세력권에, 북쪽은 대륙세력권에 포함시켜야 동북아시아의 국제분쟁이 해결될 수 있다는 식으로 우리 땅에 대한 분단논의가 나온 것은 이미 19세기부터였습니다. 그 같은 역사적 사실을 모르고는 태평양전쟁 종결 후 자본주의진영과 사회주의진영의 대립으로 우리 땅이 남북으로 분단된 원인을 원천적으로 이해하기는 어렵습니다.

그뿐만이 아닙니다. 제국주의시대였던 근대사회 이후에는 동북아시아의 대륙세력과 해양세력 사이에 놓인 반도인 우리 땅으로 인해 대륙세력과 해양세력 사이에 분쟁이 일어날 가능성이 항상 있게 마련이어서, 그 분쟁을 미연에 방지하기 위해 이 반도 땅을 영세국외중립지대로 만들자는 생각들도 있었습니다.

그리고 영세국외중립지대화가 안되면 러일전쟁 직전과 같이 대륙세력과 해양세력 사이에 전쟁이 임박했을 때는 전시중립이라도 실현해서 전쟁을 방지하고 우리 땅의 주권이 지켜지게 하자는 방안이 나오기도 했고, 심지어는 우리 땅을 국제공동관리지역으로 만들자는 방안도 있었습니다. 역사과목에서 이런 사실들을 제대로 배웠을까요.

태평양전쟁이 끝난 시점이 아닌 19세기 후반부터 우리 민족사회를 둘러싼 국제세력들 사이에 이미 우리 땅에 대한 분단논의들이 있었다는 사실과, 분단논의 이외에도 대륙세력과 해양세력 사이에 위치한 우리 땅을 중립지대로 만들어야 동아시아지역의 국제분쟁이 해결될 수 있다는 논의가 있었다는 사실 등을 제대로 아는 일이 앞으로 우리 땅의 통일문제를 풀어나가는 데 도움이 된다는 생각입니다.

그리고 우리 땅의 '주권을 인정하지 말고' 국제세력들의 공동관리지역으로 하자는 논의들이 있었다는 역사적 사실을 제대로 모르고는, 그리고 우리 땅의 분단원인을 태평양전쟁이 끝난 시점의 상황에 한정해서만 보아서는, 앞으로 우리 땅의 평화통일문제를 제대로 풀어나가기 어렵다는 생각이기도 합니다.

상식적인 말이지만, 역사를 공부하는 목적은 과거를 이해하고 현재를 제대로 알아서 미래를 전망하는 데 있다고 합니다. 불행한 우리 땅의 분단문제를 제대로 그리고 순조롭게 해결하려면 우리 땅이 왜 분단되었는가를 정확하게 알아야 하고, 분단시대로서의 현실이 우리 민족사회에게 무엇을 요구하는지를 제대로 알아야 하며, 그것을 바탕으로 해서 우리 땅이 순조롭게 통일되려면 어떤 방법이여야 하는가를 알아야 한다는 생각입니다.

우리 땅이 국제분쟁에 말려들기 시작한 19세기 후반 이후의 역사적 사실에 대해서는 전문연구자들에 의해 많은 업적이 이미 생산됐습니다. 그러나 그 업적들이 전문연구자들의 것으로만 한정되어서는 안 되며, 쉽게 풀이되어 민족구성원 일반에게 읽혀져서 그들의 역사의식을, 나아가서 평화통일의식을 높이는 데 도움이 되어야 한다는 생각이 절실합니다.

유감스럽게도 지금까지의 우리 학계나 사회 일반에서는 그런 노력이 부족했다는 생각입니다. 따라서 우리 근현대사 전공자의 한 사람으로서는 실증성 중심이어서 일반인들이 읽기 어려운, 그리고 논지 중심이어서 일반인들이 읽기에는 재미없는 역사학계의 연구성과들이 빨리 쉽게 풀이되어 일반인에게 읽혀져야 한다는 생각이 절실한 겁니다.

역사학이 그 '아카데미즘'을 지키는 데 한정되어 역사학자의 생각이나 역사학이 밝힌 사실들이 일반인에게 전달되기 어렵다면, 역사학은 역사학자들의 것에 한정되고 맙니다, 그러나 역사적 지식은 역사학자만의 것이 아닌 일반인의 것이 돼야 비로소 그 역할을 다하게 되는 겁니다. 역사학은 모름지기 그 시대적 요구에 부응할 수 있어야만 학문으로서의 의무를 다한다는 생각입니다.

역사학이 상아탑에만 쌓여있고 대중과는 동떨어져 있어도 그 본래의 역할을 다한다고 할 수 있는가 하는 문제를 생각해 왔습니다. 그리고 지금 우리 민족사회가 가장 심각하고도 어려운 문제로 당면하고 있는 분단과 통일문제에 대해 역사학이 나 몰라라 해도 괜찮은가 하는 문제를 오랫동안 생각해 왔습니다. 그 결과 꼭 되새기고 싶은 말이 있습니다.

지난 일제강점기를 통해 평생을 조국광복에 몸바쳤던 대한민국임시정부의 김구 주석이 첫째 소원도 조국의 독립이요 둘째 소원도 조국의 독립이며 셋째 소원 또한 조국의 독립이라 말한 것은 널리 알려진 일입니다. 그가 소원한 독립된 조국은 분명 하나의 조국이지 결코 둘로 쪼개진 조국은 아니었습니다.

김구 주석을 비롯한 일제강점기에 조국의 해방과 독립을 위해 몸바친 선열들은 해방 후의 조국이 둘로 분단되어 서로 대립해서 싸우고 죽이리라고는 꿈에도 생각할 수 없었을 겁니다. 그렇게 보면 해방 후 남북으로 갈라진 우리 땅에 사는 민족구성원들은 지난날 조국광복에 몸바친 선열들 앞에서는 모두 죄인이 됐다고 할 수밖에 없습니다.

해방 후 분단된 우리 땅의 남북에 사는 모든 사람들이 그 같은 민족사적 죄책감에서 벗어나는 길은 그 첫째 소원도 남북의 평화통일이요 둘째 소원도 평화통일이며 셋째 소원도 평화통일이어야 한다는 생각입니다. 정년으로 대학 강단을 떠난 지 10년이 더 넘은 늙은이가 욕심을 부려 이런 책을 쓰는 것도 바로 그 같은 죄책감 때문이라 할 수 있겠습니다.

2. 강점되기 전에도 우리 땅 분단위험이 있었습니다

우리 땅은 갑신정변(1884) 때부터 국제분쟁장이 됐습니다

고대의 삼국시대 이후 우리 땅이 실제로 남북 두 나라로 분단된 것은 일본제국주의가 패망한 제2차 세계대전이 끝난 뒤였습니다. 그러고는 곧 6·25전쟁이 터지고 그것이 미국군 중심 유엔군 및 중국군의 참전으로 국제전으로 되고 말았지만, 우리 땅에서 근대적 국제분쟁이 처음 일어난 것은 일본제국주의에 의해 강점되기 26년 전인 1884년 갑신정변 때부터라고 할 수 있을 겁니다.

우리 땅이 일본제국주의자들에 의해 강점되지 않았다면 제2차 세계대전이 끝나는 시점에서 미국군과 소련군에 의해 우리 땅이 분할점령될 리 없었겠지요. 따라서 우리 민족사회가 분단된 경위를 말하려면 먼저 일본제국주의자들이 우리 땅을 강점하는 역사적 과정부터 제대로 알아야 한다는 생각입니다. 그런데, 우리 땅 문제를 두고 해양세력 일본과 대륙세력 중국이 근대사회 이후 처음으로 충돌한 것은 갑신정변 때였습니다.

동북아시아대륙과 일본열도 사이에 걸쳐진 반도인 우리 땅은 역사에서 배워 아는 바와 같이 예로부터 몽골과 거란의 침입 및 병자호란 과 같은 대륙 쪽으로부터의 침략과, 왜구의 노략질과 그 확대판이라 할 임진왜란 등 해양 쪽으로부터의 침략을 자주 받아왔습니다. 임진 왜란도 오랜 제 땅의 분쟁을 통일한 '왜인'들이, 대륙침략의 길을 빌 린다는 엉뚱한 구실로 일으킨 전쟁이었지요.

그러다가 근대사회로 들어와서 자본주의화하고 제국주의화해 가 던 국제세력들에 의해 우리 땅이 분쟁장이 되기 시작한 것은, 일본의 강요로 맺어진 1876년의 병자수호조약을 기점으로 해서 우리 땅의 수구파와 개화파 사이의 정쟁으로 말해지는 1884년의 갑신정변 때부 터 본격화하기 시작했다고 할 수 있겠습니다.

1868년의 메이지유신 뒤부터 급격히 자본주의화, 나아가서 제국주 의화를 지향해가던 해양 쪽의 일본이 우리 땅을 중국대륙 쪽으로 진 출하고 침략하기 위한 발판으로 삼으려 했습니다. 그러기 위해서는 먼저 병자호란 뒤부터 성립된 조선과 대륙세력 청국 사이의 종속관 계를 끊어야 했고, 또 그러기 위해 조선을 '자주지방'(自主之邦)으로 한다는 병자수호조약 체결을 강요했던 겁니다.

우리가 알다시피 병자수호조약에서 조선은 '자주지방'이라 한 일본 의 속셈은 병자호란의 패배로 성립된 청국과 조선왕조 사이의 종속 관계를 끊고 조선왕국을 '자주국'으로 함으로써 앞으로 일본의 우리 땅에 대한 진출을, 나아가서 침략을 쉽게 하려는 계책이었던 거라 하 겠습니다.

이 같은 해양세력 일본의 우리 땅 진출에 위협을 느낀 대륙세력 청 국은 일본세력 진출에 저항한 조선의 구식군인들이 1882년에 일으킨 임오군란을 계기로 조선과의 종속관계를 더 강화하려 했습니다. 원 세개(袁世凱)가 이끈 청국군 1천 5백여 명을 조선에 파견함으로써 병 자호란 이후의 중세적 명분적 종속관계를 근대적 실질적 종속관계로 바꾸려 했다고 하겠습니다.

아편전쟁 때부터 유럽자본주의 제국들의 침략을 받은 청국은, 종래 제 세력권 안에 있다고 생각해 오던 우리 땅에 대해 일본이 병자수호조약을 강요하며 진출해 오자, 일본의 우리 땅에 대한 진출 및 침략이 '만주'지역으로 확대될 것을 우려해서 이를 막으려 했고, 이때문에 근대적 국제관계에 눈떠감으로써 청국과의 전통적 종속관계를 끊으려 한 신진정치세력이라 할 개화파들의 저항을 사게 된 겁니다.

역사에서 개화파 혹은 독립파로 불리는 김옥균(金玉均, 1851~1894) 등이 1884년에 갑신정변을 일으켜 임오군란 이후 더 강화되어가는 청국과의 종속관계를 끊으려 한 사실은 어떤 의미에서는 우리 근대사의 또 하나의 시발점이었다고도 할 수 있을 겁니다. 그러나 애석하게도 그들의 정변은 실패하고 말았습니다.

역사 이해에서 '만약'이란 말은 허용되지 않지만, 그래도 '만약'에 이 정변이 성공했더라면 개화파들에 의해 당시의 일본과 같이 전제군주제가 청산되고 제한적으로나마 입헌군주제 같은 것이 도입됨으로써 주체적 근대화가 시작되고, 따라서 일본제국주의의 강점도 피할 수 있었지 않았겠는가 하는 '안타까운' 관점도 있을 수 있겠습니다.

일본 쪽의 도움을 받아 정변을 성공시킨 뒤의 개화파들이 국정을 어떻게 개혁하며 일본과의 관계를 얼마나 슬기롭게 풀어나감으로써 아직은 약한 그 침략야욕을 억제하고 국가적 독립을 유지하느냐 하는 문제가 있게 마련이지만 말입니다. 그때로써는 청국과의 중세적 종속관계를 우리 힘으로 끊는 것이 일단 중요했으니까요.

갑신정변은 또 우리 역사가 동북아시아사, 나아가서 세계사의 일환으로 편입되는 계기가 되었다고도 할 수 있겠지만, 당시의 서울에서는 임오군란 때 왔다가 그대로 머문 1천 5백여 명의 청국군과 일본공사관 경비병으로 와있던 150여 명의 일본군 사이에 실제로 전투가 벌어졌습니다. 소규모이긴 하지만 임진왜란 때 명나라군사와 일본군이 우리 땅에서 싸운 뒤의 두 번째 일이었다고 하겠습니다. 그러나 갑신정변 때는 우리 땅에서의 군사력이 절대 약세였던 일본군이 후퇴했고, 김옥균 등 개화파 요인들도 일본군과 함께 망명했음은 우리가 다 아는 일입니다.

요사이 구한말의 국왕 고종을 마치 '계몽군주'처럼 말하는 역사학의 일각도 있는 것 같습니다. 그러나 관점에 따라서는 달리 볼 수도 있을 겁니다.

서양제국의 침략으로 고단해져 가는 중세적 종주국 청국과 아직은 본격적 침략세력이 못 된 일본과의 역관계를 이용하여 조선의 '현명한' 국왕이 개화파세력과 함께 정변을 해서 전제군주제를 청산하거나 약화하고 제한적으로나마 입헌군주제를 실시함으로써 '계몽군주'가 될 수 있었던, 첫 번째 기회를 스스로 잃어버린 것이 갑신정변 과정에서의 국왕 고종의 처신이었다 할 수도 있는 겁니다.

역사적 안목에서 보면, 외세의 침략을 받던 19세기 후반과 결국 일본의 강제지배를 받게 되는 20세기 초엽에 걸친 때인 국왕 고종의 치세기간을 통해서 국정을 개혁하고 국민의 힘을 모아 국력을 강화함으로써 식민지화를 막는 길은, 역사적 견지에서 보면 설령 완전한 공화제로는 못 간다 해도 제한적 입헌군주제라도 실시하는 것이 바람직한 길이었다고 하겠습니다.

말이 나온 김에 좀 더 해봅시다. 역사적 관점에서는 국왕 고종의 치세를 통해 그런 기회가 세 번 있었다고 할 수 있습니다. 첫 번째 기회가 갑신정변 때였으나 실패했고, 두 번째 기회가 갑오개혁 때였으나 왕비의 죽음에 놀란 왕이 남의 나라 공사관에 몸을 의탁해서 신변의 안정을 구하는 '아관파천'을 하고 개혁파 김홍집내각을 무너뜨림으로써 제한적으로나마 입헌군주제 가능성이 또 한 번 좌절됐다고 하겠습니다.

입헌군주제 실시 가능성의 세 번째 기회는 독립협회운동 때였습니다. 그러나 국왕 고종이 보수세력 황국협회를 동원해서 입헌군주제 실시를 전망하는 독립협회를 탄압하고「대한국제」를 선포해서 전제군주체제를 강화했습니다. 그러고는 헤이그평화회의에 대표를 파견했다가 일본의 강압에 의해 황제자리에서 쫓겨나고 뒤이어 국권을 잃고 결국 살해되는 불행한 군주가 되고 말았다고 하겠습니다.

이야기를 돌립시다. 갑신정변이 일어난 1880년대에는 신흥해양세력 일본이 우리 땅을 제 세력권에 넣기 위해 대륙세력 청국과 전쟁을 할 실력까지는 아직 없었고 그래서 후퇴했다고 하겠습니다. 아편전쟁 이후 고단해져 가기는 했으나 아직 청국이 '종이호랑이'임이 완전히 증명되지는 않았으니까요.

갑신정변 때 청국에 밀려 우리 땅에서 후퇴한 뒤 10년간 일본은 청국과 싸워 우리 땅을 제 세력권에 넣기 위한 준비를 착실히 했습니다. 그 결과 1894년에 청일전쟁을 도발해 승리함으로써 병자호란 이후 지속된 조선왕국과 청국 사이의 종속관계를 끊게 하고 이제 우리 땅을 독차지할 수 있는 상황이 되어간 겁니다.

메이지유신 뒤 서양을 배워 초기자본주의화 및 제국주의화해 가던 일본에게는 이른바 원료공급지와 상품판매시장으로서의 식민지가 절실히 필요했습니다. 그러나 당시의 일본으로서는 그 대상을 구하기가 쉽지 않은 조건이기도 했습니다. 영국 등이 이권을 가진 중국을 침략대상으로 할 실력은 아직 아니었고, 베트남·말레이시아·인도네시아 등 동남아시아지역에도 유럽열강들이 이미 진출해 있었습니다.

태평양 건너에는, 이때보다 반세기 이상 뒤에 일본이 무모한 전쟁을 걸었다가 혼이 나고 패전하고 마는, 그 국력이 일본과는 비교 안 될 만큼 강한 미국이 있을 뿐이었습니다. 결국, 초기 자본주의국가 일본이 그 침략의 첫째 대상을 아직도 근대적 국정개혁을 못하고 전제군주제를 유지하고 있는 '만만한' 우리 땅에서 구하게 됐다고 하겠습니다.

일본의 우리 땅에 대한 침략에는 당시 세계 최대강국이던, 그 영토 안에서는 해가 지지 않는다던 해양세력 영국이, 그리고 같은 세력인 미국이 눈감아 줄 뿐만 아니라 오히려 도와줄 수 있는 상황이었습니다. 제국주의시대의 국제사회에는 영원한 적도 영원한 내편도 없어서, 20세기에 들어오자마자 일본이 곧 영국과 미국의 적이 되어갔고 결국 태평양전쟁을 저지르게 되지만 말입니다.

19세기 후반 해양세력 일본의 우리 땅에 대한 침략은, 당시 세계최대의 육군강국이던 또 하나의 대륙세력인 러시아가 반도인 우리 땅에서 겨울에도 얼지 않는 군항을 확보하고 태평양지역으로 진출하려 하는데 대한 대항책이라 말해지기도 했습니다. 해양세력 일본이 '극동의 헌병'이 되어 영국과 미국을 대신해서 이 같은 러시아의 태평양 진출을 막아야 한다는 거였습니다.

19세기 후반 당시 세계 곳곳에서 기를 쓰고 대륙세력 러시아의 남하를 막으려 했던 해양세력의 최강대국 영국과 그에 버금가는 미국이, 동북아시아의 대륙과 해양 사이에 놓인 반도인 우리 땅을 통해 러시아가 태평양에 진출하는 것을 막기 위해 같은 해양세력인 일본의 우리 땅에 대한 진출 및 침략을 도와주는 상황이었던 겁니다. 따라서 우리 땅이 당면한 처지는 대단히 어려워질 수밖에 없었습니다.

19세기 말엽과 20세기 초엽의 제정러시아는 시베리아의 블라디보스토크 군항과 '만주'의 여순(旅順) 군항을 확보하고 있었습니다. 그러고는 우리 땅 남해안에 그 두 군항을 연결하는 또 하나의 군항이 필요했고 그래서 선택된 곳이 경상남도 마산항(馬山港)이었습니다. 지금도 마산에는 그때의 러시아영사관 자리가 있지만, 제정러시아는 이곳의 땅을 매입해 군항을 건설함으로써 겨울에도 얼지 않는 군항을 확보해서 태평양진출의 기지로 삼으려 했던 거라 하겠습니다.

당시 세계최고의 육군강국이던 러시아가 일본을 바로 건너다보는 마산에 군항을 가지는 경우, 비록 그 목적이 태평양진출 근거지를 확보하는 데 있다 해도, 일본으로서는 러시아의 군항이 된 마산항이 제 땅을 침략하는 근거지가 된다 하고 요란스럽게 호들갑을 떨기도 했습니다. 러시아가 마산항을 확보하려 한 주된 목적이 태평양진출에 있었는가, 아니면 일본침략에 있었는가는 제대로 밝혀지지 않았지만 말입니다.

어떻든, 일본은 같은 해양세력인 영국 및 미국의 도움을 받아 이같은 러시아의 남하를 적극 저지하려 했습니다. 결국 러일전쟁을 도발하게 되지만, 일본이 러시아가 확보하려 한 마산항을 견제하기 위해 바로 그 옆에 진해군항(鎭海軍港)을 건설함으로써, 일제강점기를 통해 내내 중요군항으로서의 역할을 다했음은 우리가 다 아는 일입니다.

앞으로 이 글에서도 많이 인용되리라 생각되지만, 동아시아지역의 대륙과 해양 사이에 걸쳐진 반도인 우리 땅의 지정학적 위치문제를 두고 외교사학자들이 흔히 하는 비유가 있습니다. 즉 중국, 러시아 등 대륙세력이 강해지고 우리 땅이 그 세력권에 포함되면 반도인 우리 땅은 해양세력 일본의 심장부를 겨누는 '칼'이 된다는 겁니다.

반대로 해양세력 일본과 그 배후이기도 한 영국과 미국 등의 세력이 강해져서 우리 땅이 그 세력권에 포함되면 곧 해양세력이 대륙으로 진출하는 '다리'가 된다는 겁니다. 우리로서는 정말 달갑지 않는 비유라 해도, 이른바 약육강식의 제국주의시대에 우리 땅이 가진 이같은 지정학적 위치문제가 불행하게도 우리 역사 전개에 큰 영향을 미치게 되었음을 간과할 수 없다는 사실입니다.

20세기 초엽에는 대륙세력 러시아가 그 욕심의 주된 대상이었던 '만주'를 확보하기 위해 우리 땅을 일본과의 사이의 중립지대로 하려 했습니다. 그러나 우리 땅을 제 세력권에 넣고 그곳을 '다리'로 해서 '만주'지역 및 중국 중원지역까지 넘보려 했던 일본이 같은 해양세력인 영국과 미국의 도움을 받아 러일전쟁을 도발해 이김으로써 우리 땅을 '합방'하고 '만주'와 중국대륙을 침략했다가, 같은 해양세력이면서도 이제는 중국대륙에서의 이권문제로 이해를 달리하게 된 어제의 우군이었던 미국 및 영국과의 힘겨운 전쟁을 벌였다가 처참하게 패배하게 되는 겁니다.

일본과의 4년에 걸친 태평양전쟁에서 이긴 미국과, 전쟁막판에 기회를 놓칠세라 급히 참전해서 역시 전승국이 된 소련 등 제2차 세계대전 후의 두 전승국에 의해 우리 땅이 38도선을 경계로 남북으로 분단되어 그 북반부는 대륙세력권에, 그 남반부는 해양세력권에 포함됨으로써 '칼'이건 '다리'건 모두 두 동강이 나고 만 셈입니다.

그리고 그 '부러진 칼'이요 '동강난 다리'가 6·25전쟁으로 처음에는 '이어진 칼'이 될 뻔했고, 다음에는 '이어진 다리'로 될 뻔했으나 모두 실패하고, 21세기에 들어선 지금까지도 우리 땅은 여전히 '부러진 칼'이요 '동강난 다리'인 채, 그 남반부는 해양세력권에 북반부는 대륙세력권에 포함되어 있는 거라 하겠습니다.

청일전쟁(1894) 무렵에도 이미 우리 땅 분단논의가 있었습니다

세계사적으로 제국주의 횡포가 본격화하기 시작하던 19세기 후반에 동북아시아의 대륙세력과 해양세력이 부딪치는 요충지대에 위치한 반도이면서도 스스로 시대변화에 맞는 획기적 국정개혁을 하지 못하고 중세적 전제군주제인 채로 있던 우리 땅은 별수 없이 국제분쟁의 핵이 되어갔습니다.

앞에서 말한 바와 같이 이 시기의 우리 땅은 대륙세력 러시아가 태평양 쪽으로 나아가려는 '다리'가 됨으로써 해양세력 일본의 심장을 겨누는 '칼'이 되느냐, 아니면 영국과 미국의 도움을 업은 해양세력 일본이 '만주' 등 중국대륙을 침략해 들어가는 '다리'가 되느냐 하는 대단히 불행한 '운명'에 놓이게 됐다고 하겠습니다.

만약 이 같은 상황에서 대립하는 대륙세력과 해양세력 사이에 타협안이 성립된다면, '다리'도 될 수 있고 또 '칼'도 될 수 있는 우리 땅을 대륙세력과 해양세력 사이의 중립지대로 되게 하거나, 아니면 아예 그 땅을 남북으로 분단해서 북쪽은 대륙세력권에 남쪽은 해양세력권에 포함시킴으로써, 즉 '부러진 다리'나 '동강난 칼'이 되게 함으로써 우리 땅을 둘러싼 국제세력들의 대립 속에서나마 일정 기간 전쟁까지는 가지 않고 그 대립상태를 유지하려는 획책이 19세기에도 있었던 겁니다.

1894년 청일전쟁이 임박했을 때의 일입니다. 그 전쟁을 피할 수 있는 방법의 하나로 청국과 일본이 우리 땅을 공동으로 점령하는 방안이 일부 제시됐다고 앞에서 말했지만, 이때 이미 우리 땅을 남북으로 분단하려는 논의가 해양세력 쪽인 미국주재 일본공사와 영국정부 등에 의해 제기되기도 했습니다.

뒷날 제2차 세계대전 종결과 함께 38도선이 그어져서 우리 땅이 실제로 분단되기 백 년도 더 전에 동북아시아에서의 국제분쟁을 막기 위해 우리 땅을 남북으로 분단하자는 논의가 있었다는 역사적 사실을 아는 일이, 앞으로 우리 땅의 분단문제를 해결하는 데도 요긴한

참고가 되지 않을까 하는 겁니다. 좀 더 상세히 말해보지요.

청일전쟁이 터진 것은 1894년 7월 25일이지만, 그 직전인 6월 20일에 당시의 미국주재 일본공사가 제 정부에 대해 당시의 조선 8도 중 "남부 4개도의 대외 및 대내 문제를 일본 단독감독권의 보호 아래 넣고, 북부 3개도도 같은 조건으로 청국의 보호를 인정해 주어야 할 것"이라 하고, 나머지 경기도는 "잠정적으로 조선국왕의 통제 아래 둘 것"을 건의한 겁니다.

그때의 『주한일본공사관기록』에 있는 내용이지만, 청일전쟁을 피하기 위한 방안으로서 가당찮게도 당시의 조선 8도 중 강원도·충청도·전라도·경상도 등 남쪽 4개도는 일본의 지배 아래 두고, 황해도·평안도·함경도 등 북쪽 3개도는 청국의 지배 아래 두되, 경기도만을 조선국왕의 통치 아래 두자는 거였습니다. 우리 땅이 처한 국제정치적 위치를 충분히 감안한다 해도 제2차 세계대전 후의 남북분단이 청일전쟁 때도 이미 거론되었다니 더 할 말이 없습니다.

거론하기조차 불쾌하고도 창피한 일이지만 기록에 남아있는 엄연한 사실입니다. 남의 나라를 두고 이 같은 방안을 제시한 자들의 생각도 황당하지만, 그 같은 방안이 논의되도록까지 정신 못 차리고 국제정세의 변화에 대응할 수 있는 과감한 국정개혁을 하지 못한 조선왕국 통치자들의 처지도 한심하다 할 수밖에 없을 것 같습니다.

그런가 하면 당시 세계의 최대강국으로서 청국에 큰 이권을 가지고 있으면서 일본에도 크게 영향을 미치고 있던 영국도, 조선문제로 인해 제 나라와 이해관계가 깊은 청국과 일본이 전쟁하는 것을 방지하기 위한 방안을 제시한 내용이 역시 『주한일본공사관기록』에 남아 있습니다.

청일전쟁 발발 직전인 1894년 7월 18일에 그 외무대신이 영국주재 일본공사와 청국공사에게 서울을 경계로 해서 남쪽은 일본이 점령하고 북쪽은 청나라가 점령함으로써 전쟁을 방지하자는 안을 제시한 겁니다. 제 이익을 차리기 위해서는 남의 국토를 분단하는 일쯤이야 언제든지 할 수 있는 것이 강대국들인 거지요.

영국이 제시한 이 안에 대해 당시 청나라의 외교책임자이던 이홍장(李鴻章)은 동의했으나 일본의 외무대신 무쓰(陸奧宗光)는 반대했습니다. 일본은 청국과 전쟁을 해서라도 우리 땅 전체를 제 세력권에 넣으려는 야심을 가지고 있었기 때문이었고, 따라서 어떤 중재안도 받아들이지 않고 결국 전쟁을 도발한 겁니다. 일본이 '종이호랑이' 청국과의 전쟁에서 이길 수 있다는 확신을 가진 결과라 할 수 있겠지요.

또 이때 영국주재 일본공사가 제 나라 외무대신에게 보낸 의견서에서는 "영국 외무대신이 은밀히 본 공사에게 통고한 바에 의하면, 청국정부는 영국외무대신의 권고에 대하여 조선분할점령 즉 일본국은 (조선 땅의) 남부를, 청국군은 북부를 점령하고 서울은 서로 점령하지 않고 놓아둔다는 생각을 받아들일 뜻이 있다"고도 했답니다. 그러나 일본은 우리 땅을 청국과 분할 소유할 것이 아니라 어디까지나 독점할 생각을 확실히 했던 겁니다.

우리 땅을 둘러싼 대륙세력과 해양세력 사이의 이해관계 때문에 일제강점 이전의 19세기에도 이미 남북으로 분단될 가능성이 있었던 것이 사실입니다. 역사 위에서의 우리 땅을 둘러싼 국제세력 사이의 이와 같은 '음모'를 모르고서는 우리의 분단문제를 제대로 이해할 수 없으며 나아가서 앞으로의 통일문제도 주체적으로 해결해낼 수 없다는 생각입니다.

러일전쟁(1904) 직전에도 또 우리 땅 분단 논의가 있었습니다

청일전쟁 전에도 대륙세력과 해양세력 사이의 이해관계에 따라 우리 땅이 남북으로 분단될 가능성이 있었지만, 청일전쟁 때만이 아니라 그 10년 뒤에 일어난 러일전쟁 때도 마찬가지였습니다. 우리 땅을 둘러싼 국제세력들 사이의 알력이 심해지면 항상 중립화론이나 분단론 등이 나오게 되었음을 알 수 있겠습니다.

우리 땅에 대한 분단논의의 내력을 옳게 이해하고 그 해결방법을 찾기 위한 방편으로서, 19세기 후반과 20세기 초엽의 청일전쟁과 러일전쟁 무렵에도 이미 국제세력들 사이에서 우리 땅에 대한 분단 '음모'들이 있었다는 역사적 사실들을 말하면서도 역사학전공자로서 한 가지 걱정되는 일이 있습니다.

지난날에 있었던 역사적 사실 중에는 그것을 앎으로써 훗날의 역사 전개를 위해 득이 되는 사실도 있고 해가 되는 사실도 있기 마련인데, 지난 역사에서 해가 되었던 사실들을 소상히 밝히는 이유가 그것이 앞으로는 득이 되는 데 도움되게 하려는 데 있다는 사실이 제대로 전달될 수 있겠는가 하는 걱정이 없지 않는 겁니다.

지난날의 역사에서 우리 땅이 분단될 가능성이 높았던 때가 여러 번 있었음을 말한다고 해서, 우리 땅이 그 지정학적 위치문제 때문에 언제나 분단될 가능성을 가지고 있다거나 또 분단이 불가피한 일이라고 말하려는 것은 결코 아닙니다. 우리 땅의 지정학적 위치문제와 역사적 상황을 정확하게 알아야만, 앞으로 분단문제를 슬기롭게 풀어갈 수 있다고 생각하기 때문입니다.

그리고 뒤에서도 말하겠지만, 우리 땅의 지정학적 위치가 언제나 예속상태가 되거나 침략당하기 마련이거나 분단될 수밖에 없는 불리한 위치만이 아니라는 겁니다. 지난 세기처럼 제국주의가 제멋대로 설침으로써 세계대전이 두 번이나 일어나고도 동서냉전이 엄혹했던 때에는 대륙세력과 해양세력이 맞부딪히는 위치에 있는, 반도인 우리 땅은 불리한 조건에 있는 것은 사실이기도 했습니다.

그러나 앞으로의 세계사가 점차적으로나마 평화주의를 정착시켜 나아가는 상황에서는 대륙과 해양 사이에 놓인 반도적 위치가 오히려 그 주변지역의 국제분쟁을 상쇄 내지 중화시킴으로써 국제간의 평화관계를 조정하고 담보하는 역할을 다할 수 있으며, 대륙과 해양을 연결하는 평화가교로서의 역할을 다할 수 있음을 아는 일 또한 중요하다는 생각입니다.

이야기를 돌립시다. 국제세력들 사이에서 청일전쟁을 방지한다는 구실에 의한 우리 땅에 대한 분단논의 등이 있기도 했으나, 우리 땅을 독차지하려는 야심을 가진 일본이 기어이 전쟁을 도발해 이김으로써 이제 우리 땅 전체를 독차지할 것처럼 되고 말았습니다. 그러나 우리 땅을 둘러싼 복잡한 국제관계가 일본의 야심이 쉽게 이루어지게 하지는 않았습니다.

우리와 국경을 접하고 있는 또 하나의 강력한 대륙세력인 러시아가 중심이 되고 이에 프랑스와 독일 등이 가담한 '3국간섭'으로 일본의 '만주'침략이 저지되고, 또 우리 땅을 독차지 못하게 압력을 가했던 겁니다. 이렇게 되자 조선왕조정부도 일본의 침략을 저지하기 위해 러시아와의 관계를 깊게 해갔습니다. 어쩌면 약자에 의한 '이이제이'(以夷制夷) 방책이라 할 수 있을지도 모르겠습니다.

이에 일본은 1895년에 조선정부 친러시아정책의 핵심인물로 지목한 왕비 민씨를 살해하는 만행을 저질렀습니다. 그리고 고종이 1896년에 아관파천(俄館播遷)을 함으로써 김홍직개화정권이 무너지고 친러시아정권이 들어섰으며, 따라서 우리 땅에 대한 러시아의 진출이 강화되어 갔습니다. 정세가 이렇게 바뀌자 이제는 일본이 약삭빠르게도 러시아에 대해 우리 땅 분할론을 제기했습니다.

1896년 러시아황제 니콜라이 2세의 대관식에 참가한 일본의 특명 전권대사 야마가타가 러시아 외무대신 로마노프와의 비밀협상에서 앞으로 조선에 혼란상태가 발생해서 일본이건 러시아건 군대를 파견할 경우 두 나라의 충돌을 방지하고, 조선에서의 정치-군사-경제 등 분야의 모든 권익을 러시아와 일본이 제가끔 가지기 위한 경계선으로서 38도선인가 39도선인가를 제안했다는 겁니다.

그 경계선이 39도선이면 대개 평양과 원산을 잇는 선이 되겠고, 38도선이면 뒷날 1945년에 미국이 긋고 소련이 받아들인 남북분단선이 되겠는데, 같은 해 서울에서 일본공사 고무라(小村)와 러시아공사 웨베르 사이에 맺어진 의정서 등에 의하면 대체로 서울을 중심으로 해서 그 남녘은 일본의 이익권에, 그 북녘은 러시아의 이익권에 두기로 합의된 것으로 짐작된다고 전해지고 있습니다.

민비살해사건 뒤에 있었던 아관파천 등으로 우리 땅에서의 형세가 러시아보다 불리해진 일본이 우리 땅의 절반에서만이라도 이권을 유지하려 했고, 그 때문에 그들이 말하는 '이익선' 범위를 일시 우리 땅의 남쪽 절반에 한정하려 하기도 한 겁니다. 우리 땅에서의 일본의 전략상의 일시적 후퇴라고 할 수 있겠지요.

그러나 20세기로 들어서면서 일본이 당시 해양세력의 최강자였던 영국과의 동맹 즉 영일동맹(1902)을 맺게 됨으로써, 그리고 해양세력의 또 다른 강자인 미국의 도움을 받게 됨으로써 형세가 유리해지게 되자 다시 우리 땅의 남쪽 절반이 아닌 전체를 그 '이익선' 안에 두기 위한 침략을 자행하게 됐습니다.

한편 영일동맹 등으로 형세가 불리해진 러시아가 1903년 9월에 그 주일공사 로젠(Roman Romanovich Rosen)을 통해 39도선 이북의 우리 땅, 즉 대체로 평양과 원산선 이북의 우리 땅을 일본과 러시아 사이의 중립지대로 두자는 '양보안'을 제의했습니다. '만주' 땅에 야심을 가진 러시아가, 일본이 우리 땅 전체를 차지하고 '만주'로 진출하는 것을 막기 위해 39도선 이북 우리 땅을 일본세력과의 사이의 중립지대로 삼으려는 계책이었다고 하겠습니다.

그러나 우리 땅 전체를 차지하고 그곳을 '다리'로 삼아 '만주' 땅 나아가서 중국 중원지역까지 침략할 계략을 가졌던 일본이 이 같은 러시아의 제의를 받아들일 리 없었습니다. 결국, 일본은 러시아의 39도선 이북 우리 땅의 중립지대화안을 거부하고 1904년 2월에 러시아 여순함대(旅順艦隊)를 공격함으로써 러일전쟁을 도발한 겁니다.

청일전쟁에서 일본이 이김으로써 청국과의 종속관계를 끊고, 1897년에 대한제국으로 된 우리 땅은 러일전쟁에서 일본이 이김으로써 1905년의 을사늑약으로 일본의 보호국으로 됐다가, 1910년에 이른바 한일'합방'이 강행됨으로써 우리 땅 전체가 일본의 식민지로 전락되고 만 것은 우리가 다 아는 일입니다.

청일전쟁 직전에도 우리 땅 주변의 국제세력들이 전쟁을 피하면서도 제 이익을 차지하기 위해 우리 땅을 남북으로 분할하려 한 경우가 있었고, 그 10년 뒤에 일어난 러일전쟁 직전에도 국제세력들 사이에 같은 논의들이 있었으나 결국 전쟁이 도발되고 말았습니다. 러일전쟁의 중요한 원인이 우리 땅과 '만주'문제였던 겁니다.

러일전쟁에 이긴 일본이 전체 우리 땅에서 일어난 의병전쟁을 탄압하고 근 반세기 동안이나 우리 땅 전체를 식민지로 강점한 채 태평양전쟁을 도발했다가 패배함으로써 우리 땅은 결국 미국과 소련 두 전승국의 분할점령에 의해 남북으로 분단되고 맙니다. 우리 땅 분단의 주요원인이 일본의 강점에 있다 해도, 앞으로는 지난 20세기 전반까지의 악연을 극복하고 일본과의 평화로운 관계를 수립해가야 할 것이기도 합니다.

생각해 보면, 근대 이후의 우리 역사는 주로 그 지정학적 위치문제가 원인이 되어 대륙세력에 의해 전체 우리 땅이 지배될 위험에 빠지거나, 아니면 해양세력에 의해 강제지배되거나, 그것도 아니면 남북으로 분단될 위험에 빠졌었다가, 해방과 동시에 본의 아니게도 결국 남북으로 분단되어 민족끼리 대립하고 싸우는 상황이 벌어졌다고 하겠습니다.

좀 심하게 말하면, 우리 땅은 그 지정학적 위치문제 때문에 중세시대같이 대륙 쪽에 예속되거나 아니면 근대 초기와 같이 해양 쪽에 포함되거나, 그도 아니면 해방 후와 같이 남북으로 분단되어 북쪽은 대륙세력권에 속하고 남쪽은 해양세력권에 속해서 두 세력의 이해관계에 따라 남북이 대립하거나 싸우게 되는 그런 역사가 되풀이되었다고 해도 크게 틀리지 않지 않는가 하는 생각을 할 수도 있겠습니다.

그러나 어느 하나의 민족사회가 위치하고 있는 지점이 지정학적으로 언제나 불리한 것만도, 또 언제나 유리한 것만도 아니라 하겠습니다. 인류역사상 가장 불행한 시대였다 해도 틀리지 않을 제국주의시대나 냉전주의시대에는 국제세력들의 대결초점지역이 됨으로써 불리했다 해도, 앞으로의 세계사가 평화주의를 지향하고 그 같은 조류가 정착되어가는 경우 우리 땅의 처지도 반드시 달라진다는 생각입니다.

제국주의시대 및 냉전주의시대에는 비록 대립의 초점지역이요 최전선지역이 됐다 해도 평화주의가 정착해 가는 과정에서는, 제국주의나 냉전주의적 대립을 완화 내지 용해시키고 평화주의를 정착시키는 가교적 역할을 다함으로써 지역대립을 해소하고 민족사회의 미래를 기약하며 세계평화에 기여하는 그런 지역이 될 수 있다고 생각하기 때문입니다.

청일전쟁(1894) 무렵에는 외세의 우리 땅 공동점령안도 있었습니다

청일전쟁 100주년인 1994년경이었다고 기억합니다. 일본 역사학계의 일각에서는 청일전쟁을 동양의 중세적 국제질서를 깨트린 전쟁으로 정의하는 경우도 있었습니다. 역사시대 이래 중국 중심이었던 동양의 국제질서를 깨트리고 '일본 중심'의 새로운 아시아 국제질서를 수립하는 출발점을 이룬 전쟁이라 해서 일본의 청일전쟁 승리에 새로운 역사적 의미를 부여한 것이라고 하겠지요.

그러나 우리 생각에는, 청일전쟁은 타이완을 식민지로 만들고 우리 땅을 일본의 독점적 '이익선'에 넣으려 한 근대일본이 저지른 최초의 침략주의전쟁이었습니다. 이후 일본은 그 연장선상이었다고 할 수 있는 러일전쟁을 도발해서 우리 땅을 강점하고, 나아가서 '만주'사변·중일전쟁·태평양전쟁 등을 도발해서 제국주의전쟁을 확대해갔다가 결국 패망하고 말게 되는 그 출발점이 바로 청일전쟁 그것이었다는 역사인식인데 말입니다.

일본은 청일전쟁에서 이긴 대가로 타이완을 점령해서 50년 이상 지배했다가 태평양전쟁에 패배함으로써 중국에 반환했습니다. 태평양전쟁 패배로 타이완을 중국에게 돌려주었다는 사실은 곧 일본이 타이완을 점유하게 된 청일전쟁이 일본역사학계의 일각에서 말한 '동양의 중세적 국제질서를 깨트린 전쟁'이 아니라 분명한 침략전쟁이었음을 여실히 증명한 겁니다.

그건 그렇다 하고, 일본은 갑신정변 때 우리 땅에서 후퇴한 뒤 10년간 기를 써서 국력을 키우고 군비를 확장해서 청국을 상대로 한 전쟁을 준비했습니다. 청일전쟁이 일어나기 4년 전인 1890년에 군벌출신이며 당시 일본의 수상이던 야마가타(山縣有朋, 1838~1922)가 이른바 주권선(主權線)과 이익선(利益線) 문제를 제기했습니다.

1888년에 일본의 육군대신으로서 유럽에 파견된 야마가타가 오스트리아 빈 대학의 정치경제학 교수이던 슈타인에게서 주권선과 이익선 개념을 배웠다고 합니다. 이를 원용한 야마가타의 주권선은 일본 영토를 말하고, 이익선이란 그 주권선의 안전과 밀접한 관계가 있는 인접지역을 말하는데 그곳은 곧 조선 땅이라는 거였습니다.

그리고 야마카타는 제국주의침략시대인 당시는 어떤 한 나라가 그 독립을 유지하기 위해서는 다만 주권선을 지키는 데 그치지 말고 나아가서 이익선까지를 지키지 않으면 안 된다고 했습니다. 그들이 멋대로 지적한 이익선, 우리 땅을 저들의 세력권에 넣기 위해 전쟁을 일으킬 구실을 만들었다고 하겠으며 그 결과 처음에는 청일전쟁을, 다음에는 러일전쟁을 도발해서 우리 땅을 강제지배하게 됐다고 하겠습니다.

우리가 알다시피, 우리 땅에서는 1894년에 전라도 지방을 중심으로 갑오농민전쟁이 일어났고, 그것을 스스로 진압할 수 없었던 무능한 조선정부는 병자호란 이래의 종주국인 청국에 대해 농민전쟁 진압을 위한 군대파견을 요청했습니다. 갑신정변이 성공해서 제한적으로나마 입헌군주제가 되었더라면 갑오농민전쟁이 일어나지 않을 수도 있을 것이며, 따라서 청국군을 불러들여 청일전쟁의 원인이 되게 하지 않을 수도 있었을 건데 말입니다.

조선왕조정부의 요청에 따라 청국군이 조선에 파견되자 갑신정변 뒤의 1885년에 체결된 톈진조약(天津條約 : 앞으로 조선에 문제가 생겨 청국과 일본 중 어느 한 나라가 군대를 파견하게 되면 다른 한 나라도 역시 군대를 파견한다는 내용)에 따른다는 구실로 일본도 제 군대를 조선에 파견했습니다. 우리 땅을 제 '이익선'에 넣어야 한다는 일본으로서야 좋은 기회를 얻은 것이지요.

알다시피 갑오농민전쟁군이 조선왕조를 무너뜨리는 혁명으로까지

나아가지는 못하고, 전주화약(全州和約)에 의해 농민전쟁이 일시 진정됐습니다. 따라서 청국군과 일본군은 당연히 철수해야 했지만, 조선을 제 '이익선'에 넣고 있던 일본은 조선정부가 이른바 내정개혁을 해야 한다는 구실을 내세워 물러가지 않았습니다.

조선에 대한 종래적 종주권을 기어이 놓치지 않으려 한 청국으로서는, 일본의 요구대로 내정개혁이 실시되면 조선은 곧 일본의 속국이 되는 거라 하고 내정개혁에 반대하면서, 일본군이 조선에서 철수하지 않는 한 청국군도 철수할 수 없다고 했습니다. 이리하여 청국과 일본 사이에 전쟁 위험이 높아져가게 된 겁니다.

우리 땅에서 청국군과 일본군 사이의 전쟁 위험이 높아지게 되자 먼저 우리 땅과 국경을 접하고 있는 또 하나의 대륙세력인 러시아가 조정에 나섰습니다. 러시아는 조선정부가 청국-일본-러시아 등의 '3국연합위원회'를 조직해서 그 감독 아래 내정개혁을 실시하고 일본군이 조선에서 물러가게 한다는 안을 내놓았습니다. 러시아 역시 우리 땅 문제에 개입하겠다는 의도이기도 한 것이지요.

한편 당시의 청국에 대해 이해관계가 깊었던 영국도 조선-청국-일본 문제의 조정에 나섰습니다. 처음에는 영국-미국-프랑스-독일-러시아 등 5개국이 연합으로 간섭해서 청국과 일본 사이의 대립을 해소한다는 안이었습니다. 그러나 이 안이 다른 나라들의 호응을 얻지 못하자, 다음에는 서울을 중립지대로 하고 남조선을 일본군이, 북조선을 청국군이 점령하는, 즉 청국과 일본의 우리 땅에 대한 공동점령안을 제기하기도 했습니다.

지금으로부터 1백 년도 더 전에 우리 땅을 두고 일어날 것 같은 대륙세력 청국과 해양세력 일본 사이의 전쟁을 방지하기 위해 청국-일본-러시아 등의 '3국연합위원회'가 말해지기도 하고, 영국-미국-프랑스-독일-러시아 등 '5개국연합간섭'이 말해지기도 한 사실과, 그 1백여 년 뒤인 오늘날의 우리 땅 남북대립문제를 두고 성립된 미국-중국-러시아-일본과 남북을 합친 '6자회담'이 비교되기도 합니다.

지금도 우리 땅의 남북 두 정부 스스로가 제 민족문제를 해결하지 못하고 대륙세력인 중국 러시아와 해양세력인 미국 일본, 그리고 우리 땅 남북 두 정부를 합친 '6자회담'이 거론되고 있는 사실에서, 지금의 우리 땅 남북주민과 정부당국자들이 역사에서 무엇을 배우고 또 무엇을 깨달아야 할 것인가를 생각해보지 않을 수 없는 겁니다. 우리 땅 문제를 두고 거론된 지난날에 '3국연합위원회'나 '5개국연합간섭'이 거론되고 오늘날에는 '6자회담'이 이루어진 사실을 두고 우리 땅의 지정학적 위치문제로만 돌려도 될까요.

청일전쟁 위험에 직면한 당시의 조선정부는 미국에 대해 청국과 일본 사이의 조정에 나서고, 특히 일본에 압력을 가해서 조선에서 일본군이 철수토록 해줄 것을 교섭했습니다. 미국은 이 같은 조선정부의 요청에 따라 영국-러시아-프랑스-독일 등 네 나라에 대해 청국과 일본 두 나라 군대의 조선에서의 동시철거를 요청하자고 제의했습니다. 그러나 다른 나라들의 동의를 얻지 못했습니다.

일본은 결국 1894년에 전쟁을 도발해서 청국을 이겼고, 전쟁에 이긴 일본은 조선의 내정개혁을 한답시고 일본인의 감독 아래 차관공여와 이권획득 등에 의한 조선경제의 일본종속화를 추진하는, 다시 말하면 앞서 야마가타가 말한 대로 우리 땅 전체를 일본의 '이익선'으로 확보해 가는 과정을 밟기 시작한 겁니다.

청일전쟁은 우리 땅을 두고 19세기 후반의 대륙세력과 해양세력이 겨룬 전쟁이었으며 해양세력 일본이 대륙세력 청국을 이긴 전쟁이었습니다. 그 결과 대륙세력과 해양세력 사이에 위치하는 반도국가면서도 스스로를 지탱할 힘과 방도를 못 가진 조선왕조정부가 전쟁에서 이긴 해양 쪽 일본의 세력권에 들어가게 된 것은 어쩌면 '당연한'

일이었다 하겠습니다.

청일전쟁에 이긴 일본의 횡포에 대응해서 조선정부는 다른 살길을 택하지 않을 수 없었습니다. 청일전쟁에 이긴 일본은 타이완과 함께 '만주'의 요동반도 소유를 요구했고 청국은 이에 응할 수밖에 없었습니다. 그러나 러시아를 비롯한 독일 프랑스 등의 '3국간섭'으로 일본의 요동반도 점유가 불가능하게 되자 이를 본 조선정부는 국경을 접하고 있는 또 다른 대륙세력 러시아를 끌어들여 해양세력 일본을 견제하는 정책을 적극적으로 펴나갔습니다.

19세기 후반 제국주의세력들이 다투던 시기의 우리 땅이 청일전쟁의 결과 해양세력이 대륙으로 나아가는 '다리'가 되게 되었으니, 이미 '만주' 땅을 차지할 야심을 가지고 있던 또 다른 대륙세력 러시아가 이를 막으려 했고, 따라서 우리 땅과 '만주'문제를 두고 일본과 러시아 사이에 또다시 전쟁이 일어나지 않을 수 없는 상황이 되어간 겁니다.

세계의 강대국들이 영토확장 및 세력권확장에 광분하던 제국주의 시대에 유길준이 쓴 우리 땅의 중립론에서 동북아시아의 '목구멍'같다고 한 강대국들에 둘러싸인 국제관계의 요충지대에 위치했으면서 스스로를 지탱할만한 조건을 갖추지 못했던 우리 땅의 경우, 그대로 있었다가는 불행하게도 국제분쟁의 희생지가 될 수밖에 없어져갔다고 하겠습니다.

세계가 자본주의와 사회주의의 이데올로기적 대립이 있기 이전인, 그리고 제2차 세계대전 종결 때와 같이 대륙 쪽의 소련과 해양 쪽의 미국이란 두 전승강대국이 대립해서 연출하게 되는 이른바 냉전시대도 아닌, 19세기에 왜 국제세력들에 의한 우리 땅의 분단논의나 국제세력 공동관리론 등이 있었는가를 제대로 이해하지 않고는 우리 역사를 심층적으로 알기 어렵다는 생각이기도 합니다.

3. 강점되기 전에 우리 땅의 국외중립화론도 있었습니다

청일전쟁 10년 전에 우리 땅의 영세국외중립화론이 나왔습니다

뒷날의 일이지만, 그리고 세상에 별로 알려지지 않은 일인 것 같지만, 1960년의 4월'혁명'공간의 평화통일운동이 활성화했을 때 우리 땅을 영세국외중립화로 통일하자는 주장을 한 사람들이 있었고, 이들은 박정희군사쿠데타정권이 들어서면서 모두 심한 탄압을 받았습니다. 남북 우리 땅 전체를 통일과 함께 국외독립지대가 되게 하자는 중립화론이 왜 남녘땅의 군사독재정권에 의해 탄압되었을까요.

동북아시아의 대륙 쪽 사회주의세력권과 해양 쪽 자본주의세력권 사이에 놓인 반도로서의 우리 땅이, 북녘의 사회주의체제와 남녘의 자본주의체제가 평화적으로 공존하면서 통일되기 위해서는, 우선 대외적으로는 영세국외중립지대로 될 수밖에 없다는 생각을 하고 주장했다가 "반공을 국시의 제1의로 한다"는, 박정희군사독재정권에 의해 가혹한 탄압을 받은 겁니다.

우리 땅을 사이에 둔 대륙세력과 해양세력 사이의 충돌을 피하기 위해, 특히 대륙 쪽 사회주의세력권과 해양 쪽 자본주의세력권이 대립하고 우리 땅의 남북이 이데올로기로 대립한 상황에서, 우리 땅을 통일하되 대륙세력과 해양세력 사이의 완충지대로서 사회주의세력과 자본주의세력 사이의 완충지대로서 국외중립화통일을 해야 한다는 생각들이 있기도 했던 겁니다.

그러나 우리 땅의 영세중립화문제가 8·15 후의 분단시대에만 있었던 것은 아닙니다. 동북아시아의 대륙과 해양 사이에 놓인 지정학적 위치 때문에 국제분쟁의 원인지역이 되는 것을 피하기 위해, 그리고 우리 땅의 주권독립을 유지함으로써 국제분쟁의 초점이 되는 것을 막기 위해 영세국외중립지대로 해야 한다는 의견은 이미 19세기 후반부터 있었습니다.

20세기에 들어서면서 대한제국 통치자들의 무능과 제국주의자들의 횡포로 인해 오랜 역사를 지닌 우리 같은 문화민족사회가 일본의 강제지배를 받게 됐는데, 그 원인이 대한제국 통치자들의 무능과 제국주의침략에만 있는 것이 아니라 또 다른 원인 즉 열강에 둘러싸인 반도로서의 우리 땅이 가진 지정학적 위치문제에도 있다고 할 수 있겠습니다. 물론 앞으로는 극복되어야 할 문제지만 말입니다.

제국주의시대의 우리 땅은 별수 없이 주변강대국에 의해 강제지배되는 길 밖에 없었는가, 그렇지 않은 길도 있을 수 있었는가, 그렇지 않은 길이 있을 수 있었다면 그 길이 왜 실현되지 않았는가 하는 문제들을 이해하는 일 또한 중요하다는 생각입니다. 비록 20세기를 넘기고 21세기가 되면서 제국주의가 일정하게 쇠퇴해져간다 해도 지정학적 위치문제는 남게 마련이니까요.

1884년에 일어난 갑신정변 때 우리 땅에서 대륙세력 청국군과 해양세력 일본군이 실제로 교전을 했다고 앞에서 말했지만, 그것이 10년 뒤에 일어날 청일전쟁의 '전주곡'임을 알아차리고, 청일전쟁을 방지하고 조선왕조 주권의 안전을 유지하기 위한 나름대로의 대책을 제시한 사람들이 내국인에도 있었고 외국인에도 있었습니다. 중립안이 말해진 시기에 따라 먼저 외국인의 경우를 봅시다.

1885년, 그러니까 갑신정변이 있던 다음해에, 지금으로부터 120년도 더 전에 동북아시아에서 대륙세력 청국과 해양세력 일본이 우리 땅에 대한 주도권문제를 두고 전쟁을 일으킬 가능성이 있음을 미리 내다보고, 우리 땅을 영세국외중립지대화 함으로써 그 주권을 유지하고 동북아시아의 평화를 이루어야 한다는 생각을 가지고 그 방안을 실현하려 한 사람들이 있었던 겁니다.

동북아시아의 대륙과 해양 사이에 놓인 반도인 우리 땅에 성립된 국가들이 고대에는 고구려와 같이 '만주'지방까지 그 영토를 넓혀가기도 했으나, 그 뒤에는 대륙세력의 강자였던 중국 쪽의 수(隋) · 당(唐) 등 중원(中原)세력과 몽고 · 여진 등 이른바 세외(塞外)민족들의 잦은 침략을 받고는 대항하기도 했고 또 한때나마 굴복하기도 했습니다.

한편, 근대사회로 오면서 서양세력이 동아시아지역으로 진출했고, 탈아입구(脫亞入歐) 즉 아시아식 국가의 범주를 벗어나서 유럽식 국가가 돼야 한다면서 서양세력과 일찍 '야합'해서 서양화 및 제국주의화에 열중하던 해양세력 일본이 먼저 우리 땅을 제 세력권에 넣고 그것을 발판으로 중국대륙을 침략하려 함으로써, 우리 땅이 국제분쟁의 장이 될 가능성이 높아져 갔습니다.

그렇게 되면 일본이 중국 쪽 뿐만 아니라 러시아 쪽과도 충돌하게 될 것이므로 우리 땅을 대륙세력과 해양세력 사이의 영세국외중립지대로 만듦으로써, 우리 땅 자체의 주권을 확보하고 동북아시아에서의 국제분쟁 및 전쟁을 미연에 방지함으로써 이 지역의 평화를 유지해야 한다는 생각이 100년도 더 전에 이미 나오기 시작한 겁니다.

역사에서 이미 배웠으리라 생각되는데, 당시의 조선주재 독일부영사였던 부들러(H. Budler, 卜德樂)란 사람이 갑신정변 다음해인 1885년 3월에 조선정부의 외교책임자였던 독판교섭통상사무(督辦交涉通商事務) 김윤식(金允植, 1835~1922)에게 조선정부가 스스로 영세국외중립을 선언할 것을 권고하는 외교문서를 제출했습니다.

독일사람 부들러가 어떤 연유로 언제부터 서울에 와서 언제까지 독일의 외교관으로 근무했는지 그 내력을 알아보려 했지만 쉽지 않았는데, 연구현장에서 은퇴한지 오래된 지금의 필자로서는 알아내기 어렵습니다. 앞으로 젊은 연구자들에 의해 상세히 밝혀지리라 기대합니다. 그의 인적상황이 이미 상세히 밝혀졌는데 필자가 모르고 있는지도 모르겠습니다만.

부들러가 우리 땅의 영세국외중립화를 권고한 외교문서에서는 먼저 유럽에서 강대국 독일 및 프랑스와 이웃하고 있는 작은 나라 스위스가 중립을 선언함으로써 1870에 발발한 보불전쟁(普佛戰爭)에서 피해를 입지 않고 주권을 유지했던 예를 들고, 장차 우리 땅 문제로 청국과 일본이 전쟁할 우려가 있으니 조선왕국이 청국과 러시아와 일본 등이 보장하는 중립국가가 됨으로써 그 안전과 독립을 도모할 수 있을 것이라 권고한 겁니다.

우리 땅에 주재한 유럽 외교관으로서 갑신정변 때 서울에서 실제로 청국군과 일본군이 무력충돌 하는 것을 봤으리라 생각되는 부들러가 우리 땅의 지정학적 위치문제를 파악하고, 또 이 땅이 장차 동북아시아 국제분쟁의 중심지역이 되리라 내다보고, 그 안전과 주권독립을 유지하기 위한 방책으로서 유럽식의 영세국외중립화를 건의한 것이라 하겠습니다.

독일외교관 부들러의 이 같은 권유에 대해 조선의 외교책임자 김윤식은 역시 외교문서를 통해서 청국과 일본이 우리 땅에서 전쟁을 할 이유가 없는 것이라 하고, 영세국외중립선언 같은 것을 수용하려

하지 않았습니다. 앞으로 10년 안에 우리 땅 문제로 청일전쟁이 일어날 가능성을 당시의 조선주재 독일부영사는 예측했으나, 조선정부의 외교책임자는 그렇지 못했던 것이 아닌가 합니다.

또 지나친 생각일지 모르나, 당시 조선왕조정부의 최고외교책임자가 영세국외중립이 구체적으로 어떤 것이며, 만약 그것이 국가의 안위를 위해 절실히 필요한 조처라면 무엇을 어떻게 해야 실행가능한가 하는 문제 등을 제대로 알았는가 하는 의문도 있습니다. 어떻든 그는 우리 땅 문제로 10년 뒤에 일어날 청일전쟁을 미리 내다보지 못한 것은 사실이라 하겠습니다.

그러나 독일외교관 부들러만이 아니고 내국인으로서도 이 시기 우리 땅의 중립화문제를 절실히 생각하고 그 구체적 방안을 제시한 사람이 있었습니다. 같은 해 즉 1885년에 『서유견문』(西遊見聞)의 저자로 알려진 유길준(俞吉濬, 1856~1914)이 우리 땅의 국제정치적 위치를 중요시하고 『중립론』이란 글을 썼습니다. 그러나 유폐생활 중에 쓴 이 글이 당시에는 세상에 널리 알려지지 못했다고 했습니다.

1880년대의 조선정계에서 수구파와 개화파가 대립하고 있을 때 개화파에 속했다고 할 유길준은 최초의 일본유학생이요 미국유학생이었으며, 갑신정변 실패 후 유학생활을 끝내고 세계일주를 하고 귀국했다가 수구파에 의해 7년간이나 유폐생활을 당해야 했고, 널리 알려진 『서유견문』을 썼지만 또 『중립론』이란 글을 쓰기도 한 겁니다.

유길준은 『중립론』에서 우리나라는 지리적으로 아시아의 인후(咽喉) 즉 목구멍과 같은 위치에 있어서 국제분쟁의 장이 될 가능성이 있다 하고, 청국이 맹주(盟主)가 되어 영국-프랑스-일본-러시아 등 아시아지역과 이해관계가 있는 나라들을 모으고 여기에 조선도 참가해서 우리 땅의 중립화를 위한 조약을 맺어야 할 것이라 했습니다.

우리 땅의 국외중립화를 위한 국제조약 체결의 맹주가 청국이어야 한다는 것이 지금의 상식으로는 납득되기 어렵기도 한데, 개화파에 속했다 할 그도 갑신정변을 실패하게 한 청국과 조선 사이의 현실적 종속관계를 인정하지 않을 수 없었던 것 같고, 그래서 청국이 우리 땅 중립화를 위한 '맹주'가 되어야 한다고 생각한 것 아닌가 하는 겁니다.

청국이 일본과의 전쟁에서 패배하기 10년 전이라 유길준과 같은 당시의 선진적 식자로서도 그때의 시대적 상황인 청국의 조선에 대한 종주국 인식에서 벗어날 수 없었던 결과라 할 수 있지 않을까 합니다. 어떻든 우리나라 사람으로서는 최초로 쓴, 당시로써는 진보세력의 한 사람인 유길준의 『중립론』은 앞에서 말한 것과 같이 당시의 보수세력인 수구파에 의한 유폐생활 중에 써졌기 때문에 세상에 널리 알려지지 못하고 말았습니다.

유길준 외에도 그 무렵의 우리나라 사람에 의한 우리 땅 중립화 구상이 또 있었습니다. 갑신정변 실패로 일본에 망명해 있던 그때의 진보세력인 개화파의 주도자라 할 김옥균(金玉均)이, 부들러의 중립화 권유가 있고 유길준의 중립화론이 써진 2년 뒤인 1887년에 청국의 외교책임자라 할 리홍장(李鴻章, 1823~1901)에게 보낸 편지(與李鴻章書)가 남아있는데, 거기서도 청나라가 맹주가 되고 구미(歐美) 대국들과 함께 조선을 중립국화 함으로써 동북아시아의 국제분쟁을 막고 조선의 안전을 도모해야 한다고 했습니다.

리홍장에게 편지로써 조선의 중립화를 주장한 7년 뒤인 1894년에 아마 리홍장 등을 만나러 중국에 갔다고 생각되는 김옥균은 상하이에서 조선정부가 보낸 자객 홍종우(洪鍾宇, 1854~?)에 의해 살해됐습니다. 그리고 그의 죽음은 일본정부에 의해 청일전쟁 도발을 위한 반청(反清) 여론조작의 구실로 이용되기도 했습니다.

갑신정변 뒤부터 청일전쟁이 일어나기까지의 10년 사이에는 우리 땅문제를 두고, 종래와 같은 종속관계를 강화하려는 청국과 그 종속관계를 끊고 조선을 제 세력권에 넣음으로써 장차 대륙진출을 위한 '다리'로 삼으려는 일본 사이에 충돌이 일어날 것이 웬만한 정치-외교-군사적 식견을 가진 사람들에게는 이미 내다보였던 것이 아닌가 합니다.

당시 동북아시아의 그 같은 국제정치적 상황에서, 선진적 진보적 식견을 가진 사람들이 생각한 우리 땅의 안전과 주권을 유지하는 방안이 곧 국외중립화방안이었다고 하겠습니다. 그러나 불행하게도 그 때의 우리 땅 통치자들에게는 그 같은 요긴하고도 절실한 국제정치적 인식이 부족했던 거라 할 수밖에 없지 않았는가 추측되기도 합니다.

병자호란 결과로 강제된 조선과의 종속관계를 근대사회 이후에도 유지하려는 대륙세력 청국과, 조선을 제 '이익선'으로 삼으려는 해양세력 일본 사이에 전쟁이 일어나리라 예상한 사람들이 더러는 있었던 것 같습니다. 그래서 그 전쟁을 방지하고 동북아시아의 평화와 조선왕국의 주권독립을 유지하기 위해 우리 땅을 국외중립지대로 만들어야 한다는 생각을 가진 사람들도 더러 있었던 거지요.

그러나 결국 일본이 청일전쟁을 도발해 이김으로써 대륙세력과 해양세력 사이에 놓인 반도국가 조선왕조의 처지가 더 어려워질 수밖에 없게 됐습니다. 우리가 알다시피 청일전쟁 뒤 조선정부는 일본에게 일방적으로 예속되는 것을 피하기 위해, 또 다른 대륙세력의 강자 러시아를 끌어들였고, 그 결과 우리 땅의 운명이 결정되는 러일전쟁이 터지고 말게 되는 겁니다.

우리가 알다시피 조선은 전혀 청일전쟁의 당사국이 아니고, 전쟁 이름 그대로 그것은 분명 청국과 일본이 싸운 전쟁이었습니다. 그런데도 전쟁의 주된 원인은 청국과 일본이 모두 우리 땅을 제 세력권에 넣으려 한 데 있었고, 그 전쟁이 시작된 곳도 바로 우리 땅이었던 겁니다.

청일전쟁이 결국 일본의 승리로 끝남으로써 병자호란 이후 청국에 종속되었던 즉 대륙세력권에 포함되었던 우리 땅의 처지가 이제는 바뀌어 해양세력권인 일본 쪽에 포함되는 상황이 되고 말았습니다. 그러나 한편 우리 땅 문제를 둘러싼 전쟁을 방지하기 위해 제시되었던 다음과 같은 역사적 사실도 반드시 알아야 한다는 생각입니다.

러일전쟁 직전에도 또 우리 땅 중립화론이 나왔습니다

청일전쟁에서 일본이 이기자 이제 우리 땅은 별수 없이 일본의 독점적 세력권 즉 그 '이익선'에 들어가게 됐습니다. 그렇게 되자 당시의 조선왕조정부는 별수 없이 또 다른 대륙세력인 러시아를 적극적으로 끌어들여 일본에의 예속을 막으려 했고, 따라서 우리 땅에서는 또다시 대륙세력 러시아와 해양세력 일본 사이의 대립이 심해질 수밖에 없는 상황이 벌어진 겁니다.

그럼에도 1890년대 후반까지는 러시아와 일본이 당장 전쟁으로 나아가지는 않고 일종의 '흥정'을 벌이기도 했습니다. 우리 땅 문제를 두고 러시아와 일본이 공동으로 대처하거나, 일본이 '만주' 땅 다롄(大連)과 뤼순(旅順)에 대한 러시아의 점령을 인정하는 대신 러시아는 일본의 우리 땅에서의 경제적 우위를 승인하는, 즉 러시아와 일본이 저들끼리 우리 땅과 '만주'에서의 이권을 맞바꾸려 한 이른바 한만교환론(韓滿交換論)이 성립되는 것처럼 되기도 했던 겁니다.

그러다가 1902년에 들어와서는 또 조선주재러시아공사, 일본주재러시아공사, 미국주재러시아공사 등 3인의 러시아 외교관들이 회동해서, 러시아와 미국과 일본 등 3개국이 공동으로 보장하는 우리 땅 중립화안을 논의했습니다. 우리 땅을 둘러싼 러시아와 일본 사이의 충돌을 막으려는 생각에서 나온 방안이었다고 하겠지요.

그리고는 이들 3인의 러시아외교관들은 우리 땅의 중립화안을 러시아정부와 미국정부에 제출한 뒤 미국정부로 하여금 발의하도록 하는 계획을 세우기도 했습니다. 영일동맹이 맺어지는 상황에서 불리해진 러시아가 미국을 끌어들여 일본의 우리 땅 독점을 막기 위해 국외중립화하려 한 것이라 하겠습니다. 그러나 우리 땅이 중립화되면 러시아는 '만주'를 넘볼 수 있게 되지만 일본은 우리 땅을 제 세력권에 넣으려는 욕심을 이루지 못하게 되는 거였습니다.

청일전쟁 뒤 우리 땅을 독차지하기에 혈안이었던 일본정부는 이같은 러시아외교관 3인들의 우리 땅 중립화안제의에 당황해서 미국주재일본공사에게 훈령해서 미국이 러시아가 제시하는 우리 땅 중립화안에 동의하거나 또 그것을 발의하지 말게 하도록 교섭하라고 지시했습니다. 이에 따라 당시의 미국주재일본공사는 여러 번 미국 국무장관을 만나 제 본국의 지시를 전달했는데, 그 때의 일본이 우리 땅의 중립화안에 반대하면서 내세운 이유는 대체로 다음과 같은 두 가지였습니다.

그 첫째는, 청국의 의화단사건을 계기로 '만주'를 점령한 러시아가 여순과 블라디보스토크를 연결하는 중간지점에 또 하나의 항구를 확보하기 위해 경상남도의 마산포(馬山浦)를 점거하려 하는 한편, 러시아가 우리 땅을 중립화하려는 것은 일본과 '만주'와의 교통을 끊으려는 의도 때문이라는 것을 강조했습니다. 즉 러시아의 의도대로 우리 땅이 중립지대화하면 일본의 우리 땅 지배가 불가능해지고 또 '만주' 진출 즉 대륙침략의 길이 막힌다는 것이지요.

일본이 미국에게 제시한 우리 땅의 중립화를 반대하는 둘째 구실은 이렇습니다. 어느 한 국가가 중립화하려면 그 문화수준이 다른 나라와 별 차이가 없으면서 다만 나라가 작고 군사력이 약해서 타국의 침략에 대항할 수 없을 때라야만 가능한데, 대한제국은 그 문화수준이 대단히 낮아서 자주독립의 가능성이 없으며, 특히 중앙정부의 부패, 사법제도의 문란, 지방행정의 악습 등으로 외국인이 생명과 재산을 위탁할 수 없는 상황이라는 거였습니다.

그리고 이와 같은 상황에 있는 대한제국이 중립국이 되면 그것이 곧 주변 여러 나라 사이가 불화하게 되는 원인이 된다하고, 그래서 앞으로 일본이 조선을 도우고 보호할 필요가 있다면서, 미국이 우리 땅 중립화안을 발의하지 말도록 극력 설득하려 한 겁니다. 대륙세력과 해양세력 사이에 있는 우리 땅의 중립화가 주변 나라들의 충돌을 완화하는 것이 아니라 오히려 불화의 원인이 된다고 억지를 부린 거지요.

러일전쟁을 도발한 뒤 대한제국을 보호국으로, 나아가서 식민지로 만들 의도를 일본이 이미 강하게 드러내고 있는 것이라 하겠지요. 그러면서도 우리 땅 중립화가 부당하다고 내세운 두 번째 이유는 조선왕조정부가 갑신정변 갑오개혁 등에 실패함으로써 시대에 맞는 개혁을 제대로 하지 못한 상황이라 어느 정도 새겨 들을만한 일면이 있다고 할 수도 있지 않을까 합니다.

일본의 적극적 외교활동 결과 미국은 우리 땅 중립화안을 발의하지 않았을 뿐만 아니라, 곧 일본이 러일전쟁을 도발하게 되자 전쟁비용을 빌려주고, 또 전쟁 상황이 일본에 유리하게 된 시점에서 포츠머스조약 체결을 주선하는 등 일본을 적극 도와주었습니다. 그 결과 대한제국은 일본의 보호국으로 또 식민지로 전락해갔던 겁니다.

미국이 포츠머스조약 체결을 주선함으로써 러일전쟁은 결국 일본의 승리로 끝나게 되고 대한제국은 을사늑약(1905)에 의해 일본의 보호국이 되고 말았습니다. 그리고 같은 해 7월에는 일본수상 가쯔라(桂太郎)와 미국의 육군장관 테프트(W. H. Taft) 사이에 일본이 미국의 필리핀 지배를 인정하는 대신 미국이 일본의 대한제국 보호국화를 지지하는 '도둑들의 흥정'이라 할 가쯔라-태프트 비밀협정이 체결된 사실은 우리가 다 아는 일입니다.

일본에게 러일전쟁의 전쟁비용을 빌려주고 일본이 유리한 조건에서 전쟁이 끝나도록 주선해 주었으며, 비밀협정으로 일본의 우리 땅 지배를 용인해준 미국은, 그때로부터 불과 40년 뒤에 하와이 진주만 기습공격을 받고 근 5년간 처절한 태평양전쟁을 치르게 되는 겁니다. 역사의 아이러니를 실감할 수 있다고나 해야 할까요.

태평양전쟁이 끝난 5년 뒤 우리 땅에서 6·25전쟁이 일어나서 우리 땅이 다시 일본 등 해양세력에 대한 '칼'이 될 뻔하자 미국군 중심 유엔군이 참전했고 인천상륙 뒤의 북진으로 '칼'이 다시 '다리'가 될 뻔하자 대륙세력 중국육군과 소련공군이 참전해서 '다리'됨을 막은 거라 하겠습니다.

38선이 휴전선이 됨으로써 그 이북의 우리 땅은 중국, 러시아 등 대륙세력이 미국 일본 등 해양세력과 맞부딪히지 않게 하는 공간이 되고, 그 이남의 우리 땅은 또 일본, 미국 등 해양세력이 중국, 러시아 등 대륙세력과 맞부딪히지 않게 하는 공간이 되어있다 하겠습니다. 동강나지 않은 남북 우리 땅 전체가 동북아시아에서의 대륙세력과 해양세력의 맞부딪침을 방지하는 공간이 되는 중립지대화는 여러 번 거론되기만 하고 한 번도 실행되지는 않은 채 말입니다.

러일전쟁 직전에 대한제국정부도 국외중립을 선언했습니다

러일전쟁 전에 러시아는 '만주'를 그 세력권으로 확보하기 위해, 즉 일본의 '만주' 침략을 막기 위해 일본과의 사이에 놓인 우리 땅을 중립지대로 만들려 했다고 앞에서 말했습니다. 그러나 일본으로서는 우리 땅이 러시아의 뜻대로 중립지대가 되면 그곳을 제 세력권에 넣을 수 없게 될 뿐 아니라 그에 따라 대륙침략의 길이 막히게 되는 거였습니다.

그래서 1900년대에 들어선 시점의 동북아시아에서는 '만주'를 제 세력권에 넣고 우리 땅에서도 일정한 이권을 가지려는 대륙세력 러시아와, 우리 땅을 제 세력권에 넣음으로써 '만주' 및 중국 중원지역을 침략하려는 해양세력 일본 사이에 전운이 감돌 수밖에 없게 된 겁니다. 세계사적으로도 최초의 세계규모 제국주의전쟁인 제1차 세계대전을 앞두고 있는 시점이기도 했습니다.

전쟁이 일어나면 대륙세력 러시아와 해양세력 일본 사이에 놓인 우리 땅이 전쟁터가 될 것은 불을 보듯 했습니다. 더구나 1902년에 당시 세계최대강국이던 영국이 동북아시아에서 러시아의 태평양진출을 막기 위해, 또는 일본을 '극동의 헌병'으로 삼기 위해 영일동맹을 맺음으로써 일본으로서는 큰 힘을 얻게 됐고, 따라서 러시아와의 전쟁도 기피하지 않을 수 있게 되기도 했습니다.

우리 땅과 '만주'문제를 두고 러시아와 일본 사이에 전쟁 위험이 높아지자 곽종석(郭鍾錫 1846~1919) 같은 재야지식인도, 그리고 독립신문과 황성신문 등 국내 언론에서도 조선의 '국외중립'을 주장했고, 대한제국정부도 주로 미국과의 교섭을 통해 우리 땅을 중립지대화 함으로써 전쟁발발과 그에 따른 피해를 막으려 노력하기 시작했습니다.

대한제국정부는 1899년에 당시 한국주재 미국공사 알렌(Horace N. Allen)을 미국에 보내 그 대통령과 국무장관에게 대한제국의 중립화와 영토보존문제에 대해 미국이 앞장서서 다른 열강과의 협약을 체결해 줄 것을 요청했습니다. 그러나 미국은 이 요청을 거절했습니다.

그럼에도 궁지에 몰린 대한제국정부의 미국에 대한 기대는 계속됐습니다.

대한제국정부는 또 한국주재 미국공사관의 서기관이던 샌즈(William F. Sands)를 고문관으로 임명해서 러시아와 일본이 전쟁을 일으킬 때 대한제국이 스위스나 벨기에와 같이 영세국외중립을 지킬 수 있게 미국이 도와줄 것을 요청했습니다. 독일부영사 부들러가 영세중립화를 권유한 때로부터 20년이 지나서야 대한제국정부 스스로가 영세국외 중립화를 원하게 된 겁니다. 그러나 미국은 이 요청 역시 냉정하게 거절했습니다.

우리 땅 문제를 두고 러시아와 일본 사이의 전쟁 위험이 높아지게 되자 대한제국정부가 이 전쟁으로 인한 식민지화를 막고 주권독립을 유지하기 위한 방책으로써 국외중립화를 실현하려 했습니다. 그러나 제 힘만으로는 국외중립을 통한 주권유지가 불가능했고, 따라서 안타깝게도 특히 미국에게 간청하게 된 데에는 그럴만한 이유가 있었습니다.

1882년에 처음으로 체결된 조선왕조정부와 미국정부와의 수호조약문에 있던 "조선이 제3국으로부터 부당한 침략을 받을 경우 조약국인 미국은 즉각 이에 개입, 거중조정(居中調整)을 행사함으로써 조선의 안전을 보장한다"는 문구가 그것입니다. 미국으로서는 아시아지역의 한 약소국과의 조약문에 하나의 '수식어'로 넣었을 뿐인지도 모르는 조항을, 대한제국정부는 '어리석게도' 너무 믿은 결과라 할 수 있지 않을까 합니다.

어떻든, 제정러시아와 일본 사이에 우리 땅 문제와 '만주' 문제를 둘러싼 전쟁이 발발하기 직전에 당시의 대한제국정부가 우리 땅이 전쟁터가 되지 않게 하고 주권을 유지하기 위해 특히 미국을 상대로 우리 땅의 중립화를 위해 노력한 일면을 볼 수 있으나, 미국은 이미 러시아의 남하를 막기 위해 일본에 편드는 쪽으로 기울었던 겁니다.

그런 상황에서 대한제국과 같이 국제분쟁의 요충지대에 위치한 작은 국가가 전쟁에 말려들지 않고 주권독립을 지키는 길이 영세국외 중립화 하는 것임을 알기는 했다 해도, 대내외적으로 제 능력이 부족한 상태에서 영세국외 중립화를 실현해서 국가적 독립을 지키는 일은 안타깝게도 쉬운 일이 아니었던 거라 하겠습니다.

일본이 미국에 대해 러시아가 바라는 우리 땅 중립화문제에 동조하지 말도록 교섭하면서, 어느 한 국가 및 지역의 중립화가 가능하려면 그 지역 및 국가 주민들의 문화수준이 그만큼 높아야 한다고 했는데, 그것은 어느 한 지역 및 국가가 영세국외 중립화 하기 위해서는 그 주민들의 국제감각이 그만큼 높아야 한다는 말이라고도 할 수도 있을 것 같습니다.

일본이 청일전쟁에서 이긴 '덕택'이긴 하지만, 조선왕국이 1897년에 대한제국으로 되고 종래의 왕이 황제가 되고 독자적 연호를 쓰게 되긴 했으면서도, 일본의 메이지정부와 같은 제한적 입헌군주제정도의 체제개혁을 하기는커녕 「대한국제」를 발표해서 오히려 전제군주제를 강화하는 쪽으로 가고 말았다고 하겠습니다.

그런가 하면 황제 중심 세력이 황국협회 같은 당시의 보수단체를 이용해서 민권과 정치개혁을 강조하는 당시의 진보단체라 할 독립협회의 열렬한 정치운동을 탄압한 그런 상황에서는 국민 일반의 국제적 감각이 높아질 수 없었고, 따라서 영세국외 중립화를 이루어 대한제국의 주권독립을 지키기는 어려운 현실이었다고 하겠습니다.

이때 우리 땅의 주권자였던 고종황제의 치세기간은 우리 근대사 전체를 통해서도 대단히 중요한 시기였습니다. 제국주의 외세의 침략을 막으면서 주체적 근대화를 달성해야 하는 그야말로 어렵고도 중차대한 시기였는데, 그는 제한적 입헌군주제를 실행하여 국력을 키울 줄 몰랐던 전제군주였을 뿐이었다 할 것입니다.

다시 이야기를 돌립시다. 약육강식의 시대에 특정지역 주민들의 국제 감각이 비록 높다 해도 그것만으로 그 지역의 국외중립화가 가능한 것은 아니었습니다. 그 지역을 둘러싼 국제세력들의 이해관계가 국외중립화와 맞아야 한다는 점이 또한 중요했던 겁니다.

국외중립화를 원하는 어느 특정지역을 둘러싼 국제세력들 중, 그 지역의 중립화를 원하지 않고 식민지화 즉 그 영토의 강점을 원하며, 그 국가의 현실적 군사력이 주변의 다른 국가들보다 더 강하다면 그 지역은 중립화되기보다 침략야욕을 가진 그 강대국의 식민지로 될 가능성이 높은 거였습니다. 일본 앞에 놓인 대한제국의 운명처럼—.

중립화의 방법에는 영세국외중립과 전시중립이 있겠는데, 갑신정변 이후부터 부들러 등에 의해 거론된 우리 땅의 중립화방안은 영세국외중립이라 하겠고, 러일전쟁 전에 대한제국정부가 추구한 중립도 영세국외중립화였습니다. 그리고 해방 후의 우리 땅에서 논의된 중립화도 영세국외중립화였다고 하겠습니다.

대한제국정부가 당초 추구한 국외중립화안이 이루어지지 않고 러일전쟁이 임박하게 되자 다급해진 상황에서 이제는 영세국외중립이 아닌 전시중립선언을 계획하게 됐습니다. 그러나 전신업무가 이미 일본의 실질적 통제 아래 들어갔고, 궁중에도 일본의 첩자들이 있어서 대한제국정부의 중립선언이 현실적으로 쉽지 않았다는 기록들이 남아있습니다.

그래서 1904년 1월 21일에 황제의 특사를 중국에 보내 외무대신의 이름으로 러시아와 일본 사이에 전쟁이 일어나면 대한제국은 엄정중립을 지킬 것이라 선언했습니다. 즉 전시중립을 선언한 것이지요. 이같은 대한제국정부의 전시중립선언에 독일-프랑스-이탈리아-덴마크-청국 등과 함께 영국도 지지했고, 전쟁을 피하려 했던 러시아도 막다른 시점에 가서 지지했습니다. 그러나 일본은 이를 무시하고 2월 8일에 군대를 인천 등지에 상륙시키고 러일전쟁을 도발한 겁니다.

어느 시대를 막론하고 어느 하나의 국가가 영세국외중립이건 전시중립이건 그것이 실현되게 하기 위해서는 그 국가를 둘러싼, 그 국가와 이해관계가 있는 주변 국가들 모두에게 그 국가의 중립이 유리한 상황일 때거나, 중립을 주장하는 국가가 스스로 그 중립을 지킬만한 조건을 갖추었을 때 가능하게 마련이라 하겠습니다.

일본이 미국과 영국 등의 도움을 받으면서 러일전쟁 도발에 광분하던 시점의 대한제국은 그 같은 중립 실현의 조건을 갖추지 못했었고, 따라서 침략야욕에 날뛰는 일본제국주의자들이 대한제국정부의 전시중립선언을 완전히 무시하고 도발한 러일전쟁의 결과, 우리 땅은 별수 없이 미국 영국 등 해양세력의 도움으로 '극동의 헌병'이 된 일본제국주의에 의해 강점되고 말게 되는 거였습니다.

동북아시아의 대륙과 해양 사이에 놓인 반도인 우리 땅을 둘러싼 대륙세력과 해양세력 사이에 일어난 청일전쟁과 러일전쟁 등 두 차례의 전쟁에서 대륙세력 청국과 러시아가 잇달아 패배하고, 영국과 미국의 도움을 받은 해양세력 일본이 승리함으로써 두 세력권 사이에 걸쳐진 반도인 우리 땅은 그 전체가 별수 없이 해양세력권에 포함되게 됐던 겁니다. 그리고는 해양세력 일본이 중국대륙으로 침략해 들어가는 '다리'가 되고 만 겁니다.

4. 청일–러일전쟁 결과 우리 땅이 일본에 강점됐습니다

일본은 영국 미국 등의 도움으로 러일전쟁을 도발했습니다

청일전쟁에 이긴 해양세력 일본이 우리 땅에서 대륙세력 청국을 물리치고 그 내정개혁을 구실로 정치-경제적으로 예속시키려 했으나 '3국간섭'에 굴복하는 것을 본 조선왕조정부가 '간섭'의 주역인 러시아를 끌어들여 일본의 침략을 막아 보려 했습니다.

이른바 약육강식의 시대에 동북아시아의 대륙과 해양 사이에 위치해서 국제분쟁의 요충지가 될 수 있는 상황이면서도, 주변의 어느 대륙 쪽 국가보다도 또 어느 해양 쪽 국가보다도 영토가 넓지도 국력이 강하지도 못했던 반도국가 조선왕조로서는, 구차하지만 한쪽 외세의 독점적 침략을 막기 위해 다른 쪽 외세를 끌어들이는 방책이었다고 할 수 있겠습니다.

대륙세력 청국이 전쟁에 지자 또 다른 대륙세력 러시아를 끌어들여 해양세력 일본의 독점적 침략을 막는 데 적극적이었던 사람이 국왕 고종의 왕비 민씨였고, 그래서 일본이 무장한 군인출신 미우라(三浦梧樓, 1846~1926)란 자를 공사로 보내 왕비 민씨를 무참히 살해한 사실은 세상에 널리 알려진 일입니다.

민비살해사건 뒤 자신의 신변에 위험을 느낀 국왕 고종이 러시아의 보호를 받고 일본세력을 물리치기 위해 1896년에 스스로 러시아 공사관으로 옮겨가는 이른바 아관파천(俄館播遷)을 단행해서 개화파 김홍직내각이 무너지게 함으로써 국정개혁의 기회를 또 한 번 놓친 것은 우리 근대사 위의 안타까운 한 대목이라 하겠습니다.

청일전쟁의 승리로 우리 땅의 식민지화가 순조로우리라 자신했던 일본으로서는 또 다른 대륙세력, 그것도 청국보다 훨씬 강한 러시아의 우리 땅 진출이 적극화되는 경우, 그들의 '이익선' 확보를 위해서도 큰 위협이지 않을 수 없었습니다. 그러나 청일전쟁에는 이겼다 해도 당시의 일본으로서는 세계 최대 육군강국이던 러시아와 전쟁을 할 상황은 못 됐습니다.

그런데도 제정러시아가 중국의 반외세운동 의화단(義和團)사건 (1900)을 계기로 '만주' 즉 지금의 중국 동북3성을 점령할 기미를 보이고 우리 땅 쪽으로의 진출에도 적극성을 보였습니다. 대륙세력 러시아가 '만주'를 점령하고 우리 땅 쪽으로도 그 세력을 넓히려 한다면 해양세력 일본과의 충돌은 불가피한 상황이었다고 하겠습니다.

일본인들이 말하는 '이익선'인 조선반도를 확보하고 그것을 '다리'로 삼아 중국대륙 특히 '만주'로 진출할 야망을 가진 일본으로서는 러시아의 '만주' 점령과 우리 땅으로의 진출을 그냥 둘 수 없었다고 하겠지요. 일본의 메이지정부는 아무리 어려워도 제정러시아와의 전쟁이 불가피하다하고 제 국민을 심하게 부추겼습니다.

그런가 하면 러일전쟁 직전 1903년의 일인데, 일본이 자랑하는 최고지성이라는 도쿄대학교수 6명 등 7명의 박사교수들이 제 정부에 대해 러시아에의 전쟁도발을 건의하기도 했습니다. 그들은 일본정부가 생각했던 '한만교환론'(韓滿交換論)에 반대하고 러시아와 전쟁을 해서라도 우리 땅은 물론이고 '만주'까지 모두 일본이 차지해야 한다고 대정부건의를 한 겁니다. 대학교수란 사람들이 집단으로 침략전쟁을 부추긴 거지요.

청일전쟁에 이기고도 러시아가 주역인 '3국간섭' 때문에 '만주' 요동반도에 대한 이권을 잃은 일본은 러시아와의 전쟁을 예상하고 적극적으로 군비를 강화해 갔습니다. 청일전쟁 때 8개 사단이었던 일본육군이 10년 뒤인 러일전쟁 도발 당시에는 19개 사단으로 증가했고, 청일전쟁 때 28척에 불과했던 군함이 러일전쟁 당시에는 5배 이상 증가해서 152척이나 됐습니다.

그런데도 당시 일본의 국력만으로는 러시아와 전쟁할 상황이 못 됐습니다. 일본의 러일전쟁비용 총액은 18억 2천6백만 엔 정도였는데, 세금을 늘리고 외채를 통해 14억 7천여만 엔을 확보했습니다. 전쟁도발을 위해 증액된 내국채(內國債)가 6억 7천여만 엔 정도였고, 외국채가 8억 엔 정도였으니, 전쟁비용의 절반 가까이를 외국채에 의존해야 했으며, 그 외국채는 영국과 미국이 빌려줬습니다.

역사가들은 후발 자본주의국가 일본이 러일전쟁을 도발한 때부터 제국주의국가로 되어갔다고 평하기도 합니다. 그렇다면 일본의 제국주의화를 위한 비용의 절반정도를 도와준 것이 영국 미국 등 선발 제국주의국가들이었고, 그런 영국 미국 등은 러일전쟁 때 일본의 제국주의화를 도운 결과 그 '업보'로서 37년 뒤인 1941년에 하와이 진주만 기습으로 시작되는 태평양전쟁 도발을 당하게 됐다고 하겠습니다.

그건 그렇다 하고, 1904년에 일어난 러일전쟁 무렵 미국에 전쟁비용을 빌리러 간 일본인은 하버드대학 출신으로서 그 때의 시어도어 루즈벨트 미국대통령과 동학이었고. 영국에 돈 빌리러간 일본인은 캠브리지대학 출신이었다고 합니다. 그런가 하면 전쟁을 간신히 계속해 가던 일본을 위해 전쟁종결을 위한 러시아와의 강화조약을 주선하면서 적극적으로 일본에 유리하게 해준 사람이 시어도어 루즈벨

트이기도 했습니다. 당시 대한제국의 외교수준과 비교해보면 큰 차이가 있음을 인정하지 않을 수 없겠습니다.

먼 항로를 돌아서온 러시아의 발틱함대가 만반준비를 하고 대기해 있던 일본해군에 의해 동해에서 결단난 뒤 미국의 적극적인 중재로 러시아와 일본 사이에 종전이 이루어졌습니다. 청국에 이어 해양세력 일본의 우리 땅 독점을 막으려 했던 대륙세력 러시아가 패전함으로서 이제 우리 땅은 별수 없이 해양세력 일본의 '이익선'이 되고 말게 된 겁니다.

러시아의 발틱함대가 대한해협을 통해 러시아 땅 블라디보스토크 항구에 들어가서 전열을 재정비하는 것을 막기 위해 일본함대가 1차는 울산 앞바다에서, 2차는 울릉도 근처에서, 3차는 독도 근처에서 작전을 벌일 계획이었고, 그러기 위해 최종작전지역에 있는 예부터 우리 땅이던 독도를 터무니없이 제 땅으로 포함시켰고, 그 억지 주장을 지금까지도 계속하고 있는 겁니다.

청일전쟁 당시 1년 예산이 약 1억 엔이었던 일본은 요동반도환부금을 포함한 청일전쟁배상금으로 3억 6천만 엔 즉 연간예산의 3배 이상을 챙겼지만 러일전쟁에서는 배상금을 전혀 받지 못했습니다. '만주'전투에서 엄청난 군사력을 잃은 위에 무기와 전쟁비용도 바닥난 일본으로서는 그만큼 전쟁종결이 다급했기 때문에 배상금을 요구할 상황이 아니었던 겁니다.

최근에 읽었는데, 러일전쟁 결과 북위 50도 이남의 러시아 사할린 땅을 일본이 차지하게 되는 것도, 당시 일본의 동맹국이던 영국의 러시아주재대사가 그 가능성에 관한 정보를 제공해주었고 그래서 가능하게 된 거였습니다. 일본이 제2차 세계대전에 패배함으로서 그 땅을 소련에 다시 돌려주게 되지만 말입니다.

일본이 청국 러시아 등 대륙세력과의 전쟁에서 이기고 결국 우리 땅을 강제지배하게 된 사실은, 20세기 전반 우리 역사의 불행 바로 그것임은 물론, 그것이 나아가서 동북아시아 및 동남아시아의 불행으로 확대되는 계기가 되는 거였습니다. 우리 땅이 일본에게 '합방'되는 사실을 시발점으로 해서 이후 '만주사변'-중일전쟁-태평양전쟁으로 확대됨으로써 동아시아 전체가 불행을 겪게 되는 겁니다.

19세기 후반과 20세기 전반에 걸친 일본의 침략전쟁 도발로 일본 자체를 포함한 동아시아 전체가 불행한 역사를 겪게 됐고, 그 결과 21세기에 들어선 지금까지도 한일관계와 중일관계 및 동남아시아와 일본과의 관계 등에 그 영향을 남기고 있는 겁니다. 침략전쟁을 도발한 쪽이나 그것을 당한 쪽 모두가 비록 세월이 흘렀다 해도 그 사실을 익히 알아서 다시는 그런 불행이 재발하지 않도록 하는 일이 중요하다고 하겠습니다.

새로운 세기를 맞아 비록 용서하고 화해한다 해도, 불행한 역사일수록 더 정확하게 아는 일이 중요합니다. 불행한 역사에 눈감으면 더 불행한 역사를 저지르거나 당할 수 있을 것이기 때문입니다. 그리고 지난 세기의 불행한 역사를 제대로 아는 일이 새로운 세기의 국제우호와 평화를 담보하는 일이 될 수 있기 때문입니다. 역사를 가르치고 배우는 의미가 거기에 있는 거겠습니다.

우리 땅이 강점당한 역사적 의미를 되새겨봐야 합니다

일본이 이른바 '합방'이란 이름으로 우리 땅을 강점한 것이 1910년 즉 이제 막 20세기에 들어선 시점이었는데, 세계사적으로도 제국주의열강의 이른바 식민지 분할이 거의 끝난 시점이었습니다. 그런 20

세기 초엽에 우리 민족 정도의 이른바 반만년의 역사를 가진 문화민족사회가 남의 강제지배를 받게 된 예는 세계사 위에서도 없는 일이었습니다.

더구나 이른바 서양의 선발자본주의국도 아닌 후발자본주의국가고 또 수천 년 동안 '동양 3국'이란 같은 문화권 안에서 살아왔으며, 더구나 동양의 중세문화권 안에서는 우리보다 문화적으로 뒤졌다고 생각해온 '왜인'(倭人)들에게 강제지배 당하게 되었으니, 그야말로 불행한 일이기에 앞서 어처구니없는 일이기도 했습니다.

무력으로 강압한 일본침략자들과 무능한 우리 땅 통치자들 사이에 이른바 합방조약이란 것이 강제로 체결됐다 해서 일본제국주의의 우리 땅 강점이 마치 합법적이었던 것처럼 가장되기도 했습니다. 다음에서 말하겠지만 1965년에 일본제국주의의 괴뢰'만주'군 출신 박정희 군사정권에 의해 한일협약이 체결되면서 일본제국주의의 우리 땅에 대한 강제지배가 합법적이었던 것으로 되고만 겁니다.

그러나 '합방'에 반대해서 전국적으로 일어난 치열했던 의병전쟁에 종군한 병사들이 일본 쪽 자료에 의해서만도 약 14만 명이었고 그중 전사자가 2만 명 내지 3만 명이나 됐습니다. 같은 때 일본에 의해 강제 해산된 대한제국의 군인이 불과 8천 명 정도였는데 말입니다. 일본제국주의의 우리 땅 식민지화는 '합방'조약의 강제체결에 그 역사적 의미가 있기보다 우리의 의병전쟁이 일본제국주의군대에게 패배했다는 사실에 현실적 역사적 의미가 더 있었던 겁니다.

일제강점기 반세기를 통해 국권회복을 위한 투쟁에 나섰다가 희생된 독립투사들의 수가 얼마나 되는지 우리 역사학은 아직 그 전체 통계를 내지 못하고 있습니다. 그런데 일제강점반세기를 통해 일본의 귀족으로 살아온 조선왕조 왕족들 중 누구 하나도 조국이 해방된 뒤 국민에 대한 사과성명 하나 내는 염치조차 차리지 않았습니다.

그뿐만이 아닙니다. 해방된 지 꼭 20년 뒤인 1965년에 우리 광복군 출신이 아니라, 그 적이었던 일본제국주의의 육군사관학교 출신이요 일본의 괴뢰만주국 장교출신이 군사쿠데타로 잡은 정권에 의해 우리 땅 남쪽정부와 일본의 국교가 재개되는 한일협정이 체결됐습니다. 그리고 그 협정에서는 1910년에 강제로 체결된 '합방'조약의 불법성 과 무효화가 명시되지도 못했습니다.

박정희군사독재정권이 체결한 한일협정에서 '합방'조약의 불법성 과 무효화가 명시되지 않았기 때문에, 20세기 전반에 걸쳐 일본제국 주의의 조선총독부권력이 우리 땅을 통치한 행위가 합법적인 것이 되고, 그 통치에 목숨으로 저항한 우리 민족의 독립투쟁은 '합법적' 통치에 저항한 '불법적 행위'가 되고 말았습니다.

일본제국주의의 괴뢰만주국 장교출신으로서 쿠데타로 정권을 잡 은 박정희군사독재정권에 의해 지난날 조국광복을 위해 목숨을 바친 선열들이 '합법적' 통치권력에 저항한 불법행위자로 되고만 잘못된 역사가 부끄럽고도 한스럽지 않을 수 없습니다. 그러고도 5천 년의 역사를 가진 문화민족사회라 할 수 있을까요.

지난 2010년은 한일'합방' 100주년이어서 우리 땅의 일부 지식인과 일본의 일부 양심세력이 공동으로 '합방'조약 무효화를 선언하기도 했습니다. 그러나 의병전쟁을 탄압하며 강제로 체결한 '합방'조약의 무효화를 민간유지들이 아니라 한일 두 정부가 직접 천명하지 않은 한, 지난 20세기 전반을 통해 꾸준히 감행된 우리의 숭고한 조국광복 투쟁은 '합법적' 통치 권력에 저항한 불법성을 벗지 못하게 되는 겁니 다.

역사적으로 보면, 해방 후의 우리 땅에 살면서 '합방'조약의 법적 무효화를 받아내지 못한 우리 민족 구성원들 모두는 조국광복을 위 해 목숨을 바친 선열들 앞에서는 죄인이지 않을 수 없습니다. 제 민족의 조국광복운동을 '불법행위'가 되게 한 정권과 그 핵심세력의 죄과가 반드시 역사에서 지적되어야 함은 말할 나위가 없습니다.

그리고 비록 그런 불행이 있었던 세기가 가고 새로운 21세기가 되었다 해도 이웃민족의 지난날의 신성한 독립투쟁을 불법행위로 되게 한 일본민족을 문화민족 및 평화애호민족이라 할 수 있는가, 그리고 그런 민족사회와 이웃민족사회가 앞으로도 원만한 우호관계를 이룰 수 있겠는가 하는 의문을 가지지 않을 수 없기도 하는 겁니다.

우리 땅 강점에 협력한 반민족세력은 반드시 응징돼야 합니다

태평양전쟁이 끝나면서 우리 땅이 남북으로 분단되고 6·25전쟁에서 처절한 민족상잔을 겪게 되는 근원적 원인은 물론 일본의 우리 땅 강제지배에 있습니다. 일본인들은 물론 우리 사람들 중에도 우리 땅의 분단과 일본의 우리 땅에 대한 강제지배와는 직접 연관되지 않은 것처럼 생각하는 경우가 있는 것 같은데 결코 그렇지 않습니다.

일본의 강제지배가 없었다면 설령 일본이 태평양전쟁을 도발해서 패전했다 해도 미국군과 소련군이 우리 땅에 38도선을 긋고 분할 점령할 이유가 없는 것이지요. 태평양전쟁이 끝날 때의 우리 땅 전체가 일본의 강제지배 아래 있었기 때문에 우리 땅이 미국군과 소련군의 공격대상이 된 겁니다. 우리 근-현대사가 불행한 역사가 된 근원적 원인은 제국주의 일본의 우리 땅 강제지배에 있는 겁니다.

20세기에 들어와서 우리 땅을 강제지배하게 된 일본제국주의자들이 그 곳을 '다리'로 삼아 대륙을 침략하고 그 연장선상에서 태평양전쟁을 도발했다가 결국 패망하게 되었지만, 우리 땅이 일본제국주의 자들의 대륙침략을 위한 '다리'가 되게 하는 데 협조한 반민족세력이 우리 내부에 있었다는 사실도 반드시 엄중하게 지적되어야 하고, 또 비록 시기를 놓쳐 실정법적 응징은 불가능하게 됐다 해도 역사적으로라도 기어이 응징되어야 하는 겁니다.

민족분단과 상잔의 근원적 원인이 일본의 강제지배에 있고, 그 일에 협조한 민족내부세력이 있었다면, 그들의 민족사적 죄과는 전체 민족사회가 20세기 전반을 통해 가혹한 외적의 강제지배 아래 있게 한 데만 한정되지 않고, 20세기 후반 이후의 민족분단 및 민족상잔의 원인을 제공한데까지 미치기 때문입니다. 반민족행위에 대한 역사적 청산을 제대로 하지 못하는 민족사회는 문화민족사회라 할 수 없는 겁니다.

20세기에 들어온 시점에서 일본제국주의자들이 우리 땅을 저들의 식민지로 만들려 할 때, 대한제국의 군대보다 훨씬 많은 수의 의병전쟁이 전국적으로 일어났다고 앞에서 말했습니다. 역사책에서 봤겠지만, 일본군인들이 흰 바지저고리 입은 장정들, 즉 의병들을 줄줄이 엮어서 목매달아 죽인 사진이 남아있어서 그 잔악성을 말해주고 있기도 합니다.

어린 소년전사가 총을 들고 있는 의병사진을 교과서나 참고서에서 봤겠지요. 그 사진을 찍은 영국인 신문기자가 충청도 지방에서 만난 어느 대한제국 해산군인출신의 의병지휘자가 "무기로나 병력수로나 우세한 일본군을 결국에는 이기지 못하고 죽게 될 줄을 알고 있지만, 그들의 노예가 될 수 없어서 목숨을 걸고 싸울 수밖에 없다"고 말한 기사도 남아있습니다.

제 나라 제 민족을 지키기 위해 목숨을 바친 사람들이 있는 한편, 제 나라를 송두리째 일본에게 넘겨주는 데 협조한 반민족자들도 적지 않았습니다. 해방된 지 60년이 지나서야, 문민독재 군사독재 시기가 끝나고 민주세력이 처음으로 의회의 과반수가 됨으로써 비로소 반민족세력을 응징하는 법률이 통과되고, 정부에 친일반민족행위 진상규명위원회가 설치되어 비로소 반민족행위자들이 적발되고 그 행적이 낱낱이 밝혀지게 됐습니다.

그리고 때맞추어 민간에서도 민족문제연구소 등의 활동에 의해 비로소 방대한 분량의 『친일인명사전』이 이루어져서 친일반민족행위자들의 반역행적이 낱낱이 밝혀지게 됐습니다. 그러나 반민족행위자들에 대한 이 같은 응징이 너무 늦어서 실정법으로 다스릴 수는 없게 되었으니 문화민족사회로서는 부끄러운 일이 아닐 수 없다 하겠습니다.

친일파 후손들과 그 동조세력에 의한 많은 반발에도 불구하고 결국 이루어진 정부 쪽의 친일반민족행위 진상규명위원회 보고서와 민간의 친일인명사전이 발간된 지금에도 우리 역사책 등에서의 친일반민족행위자에 대한 서술은 겨우 '을사5적' 정도가 지적될 뿐이었습니다. 해방 직후 이승만정부가 '반민특위'를 해체한 후에는 친일반민족행위에 대한 자료정리가 전혀 되지 않았고 따라서 연구와 논의와 서술의 길이 막혀버렸던 겁니다.

친일반민족행위자의 반민족행위가 어느 정도였는지 한 예를 들어보지요. 구한말의 역사에 오르는 저명한 언론인출신으로 1911년의 '조작된' 반일사건인 '105인사건'에 연루되어 옥살이를 하고 석방된 뒤 중국에 망명해서 독립운동에 투신했다가 전사한 양기탁(梁基鐸, 1871~1938)에 대한 '105인사건' 때의 조서에 의하면 그의 재산이 4백원 정도였습니다.

그런데 '105인사건' 1년 전에 대한제국정부의 내각총리대신으로서 한일'합방'을 주도한 제1급 친일파 이완용(李完用, 1858~1926)은 나라 팔아먹은 대가로 일본정부로부터 15만 원인가를 받고 백작인가 하는 작위를 받아, 죽을 때까지 일본의 귀족으로 살았습니다. 이완용이 나라 팔아먹은 대가로 받은 15만 원은 당시의 저명한 언론인 양기탁 전 재산의 무려 375배나 되는 겁니다.

농민 등 보통사람보다는 그래도 나았을 지식인 양기탁의 전 재산이 4백 원 정도일 때, 대한제국의 내각총리대신이 나라 팔아먹는 일을 주도한 대가로 일본정부에서 받은 돈이 그 375배인 15만 원이나 되었다는 사실이, 해방 후 60년이 지나서야 친일반민족행위 진상규명사업이 실시됨으로써 비로소 제대로 밝혀지게 된 겁니다. 이러고도 역사반성을 철저히 해야 하는 문화민족사회라 할 수 있을지 모르겠습니다.

엄청난 대가를 받고 나라를 팔아먹은 이완용은 3·1운동이 일어나자 어이없게도 그것에 반대하는, '경거망동'하지 말라는 「대국민성명」이란 것을 내기도 했습니다. 그러고도 그는 결국 제 목숨에 죽었고, 죽은 뒤에는 그의 일본귀족 지위가 자식에게 세습됐습니다.

1926년에 이완용이 죽었을 때 어느 일본 언론인이 "이완용이가 제 나라 제 땅에서 와석종신(臥席終身), 즉 살해되지 않고 제 목숨에 죽은 것은 두고두고 조선사람들의 부끄러움이 될 것이다"라고 했다는 글을 읽은 기억이 있습니다. 이완용을 죽이려다 실패하고 희생된 이재명(李在明, 1890~1910)) 의사가 지하에서 얼마나 원통해 했겠습니까.

해방 후 문민독재시대와 군사독재시대가 지나고 민주정권이 성립됨으로써 비로소 친일반민족행위자들의 행적이 밝혀지고, 친일반민족행위로 취득된 재산을 국가가 환수하는 법률이 성립되어 늦게나마 친일파들의 재산이 일부나마 국가로 환수됐습니다. 그러나 이완용의 경우 그 후손들이 재산을 정리해 외국으로 가버려서 환수가 불가능했다고 들었습니다.

비문명사회라면 몰라도 문화민족사회라면 반민족행위자 및 반역사행위자는 반드시 응징돼야 하며 그것이 곧 엄정한 역사반성작업 그것입니다. 따라서 역사반성을 하지 않는, 혹은 하지 못하는 민족사회는 문화민족사회라 할 수 없는 것이지요.

언필칭 반만년 역사를 자랑하는 우리 민족사회가 한때나마 타민족의 강제지배를 받은 사실 자체도 부끄러운 일이지만, 그 강제지배에서 벗어난 지 반세기가 넘도록 반민족행위자를 처단하는 역사반성을 하지 못했다는 것은 더욱 부끄러운 일이었습니다.

해방 60년 뒤에야 국회에서 실정법은 아니고 역사적으로나마 반민족행위자를 가려내는 법이 통과되어, 정부에 의해 친일반민족행위 진상규명위원회가 발족하고 4년여에 걸쳐 일제강점기의 우리 인구 전체인 약 2천3백만 명 중 1천여 명의 친일반민족행위자를 적발해서 발표하자 그 선정에 항의하는 일들이 벌어졌습니다. 그 중에서도 조선왕조 왕족의 후예들에 의한 반발과 항의와 소송이 심했습니다.

반민족행위 진상규명위원회에서는 대한제국의 황족 중에도 일본의 강점과정에 저항했고 일본인들에 의해 독살된 것으로 알려진 고종황제(1852~1907)와, 병약한 몸으로도 '합방'에 반대했다는 순종황제(1874~1926), 그리고 어린 몸으로 일본의 인질이 된 영친왕 이은(李垠, 1897~1970)과, 실패는 했지만 중국탈출을 기도하기도 했던 의친왕 이강(李堈, 1877~1955) 등은 친일반민행위자에서 제외했습니다.

대한제국이 망할 때 무기를 들고 싸웠다가 전사한 그 많은 의병전사들, 망하는 나라와 목숨을 함께 하고자 자살한 이한응(李漢應, 1874~1905) 등 관료들과, 황현(黃玹, 1855~1910) 등 재야선비들이 있었고, 일제강점 근 40년 동안 주권을 되찾기 위해 목숨을 바친 수많은 독립운동전사들이 있었던 사실은 우리가 잘 알고 있습니다.

그러나 대한제국의 황족들 대부분은 일제강점기간 내내 일본의 귀족대우를 받고 살았을지언정, 또 의친왕 이강의 장남 이건(李鍵) 같이 해방과 함께 조국을 버리고 모모야마(桃山虔一)라는 일본인으로 귀화를 했을지언정, 과문인지 모르나 제 나라가 망할 때 그 나라와 목숨을 함께 한 왕족이 있었다는 말은 못 들었고 그런 자료도 보지 못했습니다.

해방 직후에는 영친왕 이은을 귀국시켜 대한제국을 재건하자는 얼빠진 '왕당파'들도 일부 있었다고 들었습니다. 그러나 독립전쟁의 현장과는 먼 미국에서나마 일본의 강제지배에 저항했다가 초대대통령이 된 이승만은 그 집권기간 동안 이씨왕가의 후예 영친왕 이은의 귀국을 허용하지 않았습니다. 그러다가 박정희정권에 의해 영친왕 이은의 귀국이 이루어졌습니다. 앞으로 이 문제에 대해서도 역사적 관점의 논급이 있어야 하지 않을까 합니다.

5. 우리 땅의 불행이 동아시아의 불행으로 번졌습니다

우리 땅이 '만주'침략을 위한 '다리'가 됐습니다

지난 19~20세기를 통한 동북아시아 정세에서 대륙과 해양 세력의 소장관계에 따라 우리 땅이 '다리'도 되고 '칼'도 된다고들 한다고 여러 번 말했습니다. 19세기 말과 20세기 초엽의 '동양 3국'과 러시아까지 포함한 동북아시아지역에서는, 청일전쟁과 러일전쟁의 결과 해양세력이 우세해져서 우리 땅은 '칼'의 역할이 아닌 '다리'역할이 된 시기였다고 하겠습니다. 그리고 그 같은 상황은 20세기 전반 내내 지속됐습니다.

러일전쟁은 '만주'와 우리 땅에 대한 이권문제를 두고 터진 전쟁이었는데, 같은 해양세력인 영국과 미국의 도움을 받은 일본이 '피의 화요일' 등 국내의 폭동에 시달리던 대륙세력 제정러시아를 겨우 이김으로써 끝나게 됐고, 그 결과 일본이 우리 땅을 강제지배하게 되고 나아가서 그곳을 대륙침략의 '다리'로 삼게 된 겁니다.

러일전쟁이 끝난 뒤인 1907년에 제1차 러-일협약이 조인됐습니다. 협약의 요점은 '만주'를 북'만주'와 남'만주'로 나누어 북'만주'는 러시아세력권에, 남'만주'는 일본세력권에 두고, 우리 땅에 대한 일본의 독점적 지배를 러시아가 승인하는 한편, 러시아가 외몽골을 그 세력권에 두는 것을 일본이 승인한다는 것이었지요. 러일전쟁에 겨우 이긴 일본이 우리 땅 전체를 차지하긴 했으나 아직 '만주' 땅 전체를 차지할 상황은 못 됐기 때문에 맺어진 타협안이었다 하겠습니다.

러일전쟁 결과 우리 땅과 남'만주'지역을 세력권에 넣은 일본은 우리 땅을 강점한 20년 뒤인 1931년에, '만주사변'을 도발해서 남'만주'만이 아니라 남북'만주' 땅 전체를 제 세력권에 넣고 중국의 중원 땅을 넘보게 됐습니다. 한일'합방'이 '만주사변'과 중일전쟁으로 나아가서 태평양전쟁으로, 결국에는 일본제국주의의 패망으로 연결되어 가는 출발점이 된 겁니다.

관동군(關東軍)이라 한 '만주'주둔 일본군이 당시의 '만주'군벌 장쭤린(張作霖, 1873~1928)을 폭살하고 '만주' 땅 전체를 제 세력권에 넣기 위해 '만주사변'을 도발하자, 우리 땅에 주둔해 있던 일본군 약 4천명이 저들 중앙정부의 승인도 없이 독단으로 국경을 넘어 관동군을 도와 '만주사변'에 가담했습니다.

일본의 강점 아래 있는 우리 땅이 저들의 대륙침략을 위한 '다리' 역할을 한 구체적인 예의 하나가 되겠지만, 이렇게 해서 남북'만주' 땅 전체가 일본의 세력권에 들어간 사실이 이후의 우리 독립운동에 막대한 지장을 주게 됐음을 제대로 알아야 합니다.

일본의 우리 땅 강점과정에서 그것에 저항하는 의병전쟁이 전국적으로 일어났지만 오래가지는 못했습니다. 일본이 우리 땅 전체를 강점한 조건 아래서도 의병투쟁이 계속되려면 그것이 본격적 유격투쟁으로 전환돼야 하겠는데, 우리 땅이 넓지 못한 지리적 조건 때문에 국내에서는 유격투쟁이 불가능한 상황이었던 겁니다.

중국 같이 땅이 넓은 곳에서는 국토 전체가 외세에게 강점당하지는 않고 해방구가 있을 수 있으며, 또 내국인에 의한 몇 개의 정부가 있을 수도 있었습니다. 따라서 해방구를 근거로 반외세 투쟁도 할 수도 있었지만, 우리 땅은 좁아서 일본제국주의의 침략을 받으면서 국토 전체가 점령되고 말았습니다. 그래서 일제강점 초기에는 가까운 '만주' 땅을 '해방구'로 삼아 독립투쟁을 할 수 있었습니다.

러일전쟁의 결과 남'만주'지역이 일본세력권에 들어간 조건 아래서도 남북 '만주' 땅에서 봉오동전투 청산리전투 등 우리 민족의 독립투쟁이 활발히 전개됐습니다. 일본제국주의자들이 '만주사변'을 도발해서 전체 '만주' 땅을 차지하게 되는 것은 그 대륙침략욕심이 발동한 결과이기도 했지만, 한편 '만주'지역에서 활발히 전개되어간 우리 민족의 독립투쟁을 근절시키기 위해서이기도 했습니다.

'만주사변'(1931) 결과 '만주' 땅 전체가 일본의 세력권에 들어간 뒤에는 우리 독립투쟁의 주력들이 우리 땅과는 거리가 먼 중국의 중원 땅이나 소련 땅으로 옮겨질 수밖에 없었으며, 따라서 독립투쟁세력과 국내와의 연결이 어려워지기도 했습니다. 또 각 독립운동세력들 사이의 연결이나 연합도 어려워질 수밖에 없어졌습니다.

그래서 대한민국임시정부의 한국광복군이나 조선독립동맹의 조선의용군이나 한인조국광복회계의 조선인민혁명군 등, 우리 땅 전체가 강점당한지 30년이 넘은 때까지 외국 땅에서 어렵게 유지된 우리 민족의 무장독립군부대들이, 연합전선을 이루기도 어려웠고, 일본이 태평양전쟁에서 패배하기 전에 우리 땅에 침투해 와서 소규모로나마 유격투쟁을 감행하기도 어려웠던 겁니다.

20세기에 들어서면서 일본제국주의자들이 영국과 미국 등의 후원으로 러일전쟁을 도발해서 이기고 우리 땅을 강점함으로써 우리 민족의 불행이 시작됐고, 우리 땅을 '다리'로 삼아 '만주' 땅을 침략함으로써 우리 민족의 불행이 '만주' 땅 주민들의 불행으로 확대되었으며, 이 불행은 곧 중국 중원지역 주민들의 불행으로 더 크게 확대되어 갔던 겁니다.

뿐만 아닙니다. 제국주의 일본이 우리 땅을 침략한 사실은 동아시아의 불행뿐만 아니라 결국 제 나라의 불행을 가져오는 시발점이 됐습니다. 의병전쟁을 탄압해 우리 땅을 침략하고 그것을 발판으로 해서 '만주사변'을 도발해서 '만주' 땅을 침략하고, 중일전쟁을 도발해서 중국 중원 땅을 침략하고, 나아가서 동남아시아지역을 침략함으로써 결국 태평양전쟁의 도발과 패배로 이어진 거니까요.

그렇다면 일본이 태평양전쟁에서 패배한 뒤 도쿄에서 열린 전쟁범죄자재판에서는 우리 땅 강점과정에서 의병전쟁을 무력으로 탄압해서 3만 명 내지 4만 명의 전사자를 낸 일본의 의병전쟁탄압지휘관도 당연히 전쟁범죄자 재판의 대상이 돼야 했습니다.

그러나 도쿄전범재판의 대상은 '만주사변'을 일으킨 침략자들부터였습니다. 그리고 일본제국주의자들이 저지른 침략전쟁도 '15년전쟁'이라 해서 역시 '만주사변'부터로 잡고 우리 땅에서의 의병전쟁 탄압과 강제지배 주모자들은 그 대상에 들지 않았습니다. 도쿄전범재판 대상에 조선총독을 지낸 미나미(南次郞) 아베(阿部信行) 등도 들었었지만, 조선총독경력이 아니라 '만주사변'이나 중일전쟁이나 태평양전쟁 도발이 죄목이었습니다.

우리 땅을 강제지배하게 된 근거가 의병전쟁 탄압 결과가 아니라 비록 '합방'조약에 의한 것이었다고 강변한다 해도, 일본이 태평양전쟁 패전과 함께 '만주' 땅과 타이완과 북위 50도 이남 사할린 땅과 함께 우리 땅 전체를 내어놓게 됐으니, 우리 땅 강점과정이 '합방'조약에 의한 합법적 사항이 아니라 의병전쟁을 탄압하고 이루어진 침략행위였음이 증명된 것이라 하겠습니다.

우리 땅 강점과정에서 일본헌병의 강압 아래 '합방'조약을 강제한 자들과, 의병전쟁 탄압을 지휘한 일본군인들과, 그 같은 탄압정책의 입안자들이 일본제국주의가 패망한 뒤의 도쿄전범재판에서 전쟁범죄자에 포함되지 않은 이유가, 일본의 우리 땅 강점이 명색 '합방'조약에 의한 것이었기 때문이라 강변한다면, 일본제국주의가 패전했다해도 '합법적'으로 일본영토가 된 우리 땅은 해방되지 않아야 했을 겁니다.

한편, 근 반세기에 걸친 일본제국주의자들의 우리 땅에 대한 강제지배가 '합방'이란 것으로 위장되게 하는 데 빌미를 주었거나 협력한 대한제국의 왕족 및 관료들과, 이후 일본제국주의의 우리 땅 지배에 적극적으로 협력한 무리에 대해서는 지금까지의 역사교육에서와 같이 겨우 '을사5적' 정도로만 거론되고 말 것이 아니라 훨씬 더 엄정하게 그리고 광범위한 역사적 치죄(治罪)가 있어야 할 겁니다. 이 점에 대해서는 다음에서 다시 상세히 말하겠습니다.

우리 땅이 중국 중원 땅 침략의 '다리'로도 됐습니다

몇 년 전 '만주' 즉 지금의 중국 동북3성 지방을 답사여행 했을 때의 일입니다. 버스를 타고 저 광활한 대흥안령(大興安嶺) 고원을 넘으면서 문득 지난 역사가 생각났습니다. 지난날 일본제국주의자들의 야욕이 만약 '만주'침략에만 한정되고 이 대흥안령을 넘지 않았거나, 산해관(山海關)을 넘지 않았더라면 우리 민족은 큰일 날 뻔했다고 일행들에게 말했습니다.

'만주' 땅에 대한 일본침략주의자들의 욕심이 그들이 말한 대로 일본인-'만주'인-한인(漢人)-몽골인-조선인 등에 의한 이른바 '5족협화'(五族協和)의 '왕도낙토'(王道樂土) 건설에 한정되어 '만주' 땅을 차지하는 데만 그치고, 그 침략야욕이 대흥안령을 넘어 몽골지역까지 뻗치지 않았거나, 다른 쪽으로는 산해관을 넘어 중국 중원지방을 침략하지 않았더라면 우리 민족은 큰일 날 뻔했다는 겁니다.

어려운 일이긴 하지만, 만약 침략자들의 욕심에 한계가 있어서 그 침략대상이 '만주'를 차지하고 '왕도낙토'를 건설하는 데서 그쳤더라면, 그래서 중일전쟁과 태평양전쟁이 도발되지 않았다면, 그리고 우리 땅 강제지배의 근거를 대한제국 황제가 우리 땅 전체의 통치권을 일본천황에게 완전히 그리고 영원히 넘겨준 '합방조약'에다 둔 이상, 우리 땅은 해방되기 어려웠을지도 모른다는 생각입니다.

'만주사변' 전에 이미 강제지배된 우리 땅은 일본의 침략전쟁이 '만주사변'에서 그쳤더라면 우리 민족과 '만주'족만의 저항으로 일본제국주의를 패망시키기 어려웠을 것이며, 따라서 해방되기 어려웠거나 되더라도 훨씬 뒷날이 아니었을까 생각됐던 겁니다. 우리 땅이 일본에게 강제지배 되는 과정에 즉 '합방'에 협력한 무리들의 죄가 얼마나 큰지 알만하다 하겠습니다.

일본인 중에는 극히 일부지만 그 침략대상을 조선과 '만주'에만 한정해야 한다는 생각을 가진 자들도 있었습니다. 만의 하나라도 우리 땅을 '다리'로 삼은 일본제국주의자들의 대륙침략 야욕이 '만주'침략에서 그쳤다면, 그래서 중일전쟁과 태평양전쟁이 도발되지 않았더라면 정말 큰일 날 뻔했다는 생각이 든 겁니다.

당시 국제연맹이 보낸 릿턴조사단이 '만주사변'을 침략으로 규정하기는 했지만, 이탈리아의 에티오피아 침략을 국제연맹이 어쩌지 못한 것처럼 일본의 '만주'침략도 어쩌지 못했을 가능성이 크고, 그랬더라면 우리 민족은 해방되기 쉽지 않았으리라는 생각이 들지 않을 수 없는 겁니다.

도쿄전범재판에서 '만주사변' 도발자부터가 대상이고 의병전쟁 탄압자 및 한일'합방' 강행자들은 대상이 되지 않았다는 사실은, 만약 침략자들의 야욕에도 한정이 있어서 그 침략대상이 우리 땅과 '만주' 땅에 대한 강제지배에 그치고 중일전쟁과 태평양전쟁으로 확대되지 않았다면, 거듭 말하지만 우리 민족은 큰일 날 뻔했다는 생각인 겁니다.

우리 땅과 '만주' 땅 주민들의 저항만으로 일본제국주의를 패망시키고 해방을 맞을 수 있었겠는가, 어쩌면 우리 땅은 '합방'상태로 '만주' 땅은 '왕도낙도'인 채로 있었을지도 모른다는 생각이 들은 겁니다. 그렇게 생각해보면 한일'합방'에 협조한 무리들의 민족사적 죄가 얼마나 큰가를 강조하지 않을 수 없게 됩니다.

일본제국주의의 침략과정에서 우리 땅의 처지와 '만주' 땅의 처지가 크게 다르지는 않았는데도 '만주'침략의 장본인들은 도쿄전범재판의 대상이 됐는데도 우리 땅 강점과정의 장본인들은 그 대상이 되지 않았습니다. 그런데도 이 점에 대한 인식이 학계에서건 일반사회에서건 거의 없다는 점을 지적하지 않을 수 없습니다.

'만주사변' 당시의 중국 통치자 장제스(蔣介石)은 이른바 '안내양외'(安內攘外) 전략이라 해서 침략자 일본과 싸우기보다 국내 공산당 세력과의 싸움을 우선으로 삼기도 했습니다. 그리고 외국 땅에서 버틴 좌우익을 막론한 우리 독립군도 그 독자적인 전투력만으로 일본과 싸워 이겨서 우리 땅을 해방시킬 수 있는 상황은 전혀 아니었다고 하겠습니다. 그러나 우리에게는 '다행'히도 일본침략자들의 야욕이 '만주'점령에서만 끝나지 않고 중국 중원지방 침략으로 확대되어간 겁니다.

'만주사변'을 도발해서 '만주' 땅 전체를 점령함으로써 만리장성 동쪽의 중국 땅을 차지한 일본은 1933년에 다시 중국을 압박해서 당고협정(塘沽協定)을 체결함으로써 만리장성을 넘어 베이징(北京) 가까이에 이르는 광범위한 중국 땅을 비무장지대로 만들고, 1935년에 거기에 기동반공자치정부(冀東反共自治政府)라는 것을 두어 사실상 지배했습니다.

일본제국주의의 침략이 이같이 확대되어 가자 중국국민들의 반일운동이 거세지기 시작했고, 그런 상황 중인 1937년에 중일전쟁발발의 직접적 계기가 되는, '노구교사건'(盧溝橋事件)이 일어났습니다. 베이징 근처의 작은 교량 주변에 주둔하면서 야간연습을 하는 일본군에게 중국군이 총격을 가했다 하고, 그것을 계기로 해서 중일전쟁을 도발한 겁니다.

그런데 얼마 전부터 일본에서는 중일전쟁의 도화선이 된 노구교총격사건이 중국국민당의 장제스군이 저지른 것이 아니라 중국공산당 마오쩌둥군 쪽의 공작으로 일어난 사건이라 단정하는 경우가 있기도 합니다. 장제스군과 일본군이 싸우게 함으로써 '어부지리(漁夫之利)를 얻으려 한 중국공산당군에 의한 공작이었으며, 그 공작의 실제 지휘자는 유명한 류사오치(劉少奇)였다는 겁니다.

그 진실여부는 좀 더 후속연구를 기다려 봐야겠지만, '노구교사건'으로 발단된 중일전쟁은 결국 태평양전쟁으로 확대됐고, 태평양전쟁이 끝난 뒤에는 중일전쟁에서 싸운 제국주의 일본이 먼저 망하고 다음에는 장제스정부가 중국공산군에 의해 본토에서 쫓겨나 타이완으로 옮겨가게 됐습니다. 일부 일본인들에 의해 '노구교총격사건' 공작의 지휘자로 말해진 류사오치는 그 뒤 중국공산당의 제2인자가 되었다가 결국 숙청됐습니다. 인간사회의 역사라는 것이 기이하다 해야 할지, 아니면 처절하다 해야 할지 모르겠습니다.

한편 중일전쟁이 도발될 무렵의 일본은 군인들에 의한 1936년의 '2 · 26 쿠데타사건'이 일어나는 등 장차 일본제국주의의 패망을 가져오게 할 파쇼 군국주의 분위기가 높아져 가던 때였습니다. 따라서 중국대륙에 대한 침략전쟁을 확대하려는 움직임이 강화되어 가던 때였음으로, '노구교총격사건' 같은 사소한 사건이 계기가 되어 중국과의 전면전쟁으로 확대되기도 한 겁니다.

이 과정에서 우리를 웃지 않을 수 없게 하는 이야기가 있습니다. 중일전쟁을 도발할 당시 일본의 쇼와천황(昭和天皇)이 육군대신을 불러 중국과의 전쟁을 시작하면 얼마쯤이면 끝낼 수 있느냐고 물었더니 1개월이면 끝낼 수 있다고 대답했답니다. 섬나라 일본의 육군대신이 넓고도 넓은 중국대륙을 상대로 한 전쟁을 도발하면서 1개월이면 끝낼 수 있다고 대답했다는 겁니다.

그러나 중일전쟁은 이후 4년간이나 지속되고도 끝나지 않은 상태인데 이번에는 미국 영국 및 네덜란드와의 태평양전쟁을 벌이게 됐습니다. 중일전쟁 도발 때의 그 육군대신 스기야마(杉山元)가 태평양전쟁 도발 때는 참모총장이었답니다. 쇼와천황이 다시 그를 불러 지금 미국과의 전쟁을 도발하면 얼마만이면 끝낼 수 있느냐고 물었더니 이번에는 3개월이면 된다고 대답했답니다.

1개월이면 끝낸다고 한 중일전쟁이 4년이 돼도 끝나지 않고 있지 않는가 하고 천황이 힐문했더니, 참모총장이 중국은 땅이 넓어서 예정대로 작전이 추진되지 않아 그렇다고 대답했답니다. 이에 대해 쇼와천황이 태평양은 중국 땅보다 더 넓은데 어떻게 3개월에 미국과의 전쟁을 끝낼 수 있다 하느냐고 하자 참모총장은 더 대답을 못했다고 합니다.

그러고도 그 천황의 칙령(勅令)에 의해 태평양전쟁은 도발됐고 결국 일본제국주의는 패망하게 된 겁니다. 그러고도 그 일본천황은 전쟁범죄자 되는 것을 면하고 천수를 다했으니, 패전 전에는 '살아있는 신'이어서 그 때 초등학생이었던 필자도 그의 사진 앞에 경의를 표해야 했는데, 패전 후에는 스스로 사람임을 '자백'한 쇼와천황이란 사람은 억세게 운 좋은 사람이라 해야 할지 모르겠습니다.

동북아시아의 해양세력인 섬나라 일본이 우리 땅을 강점한 다음 그곳과 인접한 대륙의 '만주' 땅을 침략하고 나아가서 중국대륙까지 침략야욕을 뻗쳤다가 별수 없이 태평양전쟁 도발에까지 빠져들게 되지만, 그 같은 어리석은 만행이 곧 일본제국주의자들의 우리 땅 강점에서 시작된 것임을 되새기게 됩니다. 우리 땅 강점이 곧 제국주의 일본의 독약이 된 거라 할 수 있겠지요.

일본 침략주의자들이 우리 땅을 '합병'하면서 '일한일체'(日韓一体) '일한불가분'(日韓不可分) 따위를 말했고, 우리 땅을 '다리'로 삼아 '만주'를 차지하고 중국 중원지방을 침략할 때는 '동아협동체'(東亞協同体) 및 '일-만-화 불가분'(日滿華不可分)을 내세우고 '동아신질서'(東亞新秩序) 수립 운운했습니다. 가소롭게도 제국주의침략을 이따위 서툰 용어로 분식한 겁니다. 그때의 초등학생 필자가 배운 "하늘을 대신해서 불의를 친다" 운운한 그들의 '침략전쟁 찬양가'가 생각나기도 합니다.

일본제국주의자들이 말한 '동아신질서' 이른바 대동아공영권(大東亞共榮圈) 수립이란, 아시아를 유럽제국의 침략에서 해방시켜 그 공동번영을 도모한다는 거였습니다. 그렇다면 유럽열강에 의한 아시아지역의 식민지를 해방시키기에 앞서 무엇보다 그들이 강제지배하고 있는 우리 땅부터 해방시켜야 했습니다. 우리 땅을 저들의 식민지로 둔 채 유럽열강의 아시아식민지를 해방시키겠다니 이따위 어불성설이 또 있겠습니까.

그들이 전쟁으로 해방시키겠다고 한 구미제국의 아시아지역식민지, 즉 미국령 필리핀이나 프랑스령 인도차이나나 영국령 말레이시아나 네덜란드령 인도네시아 등지를 점령하고는 그 땅에 일본의 군정(軍政)을 실시했습니다. 구미열강의 식민지를 '해방'시켜 저들의 식민지로 만들자는 것이 그들이 내세운 '동아신질서' 수립이요 '대동아 공영권' 수립이었던 겁니다.

제국주의가 난무하던 시기에는 동북아시아의 민족국가들 사이에 일시적 불화가 있을 수는 있다 해도, 그 불화를 극복하고 평화가 정착되는 과정에서까지도 때로는 '칼'도 될 수 있고 또 '다리'도 될 수 있다는 반도인 우리 땅 주민들의 강력한 주체의식과 투철한 평화의식이 강조되지 않을 수 없다고 하겠습니다.

시대가 변하면 우리 땅과 중국대륙과 일본열도를 중심한 동북아시아에도 각 민족사회의 뚜렷한 주체의식과 평화의식을 바탕으로 한, '일-한 일체'나 '일-만-화 불가분'이 아니고 '동아협동체'나 '동아신질서'나 '대동아공영권'이 아닌 유럽공동체나 '아세안'과 같은 새로운 지역평화 공동체가 성립될 수 있을 겁니다. 이 점에 관해서도 다음에서 상세히 말하게 될 겁니다.

우리 땅의 '다리' 역할이 결국 태평양전쟁으로 이어졌습니다

20세기에 들어온 시점에서 우리 땅 통치자들의 무능과 제국주의 일본의 서툰 침략야욕이 한일'합방'을 가져왔고, 그것에 힘입은 저들의 야욕이 터무니없이 커져서 '만주사변'을 넘어 중일전쟁으로까지 확대되자 중국대륙에 이권을 가진 미국과 영국 등의 신경이 날카로워질 수밖에 없었습니다.

19세기 후반에는 미국과 영국이 대륙세력 러시아의 남하 및 태평양으로의 진출을 막기 위해 같은 해양세력인 일본을 '극동의 헌병'으로 삼아 도와줌으로써 러일전쟁에서 일본이 이기고 우리 땅을 차지하게 했습니다. 그러나 우리 땅을 강점한 일본인들의 침략욕은 그것에만 한정되지 않고 우리 땅을 대륙침략의 '다리'로 삼았습니다. 한낱 섬나라의 욕심이 턱없이 커졌다고나 할까요.

우리 땅과 '만주'문제를 두고 벌어진 해양세력 일본과 대륙세력 러시아와의 전쟁에서 일본이 이기도록 도와줬던 같은 해양세력 영국과 미국이지만, 러일전쟁 뒤 일본의 야심이 너무 커져서 '만주사변'을 도발하고 중국대륙 침략을 본격화하자, 중국에 이권을 가진 미국과 영국은 이제 군축회의 등을 통해 일본을 견제하기 시작했고 영일동맹도 끝냈습니다. 어제의 동지가 오늘의 적이 되어가기 시작했다고 하겠지요.

일본이 중일전쟁을 도발하자 미국과 영국은 중국의 장제스정부가 일본에 항복하거나 타협적 정전(停戰)을 함으로써 저들이 중국에서 가진 이권을 잃게 될까봐 장제스정부가 일본과의 전쟁을 계속토록 하기위해 군사적 경제적 원조를 강화했습니다. 일본으로서는 미국과 영국 등의 원조가 장제스정부가 항복이나 타협적 정전을 하지 않게 하는, 즉 중일전쟁이 장기화 되는 원인이라 판단하고 미국 영국 등의 '원장(援蔣)루터'를 봉쇄하려 했습니다.

섬나라 일본은 광활한 중국대륙을 상대로 한 버거운 전쟁을 빨리 끝내고 싶었으나 미국과 영국의 원조를 받는 장제스정부는 한편으로 마오쩌둥(毛澤東, 1893~1976)의 공산군과 연합전선을 형성해서 일본에 대한 저항을 계속했습니다. 그리고 제1차 세계대전 뒤 세계의 최대강국이 된 미국은 일본군의 중국 땅에서의 완전철수를 강하게 요구했습니다.

미국이 일본군의 중국으로부터의 완전철수를 강력히 요구하자 당시의 일본육군대신이며 곧 수상이 되어 태평양전쟁을 도발하게 되는 도조(東條英機, 1884~1948)가 만약 미국의 요구에 따라 일본군이 중국에서 철수하면 중국침략의 성과가 없어질 뿐만 아니라 '만주'와 조선 통치까지도 위험하게 된다며 일본군의 중국에서의 철병을 강하게 반대했습니다. 그는 태평양전쟁이 패배로 끝난 뒤 제1급 전쟁범죄자로 교수형을 당하게 되지요.

일본이 우리 땅과 '만주'점령에만 만족하지 못하고 중국의 중원지방까지 넘봤다가 그곳에 이권을 가진 미국 및 영국 등의 강한 반발을 사게 됐습니다. 일본의 침략욕심이 우리 땅과 '만주'침략에 한정되지 못하고 중국 중원 땅까지 뻗쳐갔다가 거기서도 제동을 걸지 못하고 결국 동남아시아지역 침략으로까지 확대됐고, 마침내 미국 영국 네덜란드 등을 상대로 한 태평양전쟁을 도발하게까지 된 겁니다.

태평양전쟁을 도발할 무렵의 일본은 자원면에서 미국에게 크게 의존하고 있는 상황이었습니다. 특히 전쟁수행에 절대 필요한 쇠붙이와 석유는 거의 대부분 미국으로부터의 수입에 의존하고 있었습니다. 그런 미국이 일본군의 중국대륙에서의 전면철수를 요구하면서 계속 압박한 겁니다. 섬나라 일본의 야욕이 도를 넘었던 거라 하겠지요.

유럽에서 히틀러의 나치독일이 1939년에 제2차 세계대전을 도발해서 네덜란드-벨기에-룩셈부르크-노르웨이-프랑스 등을 점령하고 그 기세가 전체 유럽을 점령할 것처럼 되면서 영국을 공습하게 되자, 일본은 그 같은 정세에 휩쓸려서 1940년에 독일 이탈리아 등 파쇼국가들과 3국동맹을 맺음으로써 스스로 파쇼국가임을 표방하고 미국 영국 등과는 완전히 등지게 됐습니다.

일본은 독일 이탈리아 등과 3국동맹을 맺고 또 소련과는 불가침조약을 맺는 등 외교적 재주를 피우다가 독소전쟁이 벌어지자 동맹국인 독일을 도와 소련과의 전쟁을 벌이는 이른바 북진전략이냐, 아니면 미국 및 영국과 전쟁하는 남진전략이냐 하며 대립하기도 했습니다. 육군은 북진전략이었고 해군은 남진전략이었다고 하기도 합니다.

독일 이탈리아와 3국동맹을 맺은 일본은 나치독일에게 점령되거나 공격받고 있는 유럽 나라들이 아시아에서 가진 식민지, 즉 프랑스령 인도차이나와 영국령 말레이시아와 네덜란드령 인도네시아 등을 점령해서 고무와 주석과 석유 등 자원을 확보하려 했습니다. 이에 따라 먼저 프랑스령 인도차이나, 즉 지금의 라오스 베트남지역을 점령함으로써 미국과 영국 등의 심한 반발을 사게 됐습니다.

일본이 태평양전쟁을 도발하기 직전까지 미국과의 버거운 전쟁을 피하기 위해 교섭을 벌이는 과정에서, 결국 성공하지 못했지만 "미-일양해안"이란 것이 있었는데, 거기에 일본군이 중국대륙에서 철수하면 미국은 '만주국'을 승인한다는 내용이 있었습니다.

다시 말하지만, 일본의 침략욕이 만약 '만주' 점령에서만 끝났다면 중일전쟁과 태평양전쟁은 없었을 수도 있었을 것이며, 그랬다면 우리 땅의 해방은 정말 어려워질 뻔했습니다. '만주'가 일본의 세력권에 있는 한 우리 땅의 해방은 어려웠을 테니까요. 우리 땅의 통치권을 완전히, 영원히 일본에게 넘겨준 대한제국통치자들의 죄가 오래오래 갈 뻔했다고나 할까요.

전쟁을 피하기 위해 미국과 일본 사이에 벌어진 교섭과정에서, 미국이 마지막으로 내놓은, 일본이 흔히 '전쟁도전장'이라 하는 미국 국무장관의 「헐 노트」란 것에서는 일본군의 '만주'에서의 철수까지도 요구했습니다. 그러나 우리 땅에 대한 일본의 강제지배를 끝내라는 요구는 없었습니다. 앞에서 말한 것과 같이 도쿄전범재판에서 '만주사변' 도발자부터가 그 대상이 되고 우리 땅에 대한 침략자들은 그 대상이 되지 않았던 사실과 맥을 같이 한다고 하겠지요.

미국이 일본군의 중국에서의 철수를 요구하면서 쇠붙이와 석유의 일본수출을 금지하게 되자, 중일전쟁을 끝내지 못한 상태에서 전쟁물자 확보에 심한 궁지에 몰리게 된 일본은 자원이 풍부한 베트남-

말레이시아-인도네시아 지역을 점령하기 위해 마침내 미국과 영국 및 네덜란드를 상대로 하는 태평양전쟁을 도발하게 되는 겁니다.

따라서 태평양전쟁은 결국 해전(海戰)중심 전쟁이 될 수밖에 없게 됐는데, 일본군의 하와이 진주만 기습을 계획하고 지휘했으며, 당시 일본의 지장(智將)으로 알려졌던 연합함대사령장관 야마모토(山本五十六)는 미국과 전쟁을 하면 "처음 약 2년간은 일본군이 설칠 수 있겠지만 그 다음은 기약할 수 없다"고 했답니다. 지나고 보니 그의 예상이 정확했던 겁니다.

일본의 암호가 고스란히 미국에 해독됨으로써 야마모토가 탄 비행기가 공격받고 그는 죽게 되지만, 태평양전쟁은 일본에게는 그야말로 '무모한' 전쟁이었다고 할 수밖에 없다고 하겠습니다. 패전한 뒤의 일이지만, 일본의 일부 논객들은 태평양전쟁이야말로 시작은 하면서도 어떻게 끝내겠다는 계획이 전혀 없으면서 도발된 전쟁이었다고 심하게 비판했습니다.

가령 일본군이 태평양을 건너 미국대륙에 상륙하고 워싱턴까지 진격해서 항복을 받거나, 아니면 넓고도 넓은 미국대륙을 폭격으로 초토화해서 항복을 받아야겠는데, 그럴 가능성이 전혀 없다 해도 틀리지 않을, 즉 이겨서 끝낼 가능성이 전혀 없는 전쟁을 도발한거라 하겠습니다.

한편 미국은 사이판섬을 점령한 뒤 그곳에 비행장을 만들어 일본 본토 폭격을 강화하는 한편 타이완을 건너 뛰어 오키나와를 점령하는 등 이른바 '개구리뛰기작전' 끝에 일본본토에 상륙할 계획을 세웠다가 원자탄실험 성공으로 일본군이 강조한 '본토결전'은 치르지 않고, 즉 그만큼의 미국군과 일본인의 회생을 내지 않고도 전쟁을 끝낼 수 있게 된 겁니다.

그러나 일본군의 경우 아무리 탁월한 아니 무모한 전략가라 해도 태평양 건너 미국본토에 상륙하고 워싱턴을 점령해서 항복을 받음으로써 전쟁을 끝낼 수 있으리라고 생각할 수는 없었을 겁니다. 전쟁말기에 어느 친일조선사람 시인이 쓴 "워싱턴에 일장기를 날려라"하는 시를 읽고 웃지 않을 수 없었던 기억도 있지만 말입니다.

1910년에 우리 땅을 강제병합하면서 시작된 일본제국주의의 서툰 침략행위는 우리 땅을 '다리'로 삼아 '만주사변'과 중일전쟁을 도발했다가 결국 아시아지역에 식민지를 가진 구미제국을 상대로 하는 힘겨운 태평양전쟁을 도발하는 데까지 가게된 겁니다. 아시아의 후발 자본주의국가 섬나라 일본으로서는 너무도 무모한 도전이었다고 해야 할까요.

우리 땅 침략에서 시작된 일본제국주의의 서툰 도발행위가 우리 땅을 저들의 식민지인 채로 두고도, '하늘을 대신해서' 유럽제국의 아시아지역 식민지를 해방시키겠노라 떠벌이면서 무모하게 도발한 태평양전쟁이 결국 일본제국주의 자체의 무덤을 파는 결과가 되고만 겁니다.

그리고 보면 섬나라 일본의 제국주의자들이 중국대륙을 침략했다가 결국 패망하게 되는 시발점이 된 우리 땅에 대한 '합병'은 곧 20세기 동북아시아 역사가 불행하게 되는 단초가 되었다고 하겠습니다. 이 불행한 역사의 일차적 출발점은 메이지유신 이후 '탈아입구' 어쩌고 하면서 제 빨리 유럽의 제국주의를 배운 일본이 우리 땅을 강점하고 그 곳을 '다리'로 삼아 중국대륙을 침략한 데 있었습니다.

일본제국주의의 첫 번째 침략대상이 우리 땅이 된 것은, 물론 그 대륙침략의 발판이 될 수 있는 지정학적 위치 때문이라 하겠습니다. 그러나 우리 땅이 일본제국주의의 첫 번째 침략대상이 된 원인을, 그 지정학적 위치문제만으로 설명하는 것은 부족하다는 생각이기도 합니다. 이 글에서도 '칼'이니 '다리'니 하고 여러 차례 거론했지만 말입니다.

한편, 일본이 패전한 뒤 그곳을 점령한 미국의 맥아더사령부가 마련한 새 헌법에서 전쟁을 부인하고 군대를 가지지 않겠다고 했다가, 곧 우리 땅에서 6·25전쟁이 일어난 것을 계기로 일본이 군대나 다름없는 '자위대'를 가진지는 오래됐고, 지금에는 지난날 일본제국주의자들의 후예들인지도 모를 지금 일본의 보수세력들이 전쟁을 부인한 평화헌법을 폐기해야 한다는 소리를 높여가고 있기도 합니다.

더구나 태평양전쟁으로 더할 수 없는 파탄에 빠졌던 일본경제가 우리 땅에서 일어난 6·25전쟁을 계기로 급격히 부흥해서 이제는 세계 경제대국 반열의 앞부분에 들게 됐고, 패전국으로서 미국의 지배를 받던 일본이 6·25전쟁을 계기로 미국지배 패전국에서 독립국이 됐고, 또 6·25전쟁으로 사실상의 군대인 자위대로 재군비를 하게도 됐습니다.

우리 민족사회가 동족상잔을 하게 된 민족분단의 근원적 원인이 일본의 우리 땅에 대한 강제지배에 있었음을 생각해 보면, 그리고 일본제국주의가 패망한지 반세가 넘은 시점에도 일본과 우리 민족사회의 일부인 북녘과는 아직도 정식국교가 없는 사실을 생각해 보면, 일본과 우리 민족사회와의 이 같은 '악연'을 어떻게 풀어가야 할지, 그야말로 투철한 역사의식이 절실히 요구된다는 생각이기도 합니다.

한편, 메이지유신 이후의 일본이 유럽의 제국주의를 배워 우리 땅과 같은 이웃을 침략할 정도가 되기까지 우리 땅의 통치자들은 무엇을 했느냐, 그리고 그같이 무능한 통치자들을 백성들은 왜 그냥 두었느냐 하는 생각이 들지 않을 수 없는 겁니다. 남의 땅을 침략할 것은 없다 해도 어떻게 해서라도 제 땅을 지킬 정도는 됐어야 했을 겁니다. 그리고 제 땅을 못 지키고 빼앗겼다면 그 민족적 역사적 책임은 당연히 물어져야 할 겁니다.

6. 실패한 민족사는 반드시 반성돼야 합니다

일본에게 강점된 원인을 냉철히 생각해 봅시다

흔히 말하는 반만년의 역사를 자랑하는 문화민족사회가 세계사적으로도 식민지분할이 끝나다시피 한 20세기 초엽에 들어와서, 근대 이후의 세계사에서 식민침략의 주역들이었다 할 유럽의 선진자본주의국가가 아닌 아시아의 후발 자본주의국가 일본에게 강점되어 지배당했다는 것은 참으로 창피하고도 억울한 일이라 하겠습니다.

왜 그렇게 되었는가 하고 생각해 보면 여러가지 원인이 있었다고 하겠습니다. 첫째 우리 땅의 지정학적 위치가 일본보다 불리했다는 점을 들 수 있을 것 같습니다. 앞서 자본주의화에 들어간 서양나라들이 지리상의 발견 운운하면서 아시아지역으로 나올 때, 즉 서세(西勢)가 동점(東漸)인가 동침(東侵)인가를 할 때, 그 무역선이나 난파선이 우리 땅보다 일본의 규슈(九洲) 등지에 먼저 닿았습니다. 그래서 일본은 일찍부터 네덜란드 같은 서양나라와 관계를 맺고 그 문화를 수용할 수 있었다고 하겠습니다.

일본 근대화의 계기가 된 메이지유신을 일으킨 주역들은, 고대사회부터 중세시대까지 선진적인 우리문화를 먼저 받아들인 지금의 야마구치(山口)현 지역인 조슈(長州)지방과, 역시 백제시대 및 그 이전부터 우리문화와 밀접히 연관된 위에 근대 초기에 와서는 네덜란드 등의 서양문화와 일찍부터 접할 수 있었던 규슈 사쓰마(薩摩)지방의 '사무라이'들이었습니다.

그러나 우리의 경우 어쩌다 드물게 제주도 등지에 서양의 표류선이 도착하기는 했지만, 중앙정부와는 거리가 너무 먼 곳이어서 조선정부가 서양사정과 접하기는 어려웠고, 바다 쪽이 아닌 육지 쪽으로 즉 중국대륙이나 시베리아대륙을 통해 서양세계와 연결되기는 그 시대로서는 어림없는 일이기도 했습니다.

그 위에 또 성리학체제인 조선왕조정부의 강력한 쇄국정책 때문에 고려시대와는 달리 조선인이 외국인과 접촉할 기회가 거의 단절되다시피 했습니다. 멀리 아랍지역과도 내왕이 자주 있었던 불교국가 고려시대와는 크게 다른 점이었습니다. 제주도를 내왕하다가 폭풍을 만나 중국 등지로 표류되었다가 돌아오면 고의성 여부를 엄격하게 조사받기도 했습니다.

둘째는 동양의 중세문화권 안에서는 중국이 최선진국이었고 조선은 이른바 '소중화'(小中華)라 해서 중국 다음의 선진국으로 자처하기도 하고 또 그렇게 인정되기도 했습니다. 이에 비해 일본은 동양중세문화권 안에서는 조선보다는 변두리에 있는 섬나라였습니다. 그 때문에 근대로 오면서 쉽게 동양의 전통문화체제에서 벗어나서 서양의 근대문화를 수용할 수 있었다는 점을 들 수 있을 겁니다.

한 가지 예를 들어보지요. 일본의 지배층인 '사무라이'들은 서양문화와 접촉하면서 그 특유의 일본식 상투인 '존마게'를 쉽게 잘라버리고 제 옷 대신 양복을 입었습니다. 그러나 당시 조선의 지배층인 유생들은 "상투를 자르려면 차라리 내 목을 잘라라" 하고 '서양화'인지 근대화인지 하기를 강력히 반대하면서 의병투쟁에 나서기도 했습니다.

동양중세문화권 안에서 그 주류에 속한다고 자부했던 문인문화중심의 조선왕조 지배층 유생들과, 그렇지 않았던 일본의 무인문화중심 지배층 '사무라이'들 사이의 차이점이라 할 수 있을 겁니다. 그 무인문화중심사회가 침략적 군국주의를 낳기도 했고요.

근대 서양세력 및 그 문화가 동점(東漸) 즉 동양으로 진출할 때 그것에 대한 '동양 3국'의 대응방법 또한 달랐습니다. 동양중세문화의 중심지역이었던 중국은 중체서용(中體西用) 운운했고, 그에 가까웠으면서 역시 유교문화중심이며 문인문화사회였던 조선은 중체서용과 비슷한 동도서기(東道西器) 운운해서, 중국과 같이 동양의 전통문화체제를 유지하면서 서양의 기술문화만을 제한적으로 수용하는 노선을 채택했습니다.

그러나 동양중세문화의 변두리지역이었고, 조선과는 달리 불교문화중심이며 무인문화중심사회였던 일본은 화혼양재(和魂洋才)라 해서 중국의 중체서용이나 조선의 동도서기와 비슷한 말이 있기는 했지만, 그보다는 중국이나 조선과는 다르게 전통적 동양문화권에서 벗어나서 아예 서양화하는 방법을 적극적으로 수용했습니다.

정치 경제 사회 문화 등 모든 면에서 빨리 서양처럼 되려 한 탈아입구(脫亞入歐) 즉 아시아사회 및 아시아문화가 아닌 서양사회 및 서양문화지역이 되려는 정책을 적극적으로 추진한 겁니다. 중국이나 조선보다 쉽게 동양의 전통사회체제 전통문화체제에서 벗어날 수 있었던 거라 하겠지요.

그 결과 일본은 모든 면에서 빠르게 서양화 하다시피 했습니다. 그리고 그에 따라 신속히 서양의 제국주의를 배우고 국민개병제 등 근대적 군사제도를 도입해서 청일전쟁과 러일전쟁 등을 일으켜 이김으로써 우리 땅을 강점하고 그곳을 '다리'로 삼아 중국 땅을 침략해 들어갔고 종국에는 태평양전쟁으로까지 확대했다가 패전하고만 겁니다.

일본은 메이지유신 이후 서양의 정치제도를 도입해서 제한적으로나마 입헌군주제를 채택함으로써 국론을 결집하고 국력을 강화해 갔습니다. 한편 조선왕조의 경우도 근대화를 한다고 갑오개혁을 하고 또 청국의 종속국이던 조선왕국을 대한제국으로 바꾸고 왕을 황제로 격상시키기는 했습니다.

그러나 앞에서 말한 것처럼 제한적으로나마 입헌군주제로도 못가고, 나라가 망하는 직전에 가서 오히려 전제군주제를 강화하는 상황이 되고만 겁니다. 그래서 우리 근대사에는 일본의 메이지유신 같은 것도, 그리고 중국의 신해혁명 같은 것도 없고 완전식민지화의 길을 걷고 말게 된 겁니다.

국제정세의 변화에 가장 민감해야 할, 유길준이 말한 동아시아의 '목구멍'과 같은 위치에 있으면서도 대한제국은 일본처럼 제한적 입헌군주제 같은 근대적 정치체제를 도입하지도 못했고, 제국주의 열강의 이해가 맞부딪치는 위치에 있으면서도 영세국외중립지대화 같은 '묘책'을 실현시킬 수도 없었던 겁니다.

징병제 같은 근대적 군사제도를 실시하고 부국강병책을 써서 남의 땅을 넘볼 것은 아니라 해도 제 국토를 지킬만한 군사력은 갖추었어야 했는데도, 그렇지 못한 나라가 역사적으로 중요한 시기인 근대화 초기의 대한제국이었던 겁니다, 일본의 우리 땅에 대한 강제지배 탓을 일본에게만 돌릴 것이 아니라 우리 사회의 역사적 책임도 반드시 물어져야 합니다.

한편 일본은 이제 막 출발한 초기 자본주의국가로서 이른바 원료공급지와 상품판매시장 확보에 혈안이다가, 가장 가까운 거리에 있으면서 아직도 근대적 국가경영을 위해 무엇을 어떻게 해야 하는가를 잘 모르고 우왕좌왕하는 것 같은 조선왕국의 변신인 대한제국을, 의병항쟁을 탄압하고 '합방'조약이라는 것을 강요해서 식민지로 만들고만 겁니다.

대한제국의 왕족 등 통치자들이 '합방'조약문에서 명시한 것처럼 우리 땅 전체의 통치권을 완전히 그리고 영원히 일본에게 넘겨주는, 문화민족사회로서는 결코 있어서는 안 될 엄청난 일을 저지르고만 겁니다. '합방'에 반대하는 의병전쟁이 전국적으로 일어났는데도 말입니다.

이런 일을 저지른 대한제국의 통치자들과 그 통치를 지탱한 각료를 비롯한 관리들, 그리고 20세기에 들어선 시점에서도 이 같이 무능 무책인 왕조를 뒤엎고 새로운 나라를 세우지 못한 당시 2천만의 우리 땅 주민들 모두가 그 역사적 책임을 질 수밖에 없는 겁니다. 문화민족이라면 역사실패의 책임은 결코 남에게만 떠넘길 수는 없는 것이니까요.

항일독립운동의 의미를 제대로 알아야 합니다

인류역사 위에서 중세사회와 근대사회는 여러 가지 차이점이 있지만, 우리가 알다시피 정치적으로는 중세시대까지는 대체로 군주주권체제 혹은 귀족지배체제였다가 근대사회로 오면서 점진적으로 혹은 혁명적으로 국민주권체제로 바뀐다는 점이라 하겠습니다.

예를 들면 프랑스처럼 시민혁명에 의해 왕정을 종식시키고 바로 공화제로 가는 경우와, 영국이나 일본처럼 선각적 일부 치자층(治者層)의 제한적 개혁에 의해 입헌군주제로 가는 경우가 있었습니다. '동양3국'의 근대화과정은 일본처럼 입헌군주제로, 혹은 중국처럼 늦게나마 혁명의 길로 간 경우도 있었지만, 우리는 그 두 길 중 어느 길도 아닌 완전식민지의 길로 가고 말았지 않습니까.

필자는 오래전에 다른 글에서 조선왕조가 5백 년이나 지속될 것이 아니라 임진왜란 후에 끝나고, 왜란평정에 공이 컸던 어느 의병장을 앞세우고 실학사상가들이 중심이 된 새로운 왕조가 성립되었어야 했다고 쓴바 있습니다. 그러나 조선왕조정부는 김덕령(金德齡, 1567~1596) 등 명망 있는 의병장들을 숙청했고 이후 3백 년 이상 낡은 왕조가 지속되고 말았습니다.

젊었을 때 읽었거나 아니면 들은 것으로 기억됩니다. 유럽의 어느 저명한 역사학자—영국의 토인비였다고 들은 것 같기도 한데 확실치 않지만—일본까지 왔다가 바로 옆에 조선이란 역사가 오랜 민족사회가 있는데 가보지 않겠는가 했더니, "하나의 왕조가 5백 년이나 지속된 그런 곳에 역사학자가 가서 배울만한 것이 있겠는가" 하고 가지 않았다는 거였습니다.

신라 천년보다는 짧지만 5백 년이나 지속된 조선왕조도 19세기 말기로 오면서 세계사적 변화의 영향을 어느 정도 받지 않을 수 없었습니다. 역사를 이해하는 데에 만약이란 것은 있을 수 없지만 이해를 돕기 위해 말해봅시다. 만약 갑신정변이 성공했더라면 병자호란 이후 유지된 청나라와의 종속관계를 우리 힘으로 청산할 수도 있었습니다.

그러나 정변이 실패해서 그렇지 못했고, 청일전쟁에서 일본이 이김으로써 제 힘이 아닌 남의 힘을 입어 청국과의 중세적 종속관계를 끊을 수 있었던 겁니다. 갑신정변이 성공했을 경우 그것에 어느 정도 도움을 준 일본과의 관계가 어떻게 되었겠느냐 하는 문제가 있기는 하다고 앞에서도 말했습니다만—.

청일전쟁에서 이긴 일본이 전리품으로 타이완을 차지하긴 했으나, 전쟁을 일으킨 주된 목적은 타이완문제라기보다 우리 땅을 제 '이익선'에 넣으려는 데 있었기 때문에 청일전쟁에 이긴 일본의 조선정부에 대한 압박이 심해지지 않을 수 없었습니다.

제 힘만이 아니고 남의 힘을 입어 청국과의 종속관계를 끊을 수 있었다 해도, 그 기회를 이용해서 국가체제를 변해가는 시대에 맞게 개혁해야 했습니다. 즉 시대의 변화에 따라 국민 일반의 정치적 위상을 높여 국력을 강화하는 방향으로 나아가야 했지만, 조선왕조에서 대한제국으로 되면서도 제한적으로나마 입헌군주제로 나아가지는 못했고, 오히려 국권을 잃고 남의 식민지가 되는 중요한 원인의 되었다고 하겠습니다.

근대화 과정에서 또 외세침략이 심해지는 상황에서 전제군주제가 아닌 입헌군주제를 채택해서 국민에게 제한적으로나마 국가주권의 일부를 넘겨주어 국론을 통일하고 국력을 키우는 방법 즉 제한적 국민주권주의를 채택하는 것이 근대화과정에서 세계사적 흐름의 하나였다고 할 수 있습니다. 더구나 독립협회활동 등이 있었는데 말입니다.

모처럼 성립된 대한제국이 완전한 공화제는 어려웠다 해도, 입헌군주제를 채택해서 국론을 통일하고 국력을 강화해서 외세침략에 대응해야 했습니다. 그러나 조선왕조의 고종황제를 중심으로 한 통치세력은 대한제국이 된 뒤 「대한국제」라는 것을 발표해서 입헌군주제가 아니라 오히려 전제군주체제를 강화하는 상황이었음은 앞에서도 말했습니다.

대한제국의 황제에게 압력을 가해서 일부나마 국민주권주의를 받아내지 못했던 그 때의 관료들과 식자층들, 그리고 일반국민들의 의식수준이 결국 일본의 침략을 막아내지 못하고 그 강제지배를 받게된 중요원인이라 할 수밖에 없지 않을까 하는 겁니다. 그리고 이것이 곧 대한제국시기에 대한 정직하고도 주체적인 역사 이해라 할 수 있을 겁니다.

반성하는 처지에서 생각해보면 지금까지 우리 역사학은 대한제국 시기의 역사 실패 원인을 너무 일본제국주의를 비롯한 외세의 침략 탓으로만 돌리고 민족사회 내부의 서툴었던 대응이나 부족했던 시대 인식 등은 등한시 했던 것이 아닌가 합니다.

　　근 반세기 동안의 외세강점에서 벗어난 민족사회가 어느 시기까지 는 역사실패의 원인을 주로 외세침략에 돌리게 마련이라 해도, 그런 세월이 어느 정도 지나면 이제 민족사회 내부에 있었던 실패 원인에 도 눈길을 돌려야만 역사 이해의 균형이 잡힌다 할 겁니다.

　　이 같은 역사 이해가 가능하다면, 이른바 '합방'조약이라는 것에서 대한제국 황제가 우리 땅 전체의 통치권을 완전히 또 영원히 일본천 황에게 넘겨준 뒤 우리 땅 주민들이 해야 할 일은, 강점자 일본과 싸 워서 다시 황제주권을 회복하는 것이 아니라 이제는 당연히 국민주 권을 회복하는 일이어야 했습니다. 따라서 일제강점기를 통한 우리 민족의 독립운동은 국권회복운동인 동시에 바로 국민주권주의운동 그것이었던 겁니다.

　　그런 점에서 일제강점 근 반세기 동안 끈질기게 추진된 우리 민족 의 독립투쟁은 곧 주권회복운동인 동시에 국민주권주의 실현과정 즉 세계사적 개념으로서는 시민혁명과정 그것이었다고 할 수 있습니다. 따라서 해방 후의 우리 땅에 성립될 민족국가는 당연히 공화주의국 가 바로 그것이었던 겁니다.

　　우리 정도의 문화민족사회가 제2차 세계대전이 끝난 뒤인 20세기 중반에 와서야 비로소 국민주권주의시대 공화주의시대로 진입했다 는 사실자체가 좀 창피한 일이긴 하지만, 그렇게 해서 가지게 된 공 화주의 민족국가가 통일된 하나의 국가가 아니고 분단된 두 개의 국 가가 되어 서로 대립하고 싸우는 상황이 되었으니, 정말 잘못된 역사 라 개탄하지 않을 수 없게 됩니다.

일제강점기의 독립운동 즉 주권회복운동은 당연히 해방 후 하나의 민족국가를 수립하기 위한 투쟁이었는데, 해방 후 두 개의 분단국가가 성립되어 대립함으로써 독립운동 자체도 마치 두 개의 분단국가를 수립하기 위한 좌우분립 및 좌우대립 운동이었던 것처럼 인식하는 경향이 있기도 한데 그것은 전혀 잘못된 겁니다. 다음에서 상세히 밝히겠습니다.

왜 거족적이며 전국적인 3·1운동이 일어났을까요

발 빠르게 서양을 배워 '탈아입구'한 일본의 초기자본주의는 식민지를 필요로 했고 그 첫 대상으로 우리 땅을 침략하긴 했지만, 오랜 역사를 가진 문화민족사회이며 중세시대까지도 문화적으로는 저들보다 앞섰다고 여겨지던 우리 땅을 식민지배하기는 그들로서는 버거운 일이었다고 하겠습니다.

무능한 대한제국의 황실과 관료들을 협박하고 기만해서 강제로 굴복시킬 수는 있었다 해도, 전국에서 일어난 죽음을 각오한 의병투쟁과 광범위하게 일어났던 애국계몽운동 등을 탄압하는 것은 일본침략자들로서도 힘겨운 일이 아닐 수 없었습니다.

식민지배란 본래 지난날 서양의 제국주의국가들이 그들의 관점에서 '비문명사회'라고 본 아메리카지역의 원주민사회나 아프리카지역 등을 침략해서 강제로 지배하는 일이거나, 영국의 인도지배나 프랑스의 베트남지배 같이 '타문명지역'에 대한 지배를 말하는 것이었습니다. 그리고 그 식민지배도 대부분 20세기에 들어서기 이전에 감행된 일들이었습니다.

그러나 일본의 우리 땅에 대한 식민지배는 가장 가까운 이웃나라로서 수천 년을 함께 살아온 '동양 3국'의 같은 문화권 안에서 일어난 지배와 피지배관계였습니다. 그리고 '동양 3국'의 중세문화권 안에서는 오히려 후진지역으로 인식됐던 일본의 우리 땅에 대한 지배였던 겁니다. 실로 세계사에 그 유례가 없는 식민지배사례였다고 하겠습니다.

근대화과정에서도 그다지 큰 차이가 없었던 두 지역이, 세계사적으로도 식민지 강제점령이 끝나다시피 한 20세기에 들어와서 지배와 피지배관계로 된, 여느 식민지배와는 다른, 일본에게는 무리한 일이었고 우리에게는 억울한 '강제지배' 그것이었습니다. 따라서 우리 민족사회의 저항이 거세질 수밖에 없었던 겁니다.

의병과의 치열한 전쟁 끝에 우리 땅을 강점한 일본은 이른바 무단통치라는 것을 강행하지 않을 수 없었습니다. 헌병경찰제도라 해서 일본군의 헌병이 경찰업무를 담당하고도 보통경찰의 인원수를 대폭 늘려야 했습니다. 그리고도 문관인 군수는 물론 초등학교 교사들까지도 칼을 차고 근무하는, 어디에도 그 예를 찾기 어려운 극단적인 무단통치를 하지 않고는 '합방' 당초의 우리 땅을 지배할 수 없을 만큼 강한 저항을 받았던 겁니다.

그뿐만이 아닙니다. '합방' 직후 근대적 토지소유제를 실시한답시고 이른바 토지조사사업이란 것을 강행했는데, 그 '사업'을 통해 총독부 소유지와 토지세 수입을 크게 늘려 식민통치의 물적 기반을 확보하는 한편, 조선의 경작농민들이 종래 가지고 있었던 부분소유권인 도지권(賭地權)을 없애는 등 토지소유권을 완전히 박탈하는 상황이 되었습니다.

토지조사사업 과정에서는 특히 국유지부분에서 소유권분쟁이 극심했습니다. 총 분쟁건수 약 10만 건 중 99.7%가 소유권분쟁이었는데, 그 중 65%가 조선총독부 소유지로 편입된 토지소유권을 둘러싸고 일어났습니다. 얼마나 많은 민유지 등이 총독부소유지로 되었는가를 알 수 있습니다. 또 토지조사사업의 결과 많은 땅이 조선에 나온 일본인의 소유로 바뀌었습니다.

토지조사사업이 실시된 7년간 조선에서 일본인의 토지경영이 경영인 수에서 약 10배, 투자액에서 5배 이상, 면적에서 약 4배 증가했습니다. 토지조사사업의 결과 조선사람의 토지소유권이 대폭 조선총독부와 동양척식주식회사와 일본인 지주에게 넘어갔고, 그만큼 조선농민들은 토지를 잃고 농지에서 쫓겨난 반면, 일본의 소작농민들이 조선에 나와서 지주가 된 겁니다.

한일'합방' 후 10년 동안 저질러진 이 같은 일본의 무단통치에 시달리고 토지조사사업 등으로 경제생활이 급격히 어려워진 농민일반과, 이 시기에 성장하고 있던 각종 노동자들의 일부가, '합방' 이전의 애국계몽운동계통 식자층과 청년학생층의 선도에 따라 전국적이며 거족적인 항일운동을 일으킨 것이, 한일'합방' 후 10년 만에 일어난 3·1운동이었습니다.

따라서 3·1운동은 특정한 사회계급에 의해 일어난 운동이 아니라, 운동이 폭발하자 가증스럽게도 「국민에 대한 경고문」이란 것을 낸 1급 친일파 이완용 같은 자를 제외한, 농민 노동자 지식인 자산계급을 가리지 않고 전체 조선민중이 일체가 되어 일으킨 민족운동 그것이었습니다. 그리고 이 운동은 앞으로 일제강점기 전체시기를 통해 추진될, 좌우익을 막론한 민족독립운동의 근원이 됐습니다.

7. 민족분단시대에는 좌우합작독립운동이 주목됩니다

3·1독립운동은 좌익운동도 우익운동도 아니었습니다

대한제국 때 입헌군주제 정도의 제한적 국민주권체제라도 성립되려면 전제군주체제에 대항해서 입헌군주제를 받아낼 만한 사회계층, 일반사적 개념으로 말하면 민족부르주아계급 즉 전제군주체제와 정치적 경제적 이해관계를 달리하는 자산계급과 근대적 지식인이 그만큼 성장해야 했습니다.

이들 근대적 지식인과 자산계급 즉, 민족부르주아지가 어느 정도의 성장을 이루었다면 그들이 일으킨 시민혁명에 의해 완전한 공화제가 되었을 것이며, 그 힘이 혁명을 할 만한 정도는 아니었다 해도 대한제국의 전제군주를 압박해서 입헌군주제 정도는 받아낼 수 있었을 겁니다.

그러나 대한제국시기 우리 민족사회의 경우 완전한 공화제는 그만두고라도 입헌군주제 정도의 제한된 국민주권체제라도 성립시킬만한 힘을 가진 근대적 지식인 및 자산계급 즉 민족부르주아계급이 성장하지 못한 것이 사실이었습니다. 그랬었기 때문에 결국 전제군주제인 대한제국체제인 채로 국권을 강탈당하게 된 겁니다.

'동양 3국' 중 우리 역사에만 중국의 신해혁명은 물론 일본의 메이지유신 같은 근대화과정의 정치변화가 없었습니다. 그리고 '동양 3국'의 근대화과정에서 일본은 독립을 유지할 수 있었지만, 중국은 반식민지상태가 되었고, 우리는 완전식민지가 되고 말았습니다. '동양 3국'의 근대화과정이 이렇게 다르게 된 원인이 무엇인가를 이해하는 일 또한 중요합니다.

일본은 제국주의시대를 거쳐 패전국이 돼야 했고, 중국은 사회주의체제를 거쳐야 했으며, 우리 민족사회는 자본주의체제와 사회주의체제로 분단되어 처절한 동족상잔을 겪고도 반세기 이상 분단과 대치상태가 계속됨으로써 '극동의 화약고'로 남아있는 실정입니다.

수천 년을 같은 문화권 안에서 살아온 '동양 3국'이 왜 이렇게 각기 다른 근대화과정을 겪게 되었는가 하고 생각해보면 거기에는 여러 가지 원인이 있겠지만, 대륙국가 중국과 대륙과 해양 사이에 걸쳐진 반도국가 조선과 섬나라 해양국가 일본이라는 각기의 다른 지정학적 위치문제가 그 중요한 원인의 하나라 할 수 있을 겁니다.

이들 '동양 3국'아 지난 20세기에는 각기 다른 길을 걸음으로써 동북아시아의 역사가 평화롭지 못했는데, 앞으로 21세기에는 '동양 3국'이 어떤 길을 걸어야 그 지역을 평화롭게 하고 나아가서 세계평화에 기여할 수 있겠는가 하는 문제들이 추구되어야 할 겁니다. 인류역사 흐름 본래의 길이 세계평화의 달성에 있다는 역사인식으로서는 말입니다.

이야기를 되돌립시다. 1876년에 이른바 문호개방이 되어 개항기를 통한 신식교육의 보급으로 전통적 유생이 아닌 근대적 지식인이 일부 생겨났고, 개항장을 중심으로 지난날의 시전상인이나 보부상이 아닌 신식 상공업자라 할 계층이 일부 생겨나 극히 제한적으로나마 근대적 자산계급이 일부 형성되어 갔다고 할 수는 있었습니다.

그러나 그 같은 근대적 지식인과 상공업자가 역사적 의미의 민족부르주아지로 성장해서 종래의 전제군주체제를 무너뜨리고 제한적 입헌군주제 정도라도 성립시킬 만한 상황은 못 됐다고 할 수밖에 없었습니다. 그것이 주체적 근대화를 하지 못하고 완전식민지가 된 역사적 원인이라 할 수도 있겠지요.

입헌군주제 정도의 부분적 국민주권체제도 성립시킬 수 없을 만큼 민족부르주아지 즉 근대적 자산계급의 성장이 미약했다면, 그것은 또 당시 우리 사회의 자본주의경제체제의 발달이 그만큼 미약했음을 말하기도 합니다. 자본주의경제체제의 발달이 그만큼 뒤떨어져 있었다면 그것은 또 한편으로 공장노동자를 중심으로 하는 근대적 노동자계급 즉 프롤레타리아트의 성장도 그만큼 부진했음을 말하는 것이기도 합니다.

그렇다면 20세기 전반 즉 일제강점기를 통한 국권수복운동 즉 독립운동의 주체는 역사적으로 어느 계층이었다고 할 수 있는가 하는 문제가 있게 마련입니다. 국권수복운동 즉 독립운동의 주체가 근대적 지식인 및 자산계급 즉 민족부르주아지였는가 아니면 조직된 노동자계급이나 그 우군인 농민계급 즉 프롤레타리아트였는가 하는 문제가 있으며, 그것은 20세기 전반을 통해 추진된 우리 독립운동 자체의 역사적 의미 및 성격을 규명하는 일이기도 합니다.

일본제국주의에 의해 대한제국이 망하게 될 때 그것을 막기 위해 무기를 들고 싸운 전국적 의병전쟁의 지도부는 군주주권체제를 지키기 위한 중세적 유생층이 중심세력이었고, 일본의 강제에 의해 대한제국 군대가 해산당한 뒤에는 해산군인들이 의병전쟁 지휘부에 가담해 의병전쟁의 성격이 일부 변하기는 했지만, 대체적으로 말해서 의병전쟁은 근왕주의운동 즉 대한제국의 군주주권체제를 지키려는 투쟁이었다고 할 수 있습니다.

대한제국이 망하고 난 뒤에 일어난 국권수복운동 즉 독립운동은 대한제국의 군주주권체제를 다시 회복하기 위한 운동은 아니며, 유생층이 주도적으로 추진한 운동도 아니었습니다. 한일'합방' 후 의병전쟁 전사의 일부가 '만주'와 시베리아로 옮겨갔는데, 이때부터 그들은 이제 군주주권수호를 위한 의병이 아니라 국민주권정부수립을 목적으로 한 독립운동의 전사가 된 겁니다.

일제강점기 우리 독립운동의 시발점이 됐다고 볼 수 있는 3·1운동을 누가 일으켰으며 누가 주도적으로 참가했는가를 제대로 아는 일이, 우리 민족의 독립운동사 나아가서 우리 근-현대사를 이해하는 데 중요하다고 하겠습니다. 다시 말하면 우리 근-현대사의 주역이 누구였는가를 이해하는 문제가 되기 때문입니다.

우리가 이미 아는 일이지만, 3·1운동은 민족대표라 말해지는 대한제국시기 애국계몽운동계통의 일부 지식인 및 종교인들의 발의와, 애국계몽운동시기에 급증한 근대적 교육기관에서 양산된 청년학생층, 그리고 문호개방 후 생성된 소수의 근대적 공장노동자들과, 전국의 수많은 농민들이 참가한 흔히 말하는 거족적 거국적 운동이었습니다.

이제는 양반도 상놈도 아닌, 지식인과 자산계급과 노동자와 농민 등 근대적 의미의 사회 각계각층이 참가한 독립운동이요 항일운동이라 해서 3·1운동에서 처음으로 근대적 의미의 민족이 형성됐다고 하기도 합니다. 흔히 3·1운동을 독립운동인 동시에 국민국가수립운동의 시발점이라 하는 것도 이 때문이기도 합니다.

3·1독립선언서에 서명한 민족대표들을 세계사적 개념의 민족부르주아지로 볼 것인가, 그렇게 보기에는 일정한 제약성이 있다고 볼 것인가 하는 문제가 있지만, 발달된 자본주의체제 아래서의 자산계급이라기보다 '합방' 전의 애국계몽운동을 주도한 넓은 의미의 근대적

지식인으로 볼 수는 있을 겁니다. 민족부르주아지에는 민족의식과 역사의식을 가진 근대적 지식인과 자본주의 발달로 생성된 민족적 자산계급이 포함되니까요.

그 밖에는 애국계몽운동의 일환으로 나타난 근대적 교육기관이 배출한 청년학생층을 중심으로 하는 신지식인과, 아직은 미숙한 자본주의적 생산시설을 통해 생성된 소수의 조직노동자들을—3·1운동 당시 전국에 20여 개의 노동조합이 조직되어 있었음—제외하고는 대부분이 농민들이었습니다. 그 농민들도 농민조합에 의해 조직된 농민이 중심이었다기보다 조직되지 못한 자연인적 농민이 중심이었다고 하겠습니다.

의병투쟁과 같은 근왕운동 중심적이지 않은 최초의 민족독립운동이라 할 수 있는 3·1운동은 세계사적 개념으로 말해서 부르주아계급이나 프롤레타리아계급이 단독적으로 주도한 운동이 아니라, 아직 그런 계급이 구체적으로 형성되기 이전에 일어난 그야말로 거족적 민족독립운동이었다고 해도 틀리지 않을 겁니다.

그리고 3·1운동 이후의 전체 독립운동 과정에서 좌익적운동도 있고 우익적운동도 있었지만, 좌익적운동이라 해서 프롤레타리아트 중심이거나 우익적운동이라 해서 민족부르주아지 중심이지는 않았다고 하겠습니다. 왜냐하면 그 어느 쪽도 민족독립운동 또는 민족해방운동을 독자적으로 추진할만한 역량이 될 만큼 성장하지는 못했다고 할 수 있기 때문입니다.

1917년에 러시아의 사회주의혁명이 성공하고 3·1운동을 전후해서 우리 사회에도 사회주의사상이 들어오긴 했지만, '합방' 이전에 입헌군주제 정도의 부분적 국민주권주의도 성립시키지 못했을 만큼 근대적 지식인과 자산계급, 즉 민족부르주아지의 형성이 부진했다고 할 수밖에 없는 겁니다.

그리고 당시로써는 후진자본주의국가였던 일본의 강제지배 아래서도 민족독립운동 내지 민족해방운동을 독자적으로 추진할만한 역량을 가진 민족부르주아지가 성립되지 못했고, 그 정도로 민족부르주아지가 성립되지 못한 그런 조건에서는 또 민족해방운동을 독자적으로 추진할만한 프롤레타리아트도 형성되지 못했다고 하겠습니다.

일본제국주의자들의 가혹한 탄압 때문에 일제강점기 전체시기를 통해서 우리 독립운동의 주역들이 국내에서보다 해외에서 주로 활동할 수밖에 없기도 했습니다. 따라서 전체 독립운동과정을 통해 정치운동으로서의 독립운동과 노동운동 및 농민운동이 유기적으로 결합되기도 힘들었습니다. 해외운동 중에 사회주의계운동이 있었지만, 그 운동과 국내의 노동운동 및 농민운동이 유기적으로 연결된 경우도 극히 드물 수밖에 없었던 겁니다.

앞으로 서술되겠지만, 우리 민족의 전체 독립운동과정을 통해서, 일본제국주의자들이 중일전쟁 등 침략전쟁을 확대해감에 따라 그 패망이 전망되고 따라서 우리의 민족해방이 가깝게 전망되면 될수록 결코 프롤레타리아트 주도였다고 할 수 없는 민족해방운동전선 좌익진영과, 역시 결코 민족부르주아지 주도였다고 할 수 없는 독립운동전선 우익진영의 합작운동 및 통일전선운동이 계속 추진됐습니다.

요컨대 3·1운동에서 출발해서 20세기 전반 전체시기를 통해 국내외에서 간단없이 추진된 우리 민족의 독립투쟁은 세계사적 개념으로 말해서 민족부르주아지만의 운동도 아니었고 프롤레타리아트만의 운동도 아니었으며, 3·1운동에서 나타난 것 같이 전체 민족구성원이 참가한 독립투쟁이었다고 정의할 수 있는 겁니다. 이 책에서 앞으로 그 내용이 하나하나 소개될 겁니다.

분단과 통일문제를 다루겠다고 한 글에서 왜 독립운동시기의 이야기를 지루하게 다루느냐 할지 모르지만, 우리의 독립운동과정에서도 이미 좌우합작 상황이 간단없이 추진되고 있었음을 앎으로써 그것이 앞으로의 통일과정에 대한 역사인식의 배경이 되게 하려는 생각에서 입니다.

다시 말해 일제강점기 우리 민족사회의 최대과제가 독립 그것이었다면, 해방 후 시대 우리 민족사회의 최대과제는 평화통일 그것인데, 현실적으로는 해방 후의 분단시대적 역사인식이 소급되어 일제강점기의 독립운동까지도 좌우익운동으로 분단시킨 경향이 있다고 할 수 있습니다.

그러나 3·1운동과 그 결과로 성립된 초기의 대한민국임시정부를 비롯한 전체 독립운동과정을 통해서 좌우합작독립운동이 간단없이 추진된 사실을 제대로 앎으로써 앞으로의 통일운동도 그 전통을 이어받아 추진돼야 한다는 생각입니다. 일제강점기의 독립운동을 좌우합작운동 중심으로 재구성하려는 의도도 거기에 있다고 하겠습니다.

성립 당초의 대한민국임시정부도 좌우합작정부였습니다

거족적이고 전국적 투쟁이었던 3·1운동은 국권회복운동이요 독립운동이었기 때문에 그 결과 정부를 수립해야 함은 당연했습니다. 그런데 전체 우리 땅을 일본이 강점하고 있는 상황에서 우리 땅 안에 독립운동을 주도하기 위한 정부가 수립될 수는 없어서 외국 땅에 수립될 수밖에 없었습니다. 그리고 그 정부는 국민의 총선거를 통해 수립되는 정부가 아니었기 때문에 정식정부가 아닌 임시정부가 될 수밖에 없었습니다.

그럼에도 임시정부라 한 것은 그 정부를 중심으로 독립투쟁을 해서 조국 땅이 해방되면 귀국해서 정식정부를 수립하기 위한 총선거를 담당하는 기구가 되겠다는 의미를 가지고 있는 겁니다. 그런 점에서 흔히 제 땅에서 국권을 잃은 민족사회가 국외에서 수립한 정부를 망명정부라 하는 경우와는 그 뜻이 다르다 하겠습니다.

해외에서 수립된 임시정부의 군사력이 조국 땅에 진격해 와서 침략군을 물리친 뒤 전체 국민의 총선거를 통해서 새로운 독립국가를 수립할 수 있거나, 제 단독의 군사력으로는 조국 땅을 해방시키지 못한다 해도 그 임시정부가 제 땅에서 침략자를 물리칠 국제군이나 동맹국의 승인을 받는다면, 물론 해방 후 총선거를 담당해서 새로운 정식국가를 수립하는 당당한 임시정부가 되는 겁니다. 그러나 그렇지 못한 경우는 불행히도 한낱 망명정부가 될 수밖에 없겠지요.

망명정부가 아닌 실질적 임시정부가 되는 것이 대한민국임시정부에게 주어진 과제였다고 하겠습니다. 우리 땅이 중국같이 넓었다면 국내에도 일본침략자의 세력이 미치지 않는 '해방구'가 있을 수 있고, 그곳에 임시정부가 아닌 전시(戰時)정부를 세울 수도 있었겠으나 불행히도 그렇지 못했습니다. 그래서 '합방' 초기에는 '만주' 땅을 '해방구'로 삼아 독립전쟁을 벌였으나 '만주' 땅 전체가 일본군에게 점령된 뒤에는 우리 독립운동전선의 어려움이 더 커질 수밖에 없었던 겁니다.

3·1운동이 근왕운동이나 복벽주의운동이 아니고 근대적 민족운동이었음은, 이 운동의 결과 수립된 임시정부가 대한제국임시정부가 아니라 대한민국임시정부였다는 사실이 증명해주고 있습니다. 그리고 지금과 같은 민족분단시대에는 1919년에 수립된 상하이임시정부가 독립운동전선의 우익세력만의 정부도 또 좌익세력만의 정부도 아닌 좌우합작정부였다는 사실을 아는 일 또한 중요합니다.

일제강점기를 통해서 우리 민족사회가 추진한 끈질긴 독립운동의 출발점이라 할 수 있는 3·1운동이, 그 주체세력의 계급적 성격을 따질 수 없는 그야말로 전민족적이며 전국적인 운동이었고, 그 결과 수립된 대한민국임시정부가 좌우익 민족세력의 연합으로 성립된 사실은 일제강점기 우리 민족독립운동 전체의 성격을 가늠하게 하는 중요한 출발점이라 할 수 있습니다.

1917년에 러시아의 사회주의혁명이 성공한 뒤 일본제국주의의 강제지배 아래 있는 우리 민족사회에도 사회주의사상이 들어오기 시작했습니다. 그리고 일본제국주의의 강제지배에서 벗어나기 위해 추진된 국내외 독립운동전선에도 좌익전선이 성립되어 갔습니다.

초기 좌익전선의 걸출한 지도자중 한 사람인 한인사회당위원장 이동휘(李東輝, 1872~1935)가 상하이임시정부 수립에 참가해서 국무총리가 된 사실은 상하이임시정부의, 나아가서 앞으로 추진될 우리 민족독립운동 전체의 성격을 잘 말해준다고 할 수 있습니다.

이동휘는 대한제국의 군인출신으로서 일본의 대한제국군대 해산에 반대해서 저항했다가 유배됐고, 이후에는 신민회 등 애국계몽운동단체에서 활동하고 또 기독교단에 몸담기도 했습니다. 한일'합방' 뒤에는 러시아에 망명해서 1918년에 한일사회당을 조직하고 그 위원장이 됐다가 1919년에 상하이임시정부가 성립되자 국무총리가 됐습니다.

그러니까 대한민국임시정부는 미국에서 독립운동을 한 이승만을 대통령으로, 러시아에서 한인사회당을 조직해서 그 당수가 됐던 이동휘를 국무총리로 해서 성립됐으니 그 출발부터 좌우합작정부였던 겁니다. 그러나 좌우합작으로 성립된 상하이임시정부가 합작정부의 성격을 오래 유지하지는 못했습니다.

그럼에도 이후 우리 독립운동전선 전체를 통해서 경우에 따라 기복이 있기는 했지만 좌우합작독립운동이 꾸준히 지속됐고, 다음에서 말하겠지만 대한민국임시정부도 해방을 앞둔 1940년대의 충칭(重慶)

임시정부시절에는 또다시 좌우합작정부가 됐고 나아가서 다른 지역, 특히 중국공산당지역에 있는 우리 독립운동전선과 합작을 추진하기도 합니다.

성립 초기의 상하이임시정부가 개조파와 창조파의 대립 등으로 좌우합작정부로서의 성격이 깨어진 뒤에는 독립운동전선에서 좌익노선과 우익노선이 비교적 분명히 나누어졌습니다. 그러나 좌우익을 막론하고 독립운동에 참가했던 사람들은 해방 후 38도선이 생기고 남북에 두 개의 분단국가가 성립되리라고는 꿈에도 생각하지 않았다고 하겠습니다. 당연히 독립된 하나의 민족국가를 건설하는 것이 목적이었습니다.

그렇기 때문에 3·1운동 뒤 상하이임시정부가 수립된 때부터 해방될 때까지 때에 따라 또는 경우에 따라 기복이 있기는 했지만, 해방 후 하나의 조국을 건설하기 위한 좌우합작독립운동 즉 좌우익 통일전선운동이 꾸준히 계속된 겁니다. 그럼에도 해방 후의 분단시대에 써진 우리 독립운동사에서는 이 같은 좌우합작독립운동 즉 통일전선독립운동이 사실 그대로 다루어지지 않았던 겁니다.

타민족의 강제지배에서 해방된 민족사회는 시급히 독립운동의 역사를 써서 가르침으로써 식민지배로 훼손된 민족적 자존심을 회복하는 일이 중요합니다. 그러기 위해서는 가능한 한 독립운동의 전체상이 밝혀지고 서술되고 교육돼야 했으나 우리 민족사회의 경우 그렇지 못하고 독립운동자체가 좌우익으로 분단되어 추진된 것처럼 서술되고 또 가르쳐졌다고 하겠습니다.

그렇게 된 이유는 해방 후 우리 땅이 남북으로 분단되고 남과 북에 이념과 체제를 달리하는 분단국가들이 성립됨으로써 일제강점기의 독립운동까지도 소급해서 '분단시대적 독립운동사'가 서술됐기 때문이라 하겠습니다. 즉 해방 후 우익세력 중심으로 세워진 남녘정부에서는 상당 기간 우익중심 독립운동을, 그리고 좌익세력 중심으로 세워진 북녘정부에서는 좌익중심 독립운동만을 강조해서 서술하고 가르쳤던 겁니다.

그러나 다음 장에서 상세히 쓰겠지만, 지난날 독립운동에 몸바친 선열들은 모두 민족의 해방과 독립을 전취하는 것이 1차적 목적이었고, 그럼에도 독립운동전선에 좌익노선도 있고 우익노선도 있었기 때문에, 해방 후 좌익과 우익이 연합해서 우리 땅에 하나의 정부를 수립하기 위한 여러 가지 활동을 추진한 것이 사실이었습니다.

해방 후의 불행한 분단시대를 통해서 전쟁통일이나 흡수통일을 추구하던 시기에는 북녘정부는 좌익독립운동을, 남녘정부는 우익독립운동을 중심으로 가르치는 경향이었지만, 지금은 다행히도 남북을 막론하고 전쟁통일론과 흡수통일론을 극복하고 평화통일 대등통일을 지향해 가는 시대로 변하고 있습니다.

따라서 독립운동사의 서술과 교육에서도 지난날에는 매몰됐던 좌우합작 통일전선독립운동의 역사적 사실들이 상세히 밝혀지고 가르쳐져서 그것이 역사의식화하고 따라서 평화통일지향성을 높이는 데 도움이 돼야 할 겁니다. 그것이 필자가 이 책을 쓰는 목적의 일단이기도 합니다.

좌우합작 신간회운동은 민족유일당운동의 일환입니다

해방 후 우리 땅이 남북으로 분단되고 이념과 체제를 달리하는 두 개의 국가, 두 개의 정부가 수립되어 남녘에서는 일제강점기의 사회주의독립운동을 제대로 서술하거나 가르치지 않았고, 북녘에서는 또 우익 쪽 독립운동을 제대로 서술하거나 가르치지 않게 된 것이 사실이었습니다. 그리고 설령 어느 정도 인정한다 해도 두 계통의 운동이 따로 따로 추진된 것처럼 서술되고 가르쳤다 해도 틀리지 않습니다.

그러나 해외독립운동의 출발점이었다고 할 상하이임시정부의 성립부터 시작해서 전체 일제강점기의 민족독립운동과정을 통해서 우익전선 따로 좌익전선 따로 추진된 사실보다 좌우익이 연합전선 및 통일전선을 이루어 투쟁한 사실이 더 많았음을 알아야 합니다.

일제강점기 전체시기를 통해서 독립운동에 몸바친 선열들은, 앞에서도 말했지만 좌익전선에 소속한 사람이건 우익전선에 소속한 사람이건 해방 후 우리 땅에 38도선이 그어지고 남과 북에 이념과 체제를 달리하는 두 개의 국가가 성립되어 대립하고 다투고 적대하리라고는 그야말로 꿈에도 생각할 수 없었을 것이기 때문입니다.

현실적으로 독립운동과정에 좌익전선도 있고 우익전선도 있었으나 해방 후에는 당연히 하나의 조국을 건설해야 했기 때문에, 전체 독립운동과정을 통해서 좌익전선과 우익전선 사이에 연합전선 및 통일전선을 이루려는 노력이 계속되고 또 실천되지 않을 수 없었던 겁니다. 더구나 개인적 이익과 안일을 버리고 민족적 대의 앞에 몸바친 처지에서야 더 말할 나위가 없었겠지요.

다음에서 구체적으로 밝히겠는데, 중일전쟁이 태평양전쟁으로 이어져 일본제국주의의 패망과 우리 민족의 해방이 가깝게 인식되면 될수록 우리 독립운동전선의 좌익전선과 우익전선이 내세운 정강정책 역시 점점 통일되어 갔음을 확인할 수 있습니다. 해방 후 하나의 조국을 건설하기 위해서는 좌익전선과 우익전선의 정강정책도 하나로 돼가야 했으니까요.

3·1운동 폭발로 혼이 난 일본제국주의는 우리 땅에 대한 지배정책을 종래의 무단통치 대신 '문화정치'라는 것으로 바꾸고는 조선총

독부로 하여금 우리 민족세력의 일부를 친일세력으로 포섭하는 정책, 즉 친일파 양성 및 확대정책을 적극적으로 추진했습니다.

한일'합방' 당시의 친일세력은 왕족 일부와 대신 등 몇몇 고급관료에 한정됐습니다. 그러나 3·1운동 뒤의 '문화정치'기간을 통해서 일부의 자산계급과 지식인, 그리고 종교인으로 친일파가 확대되어 갔습니다. '문화정치'란 곧 친일파확대정치 그것이었던 겁니다.

따라서 3·1운동 후에는 특히 국내의 우익세력이 일제강점통치에 대해 타협하는 세력과 타협하지 않는 세력으로 나누어지는 한편, 사회주의운동이 활성화되어 갔습니다. 특히 1925년에 조선공산당이 성립되면서 이제는 전체 민족독립운동전선이 타협적 우익진영과 비타협적 우익진영, 그리고 좌익진영으로 3분되는 현상이 비교적 뚜렷해져 갔습니다.

한편 외국 땅에서 추진된 임시정부운동이 여러 가지 사정으로 어려워지게 되자 1923년경에는 개조파와 창조파의 대립이 생겨서 창조파가 임시정부에서 이탈해 갔습니다. 그리고 우리 땅을 미국의 위임통치지역으로 하자고 주장한 이승만 임시대통령을 탄핵하고 대통령제가 아닌 국무령제(國務領制)를 채택했습니다.

그런 상황에서 상하이임시정부는 점점 민족독립운동의 중심적 역할을 다하기가 어려워지게 됐습니다. 이렇게 되자 임시정부는 존속은 해도 전체 민족독립운동전선의 중심역할을 다하지 못하는 상태가 됐고 따라서 전체 민족독립운동전선도 일시나마 부진상태를 겪게 됐습니다. 이 같은 부진상태를 극복하고 다시 활성화시키려는 움직임이 일어나지 않을 수 없었습니다.

1920년대 후반에 활동이 침체된 임시정부를 대신해서 분산된 독립운동전선을 결속하고, 좌우익으로 분립된 전선을 통일해서 독립운동전선 전체를 강화해야 한다는 인식을 바탕으로 한 민족유일당운동

(民族唯一黨運動)이 중국 베이징의 우리 민족운동전선에서 처음 일어났습니다.

1926년에 장건상(張建相, 1882~1974), 원세훈(元世勳, 1887~?), 조성환(曺成煥. 1875~1948) 등 뒷날 '해방공간'에서도 좌우익의 대립을 해소하고 통일민족국가 건설을 위해 몸바치게 되는 사람들이 중심이되어 한국독립유일당 베이징촉성회를 조직하고 "민족혁명의 유일전선을 만들라" 등의 구호를 내세웠습니다. 이것을 출발점으로 중국 관내의 민족유일당운동은 상하이-난징-우한-광저우 등지로 확대되어갔습니다.

한편 같은 시기의 '만주'지방에서도 종래 분립됐던 민족운동단체들이 연합해 전민족유일당조직촉성회(全民族唯一黨組織促成會)와 전민족유일당조직협의회(全民族唯一黨組織協議會) 등이 조직됐습니다. 이같은 움직임은 이 시기 우리 민족운동전선에서 임시정부 활동이 침체해지자 정부대신 정당중심의 독립운동으로 전환해가려는 시도였다 할 수 있습니다.

그러나 이 운동은 임시정부를 대신해서 중국지역을 중심으로 한 해외독립운동전선 전체를 통일한 민족유일당을 결성하는 데까지는 나아가지 못했습니다. 그러면서도 같은 시기에 국내에서 일어난 좌우합작운동으로서의 신간회운동 역시 해외전선에서 일어난 민족유일당운동의 일환이었음이 확인됩니다.

오래된 일이라 어느 책이었는지 혹은 어떤 논문이었는지 기억하지못하겠는데, 일제강점기의 신간회운동을 두고 민족주의자들이 사회주의자들과 어떤 일을 함께 도모하면 반드시 실패하고 마는 표본이라고 한 글을 읽은 기억이 있습니다. 그러나 그런 것이 아니고 신간회운동은 1920년대의 우리 민족운동전선에 일어난, 좌우익 독립운동전선을 통일하려 한 민족유일당운동의 국내판이었던 겁니다.

민족유일당운동의 일환으로 국내에서 조직된 신간회가 어떤 단체였는가는 그 단체의 구성요원이 어떤 사람들이었는가를 보면 쉽게 알 수 있습니다. 3·1운동 뒤 일제강점자들이 내세운 이른바 '문화정치'는 곧 친일파 양산정책이었다고 말했지만, 이 정책의 결과 앞에서 말한 바와 같이 우익진영이 일제통치에 타협하는 우익과 타협을 거부하는 우익으로 나누어졌고, 비타협적 우익이 좌익세력과 연합해서 신간회를 발족시킨 겁니다.

신간회는 1927년에 언론계대표 신석우(申錫雨, 1894~1953)와 안재홍(安在鴻, 1891~1965) 기독교대표 이승훈(李昇薰, 1864~1930) 천도교대표 권동진(權東鎭, 1861~1947) 불교계대표 한용운(韓龍雲, 1879~1944), 그리고 공산당대표 한위건(韓偉健, 1896~1937) 등 좌우익의 비타협주의자 대표 28명이 발의해 이상재(李商在, 1850~1927)를 회장으로, 홍명희(洪命憙, 1888~?)를 부회장으로 해서 결성됐습니다.

그런 신간회는 '민족단일당 혹은 민족유일당의 매개형태' 등으로 이해된, '단체본위'가 아닌 '개인본위'로 조직된 단체였으며, "기회주의를 일체 부인한다"는 강령을 내세웠습니다. 신간회운동이 가지는 민족독립운동 위에서의 의미를 제대로 알기 위해서는 이 강령의 의미를 옳게 알 수 있어야 한다는 생각입니다.

3·1운동이 탄압되고 민족세력의 일부가 일본제국주의가 내세운 '문화정치'라는 함정에 빠져 타협하는 노선으로 돌아서게 되자, 그것에 대항해서 비타협적 우익세력과 좌익세력이 합작해서 때마침 해외독립운동전선에서 일어난 민족유일당운동의 일환으로 성립된 신간회가 민족세력 일부의 타협주의를 '기회주의'로 에둘러서 표현하고 그것을 부인한다는 강령을 내세운 것이라 하겠습니다.

강령에서 일제와의 타협주의를 '기회주의'로 에둘러 표현하며 반대했던 신간회가, 일제의 '문화정치'에 의해 비밀단체가 아닌 '표면단체'

로 결성됐던 신간회가, 성립된 지 4년 만인 1931년에 해체됐습니다. 본격적으로 '만주'침략에 나선 일본의 군국주의가 강화되고 파쇼체제화하면서 비밀단체가 아닌 '표면단체' 신간회에 대한 탄압이 심해졌기 때문이었습니다.

한편 소련 코민테른의 신간회에 대한 관점이 달라지고, 좌익진영이 신간회 상층부가 타협주의화 했다면서 해체를 주장하여 신간회는 해체되고 말았습니다. 그럼에도 신간회운동은 일제강점기의 국내에서 최초로 일어난 좌우합작독립운동의 큰 성과였다고 할 것입니다.

'만주사변' 도발을 계기로 1930년대 이후 일본제국주의가 파쇼체제화해 가는 상황에서 국내에서 신간회운동과 같은 '표면단체' 운동은 실제로 불가능해졌다고 하겠습니다, 좌익진영은 신간회가 해체된 뒤에는 지하활동으로 들어가게 됐습니다.

곧 통일전선단체 한국대일전선통일동맹이 발족됐습니다

1920년대 후반의 해외독립운동전선에서 일어난 민족유일당운동이 완성을 보지 못하고 또 국내에서 일어난 신간회운동이 해소된 후에도 좌우익을 막론한 전체 민족독립운동전선을 통일하려는 움직임은 멈추어지지 않았습니다. 이 시기를 통해서 종래의 독립운동사에서는 그다지 주목되지 않았던, 민족유일당운동 및 신간회운동의 후신이라 할 좌우합작 독립운동단체인 한국대일전선통일동맹과 조선민족혁명당의 성립과 활동이 중요합니다.

'만주사변' 뒤 파쇼체제화 한 일본제국주의자들의 탄압이 한층 더 심해진 국내에서는 신간회운동 같은 좌우익 통일전선운동이 후속되기 어려웠습니다. 그러나 중국지역중심의 우리 국외독립운동전선에서는 신간회가 해소된 바로 다음해인 1932년에 상하이에서 좌우익 독립운동전선을 다시 통일하기 위한 단체로서 한국대일전선통일동맹(韓國對日戰線統一同盟)이 성립됐습니다.

이 '동맹'에는, 우리 독립운동이 1920년대의 임시정부중심운동 즉 정부중심운동에서 1930년대에 민족유일당운동을 통해 정당중심운동으로 발전한 뒤 성립된 한국독립당-한국혁명당-조선혁명당 등과, 3·1운동 직후 성립되어 일본제국주의자들의 간담을 서늘케 한 나석주(羅錫疇, 1892~1926) 김상옥(金相玉, 1890~1923) 등이 단원이었던 의열투쟁단체이면서도 정당의 성격을 가졌다고 할 의열단(義烈團)이 참가했습니다.

한국대일전선통일동맹을 주도한 중심단체는 1930년에 이동녕(李東寧, 1869~1940) 안창호(安昌浩, 1878~1938) 등을 중심으로 성립된 한국독립당과 3·1운동 직후 김원봉(金元鳳, 1898~?) 윤세주(尹世胄, 1900~1942) 등을 중심으로 조직된 의열단이었다고 할 수 있습니다.

한국독립당은 우리 독립운동전선의 대표적 우익정당이었다고 할 수 있으며, 의열단은 발족 당시의 강령에서 계급타파와 평균지권(平均地權)을 내세운 것으로 알려졌고 상당 기간 의열투쟁단체였지 좌익단체라고 할 수는 없었습니다.

그런데, 그런 의열단이 1928년에 발표한 '창립 9주년기념문'에서 "전투적 협동전선으로 통일적 독립당을 완성하자" "혁명의 기초를 노동대중에" "소비에트연방과 동맹하자" 등의 구호를 내세운 것으로 봐서 이 시기 이후의 그 운동노선이 어느 정도 좌경화해갔음을 말해주고 있습니다.

대표적 우익정당인 한국독립당과 상당히 좌경한 의열단이 중심이 되어 성립된 한국대일전선통일동맹은 그 규약에서 "우리는 혁명의 방법으로써 한국의 독립을 완성코자 한다" "우리는 혁명역량의 집중과 지도의 통일로써 대일전선의 확대강화를 기한다"고 했습니다. 한국독립당과 같은 우익정당에게도 독립운동은 혁명운동 그것이었던 겁니다.

1932년에 성립된 한국대일전선통일동맹은 그 선언문에서 '동맹'의 성격을 말하면서 "당면의 이해관계에 의한 일시적 타협이 아니며, 혁명의 전체 이익을 위해 있으며, 그 범위는 중국지역에 국한하는 것이 아니라 국내 및 미주, 하와이, 노령까지 총괄하는 것이다"고 했습니다. 한국대일전선통일동맹이 국내와 중국-미국-하와이-소련 등지의 우리 독립운동전선 전체를 포함하는 단체임을 분명히 하고 있다고 하겠습니다.

조선공산당은 참가하지 않았으나, 중국지역에서 활동하던 좌우익을 막론한 독립운동단체들이 민족유일당운동 및 신간회운동의 뒤를 이어 국내외의 전체 민족사회에 걸친 좌우연합 통일전선 민족운동을 이어 나가기 위한 조직에 나섰던 것이 한국대일전선통일동맹의 성립이었다고 하겠습니다. 그리고 이 한국대일전선통일동맹도 민족유일당 및 신간회와 같이 좌우합작통일운동단체라는 점이 중요하다 할 겁니다.

일제강점기를 통한 우리 민족의 독립운동이 결코 사상적 처지에 의해 분열되거나 투쟁노선을 달리한 것이 아니라, 독립을 쟁취하기 위한 투쟁에서는 계속 좌우익이 연합전선 및 통일전선을 성립시키기 위한 노력을 다하고 있었으며 그 노력이 실현되었음을 알 수 있습니다. 해방 후 불행하게도 민족이 분단되고 대립과 전쟁을 겪게 되어 독립운동과정에서의 이 같은 좌우합작운동을 더 강조하고 싶은 것인지도 모르겠습니다만.

상하이임시정부의 활동이 침체된 1920년대 후반에 해외에서 좌우익연합에 의한 민족유일당운동이 일어났고 국내에서도 역시 좌우연합의 신간회운동이 계속됐다가 그 운동이 대내외적 조건에 의해 불가피하게 해소되자, 그 다음 해에 바로 해외전선에서 좌우익통일전선체로서 한국대일전선통일동맹이 후속된 것은 그 운동주체들이 어떤 투쟁방법을 견지하려 했는가를 알 수 있게 합니다.

한국대일전선통일동맹에는 당시 중국지역에서 활동하던 우리 독립운동전선의 좌우익을 막론한 대표적 인물 대부분이 참가했습니다. '동맹' 발족 때의 주비위원은 한국독립당대표 이유필(李裕弼, 1885~1945)과 송병조(宋秉祚, 1877~1942) 김두봉(金枓奉, 1889~?) 등과, 조선혁명당대표 윤기섭(尹琦燮, 1881~1959)과 신익회(申翼熙, 1894~1956), 조선의열단대표 한일래(韓一來, ?~?)와 박건웅(朴健雄, 1906~?), 그리고 한국광복동지회대표 김규식(金奎植, 1881~1950) 등 9명이었습니다.

당시의 임시정부 주석 김구는 대일전선통일동맹에 참가하지 않았는데,『백범일지』에는 그가 의열단대표 김원봉에게서 '동맹' 가입을 권고받고도 가입하지 않은 이유를 다음과 같이 쓰고 있습니다. 당시 우리 독립운동 상황의 한 단면을 짐작할 수 있을 것 같은 내용이라 하겠습니다.

　　"이 때 대일전선통일동맹이란 것이 발동하여 또 통일론이 일어났다. 김원봉이 내게 특별히 만나기를 청하기로 어느 날 진회(秦淮)에서 만났더니 그는 자기도 통일운동에 참가하겠으니 즉 나더러도 참가하라는 것이었다. 그가 이 운동에 참가하는 동기는 통일이 목적인 것보다도 중국인에게 김원봉은 공산당이라는 혐의를 면하기 위함이라 하기로 나는 통일은 좋으나 그런 한 이불 속에서 딴 꿈을 꾸려는 통일운동에는 참가할 수 없다고 거절하였다."

김구 중심의 대한민국임시정부와 김원봉 중심의 의열단이 모두 중국 장제스정부의 도움을 받고 있었는데, 의열단 노선의 좌경화로 김원봉세력과 중국국민정부의 관계가 어려워졌던 것 같지만, 그럼에도 대일전선통일동맹 및 다음에서 말할 조선민족혁명당이 성립됐고, 또 우리 민족운동전선의 좌우합작운동은 계속됐습니다.

김구 중심 세력도 이때는 좌우익통일전선운동에 참가하지 않았으나, 중일전쟁에 이은 태평양전쟁의 발발로 민족해방이 한층 더 가깝게 전망되자 김원봉 중심의 조선민족혁명당과 합작하게 됩니다. 뿐만 아니라 김구 주석 중심의 대한민국임시정부는 장제스지역에 있는 김원봉 중심의 조선민족혁명당계 좌익세력 뿐만 아니라 중국공산군 지역에서 활동하던 우리 독립운동단체인 조선독립동맹과의 연합도 추진하게 됩니다.

한편, 한국대일전선통일동맹은 가맹단체에 대한 '지도 통일'을 위한 조항에서 "가맹단체의 독자적 활동 또는 그 존재가 본 동맹의 활동과 충돌할 때는 유효한 방법에 의해 이를 처리할 수 있다"고 한 것과 같이 단체연합적 성격의 조직이었다고 하겠습니다. 그리고 그 결성선언문에서 "당면의 제일 긴급한 중요사는 전선통일의 문제다"라고 했는데 노선의 차이나 주도권 문제 등에 구애되지 않는 전체 민족독립운동전선의 연합체로 성립됐다고 하겠습니다.

일제강점 전체시기를 통해서 끊임없이 추진된 우리 민족의 독립투쟁에 대해 좌익전선과 우익전선을 갈라서 파악할 것이 아니라, 좌우익 연합전선 내지 통일전선의 시각에서 보면 다음과 같이 정리할 수 있지 않을까 생각해 봅니다.

즉 1920년대 전반의 좌우연립정부로서의 상하이임시정부 활동, 1920년대 후반의 민족유일당운동 및 신간회운동, 그리고 그것이 1930년대 전반 한국대일전선통일동맹의 성립으로 연결되고, 다음에서 말할 1930년대 후반의 조선민족혁명당의 성립과 활동으로, 그리고 해방직전 1940년대 대한민국임시정부의 좌우합작정부화와 뒤이은 대한민국임시정부와 중국공산당지역에 있는 조선독립동맹과의 합작으로 연결되는 겁니다.

민족유일당운동과 신간회운동에 뒤이어 비록 해외전선에서지만 바로 좌우익 통일전선운동단체로서 한국대일전선통일동맹이 성립됐다는 사실은 우리 독립운동사에 반드시 기록되어야 할 중요한 일이라고 생각합니다. 그러나 이 '동맹'은 자체적으로 평가하기를 "원래 각 단체의 연락기관적 성격에 지나지 않아 통제력이 결여된 한계가 있고 그 위력이 약해 대일전선의 통제강화를 기도한 당초의 목적에 부합되기 어렵다"고 했습니다.

그리고 "이 동맹이 결성된 뒤의 국제정세 특히 일본과 중국 관계의 추이로 봐서, 한국민중의 무장혁명 조국광복의 기회가 온 것으로 생각하고 혁명역량 총집중의 필요성을 느낀 점"에 의해 이 '동맹'을 발전적으로 해체하고 연합적이 아닌 통일적 조직성이 한층 더 강화된 좌우합작정당, 즉 조선민족혁명당의 결성으로 나아가게 됐습니다.

지금까지는 1930년대에 성립된 대일전선통일동맹이나 그 후신인 조선민족혁명당의 활동과 그 연장선에 있던 충칭임시정부의 좌우합작정부화 등이 완전히 배제된 독립운동사가 써지고 가르쳐졌다고 할 수 있습니다. 그러나 앞으로는 이 같은 좌우합작운동 사실들이 중요하게 다루어진 독립운동사가 정착되고 또 가르쳐져야 할 겁니다.

좌우통일전선정당 조선민족혁명당의 활동이 중요합니다

1934년 3월 1일, 즉 3·1운동 15주년 기념일에 열린, 한국대일전선 통일동맹의 제2차 대표자대회에서 독립운동단체의 '연락기관적 성격'에 지나지 않은, 즉 통일전선체가 아니고 연합전선체인 대일전선통일동맹을 해체하고 대신 "통일전선 정당으로서 강력한 결속력과 통제력을 가지는 신당"을 조직할 것을 결정했습니다.

일본제국주의가 파쇼체제로 나아가고 그 침략전쟁이 '만주'사변을 넘어 중일전쟁으로 확대될 기미를 보이게 되자 특히 중국지역에서 활동한 우리 좌우익 독립운동전선이 통일을 지향해 가되 느슨한 단체연합형식의 통일을 넘어 좌우합작의 강력한 통일정당을 발족시켜 투쟁력을 높이려는 방향으로 나아가게 된 겁니다.

1935년에 중국 남경에서 한국독립당대표 김두봉(金枓鳳, 1889~?)-이광제(李光濟, 1899~1969), 의열단대표 김원봉-윤세주(尹世胄, 1900~1942)-이춘암(李春岩.), 조선혁명당대표 최동오(崔東旿, 1892~1950)-김학규(金學奎, 1900~1967), 신한독립당대표 윤기섭(尹琦燮, 1881~1959)-이청천(李靑天, 1888~1957)-신익희(申翼熙, 1894~1956), 재미국민총회 위임대표 김규식(金奎植, 1881~1950) 등 11명이 모여 조선민족혁명당 결성을 결정했습니다.

이 신당에는 그 밖에도 아마 김규식의 주선과 중간역할에 의한 것이라 생각되지만, 재미대한독립당-뉴욕대한인교민단-미주국민회-하와이국민회-하와이혁명동지회 등도 동참했습니다. 새로 성립되는 조선민족혁명당의 외연을 가능한 한 넓히려 한 노력의 결과라 볼 수 있겠지요.

3·1운동의 폭발로 혼이 난 일본이 1910년대의 무단통치에서 물러서서 1920년대에는 이른바 '문화정치'를 실시했으나, 1930년대로 들어

서면서 파쇼체제화하여 그 탄압이 극심해짐으로써 국내의 독립운동 세력은 좌우익을 막론하고 조선민족혁명당의 발족에 참가하지 못했으나 멀리 미주지역에 있는 우리 독립운동세력 대부분이 참가한 겁니다.

그러나 김구(金九, 1876~1949)를 중심으로 하는 이른바 '임정고수파'(臨政固守派)는 이때도 좌우합작정당으로서의 조선민족혁명당 창당에 참가하지 않았습니다. 그렇게 된 데는 그만한 사정이 있었는데, 그 사정이란 다음과 같은 거였습니다.

이 시기 우익민족운동전선에서 가장 중요한 위치에 있던 정당의 하나가 임시정부의 핵심정당인 한국독립당이었습니다. 그런데 좌우익 통일전선정당으로 창당될 조선민족혁명당은 전체 좌우익 독립운동세력을 망라하는 통일전선정당 결성을 목표로 했고 그에 따라 임시정부의 해체를 주장했습니다. 그러니 임시정부를 구성하고 있는 중요정당으로서 한국독립당의 처지가 어려워지게 된 겁니다.

즉 좌우익 통일전선정당으로서 조선민족혁명당에 참가하려는 일부의 임시정부요인과, 김구와 같이 임시정부의 독자성을 지키기 위해 조선민족혁명당에 참가하기를 거부하는 임시정부요인 등 두 경우로, 갈라질 수밖에 없는 상황이 된 거였습니다.

김구의 『백범일지』에 의하면 이때의 임시정부 각료 7명 중 김규식-조소앙-최동오-양기탁(梁起鐸, 1871~1938)-유동열(柳東設, 1877~?) 등 5명이 조선민족혁명당 창당에 참가하고, 송병조(宋秉祚, 1877~1942)-차이석(車利錫, 1881~1945) 등 2명만이 남아서 김구 주석의 임시정부는 국무회의를 열 수 없는 사실상 무정부상태가 됐다고 했습니다.

이 같은 상황에서 창당된 좌우익통일전선정당으로서 민족혁명당은 그 당명도 한국독립당 등 우익 쪽에서 참여한 사람들은 '한국민족혁명당'으로 하자하고, 의열단 등 좌익 쪽에서 참여한 사람들은 '조선민족혁명당'으로 하자고 해서 의견이 대립됐습니다.

1930년대 해외전선에서의 일이지만, 당명이건 국명이건 '한국'과 '조선'으로 대립된 점에서는 해방 후 좌우익대립 및 지금의 남북대립 상황과 크게 다르지 않다고 생각되어 씁쓰름하기도 합니다. 다 같은 우리 땅을 두고 '한국'과 '조선'으로 다르게 불리는 일이 언제나 끝날 수 있을지 부끄럽고도 한심한 일이라 하지 않을 수 없습니다.

한 가지 생각나는 일이 있습니다. 언젠가 일본에 가있을 때의 일입니다. 그곳 방송국에서 우리말을 가르치는 시간을 두기로 했는데 그 방송의 이름을 조선어방송이라 할 수도 또 한국어방송이라 할 수도 없어서 할 수 없이 '안녕하십니까'로 했다는 이야기를 듣고 우리의 민족적 처지가 딱하다는 생각을 하지 않을 수 없었습니다. 아마 지금도 그대로 부르고 있는 것 아닌지 모르겠습니다.

1930년대의 경우 좌우익 통일전선정당을 성립시켜야 한다는 전체 독립운동전선의 절박함이 컸습니다. 그 때문에 절충을 거듭한 끝에 타협이 이루어졌습니다. 즉 중국의 장제스정부 쪽에 대해서는 한국 민족혁명당으로, 국내의 민중에 대해서는, 그 때 우리 땅이 조선으로 불려지고 있었으니까 조선민족혁명당으로, 해외에 대해서는 KOREAN REVOLUTION ASSOCIATION으로 결정했습니다.

기어이 좌우익 통일전선정당을 성립시켜야 한다는 1930년대 우리 독립운동전선의 절실한 요구가 지금과는 달리 통일전선정당의 당명 결정에서도 타협할 수 있게 했던 겁니다. 이 글에서는 성립 당시 국내민중을 대상으로 한 조선민족혁명당이란 당명을 사용하는데, 좌우익 통일전선정당으로서의 조선민족혁명당의 창당은 우리의 민족독립운동사 위에서, 나아가서 근대사 위에서 반드시 중요하게 다루어져야 할 일이다고 하겠습니다.

조선민족혁명당은 지난날 우리 독립운동전선에서 추진된 우익운동과 좌익운동, 그리고 좌우익통일전선으로서 민족유일당운동 등 모두에 대한 비판을 바탕으로 해서 출발했다는 점이 주목됩니다. 새로운 차원에서 통일전선독립운동단체를 출범시키기 위해서는 좌우익을 막론한 과거운동에 대한 철저한 반성에서부터 출발해야 한다는 취지였다고 하겠습니다.

먼저 지난날의 우익운동에 대해서는 지역적 격리, 물력의 결핍, 인재의 부족 외에 "민족성의 변태적 유전인 각자 주장의 고집, 공작의 불통일 등과 군웅할거식 분산상황에서 단체 사이의 분쟁, 심지어는 야비한 지방열 분쟁까지 있었음을 숨길 수 없다"고 신랄하게 비판했습니다. 종래의 우익운동에 있었던 운동자금과 인재의 부족, 운동의 분산성과 지방세력 사이의 대립문제 등을 지적하고 있는 것이지요.

한편 지난날의 좌익운동에 대해서는 이르크츠크파 상하이파 화요계 ML계 서울파 등이 생겨 대립투쟁을 반복해 왔음을 지적하고, 조선혁명에 대한 특수적 독자성의 방략을 해득하지 못한 점, 무조건 직수입한 청산주의적 좌경소아병에 걸렸던 점, "헤게모니 전취광(戰取狂)의 장래성 없는 습성" 등을 들었습니다. 좌익운동의 병폐였던 극심한 파벌성과 흔히 지적된 '좌익소아병' 및 치열했던 헤게모니 쟁탈전을 역시 신랄하게 비판하고 있는 겁니다.

또 지난날의 임시정부운동과 민족유일당운동 등의 통일전선운동에 대해서는, 임시정부가 창조파와 개조파로 분열해 버렸고, 1928년에는 해내외를 통해서 민족통일대당 결성에 노력했으나 시기상조라는 주장과 입장의 불일치로 또한 와해되었다고 했습니다. 민족유일당운동의 실패를 거울삼아 새로운 통일전선운동을 추진해야 한다는 생각이었다고 하겠습니다.

이와 같은 1920년대까지의 민족독립운동에 대한 종합적 비판을 바탕으로 1930년대에 새로운 조선민족혁명당을 성립시키는 의의에 대해서는, 3·1운동 이후 민족운동전선에 나타난 좌우익운동의 대립성과 전선통일운동의 미숙성을 극복하고 "3·1운동이 가졌던 거족적 민족의식에 대한 만인공명(萬人共鳴)의 전선통일운동으로 나아가는 데 있다"고 강조했습니다.

특히 좌파 쪽 대표정당인 의열단의 핵심인물 김원봉은 민족해방투쟁을 혁명으로 이해하면서도 "한국혁명에 대해서는 산업 또는 사회제도 등의 혁명을 말하는 사람이 있지만, 먼저 민족혁명을 제일로 한다"고 했습니다. 즉 광복은 혁명이지만 그것은 사회혁명이기에 앞서 민족혁명이라는 겁니다.

지난날 의열단은 프롤레타리아정권 수립을 지향했으나 한국독립당 등 우익정당과 합작해 통일전선정당인 조선민족혁명당을 창당하면서는 프롤레타리아정권이 아닌 "정치-경제-교육의 평등을 기초로 한 진정한 민주공화국"의 수립을 지향한 겁니다.

좌파 쪽이라 할 의열단이 프롤레타리아정권 수립 대신 훗날 대한민국임시정부가 건국강령으로 제시하게 되는 삼균주의와 같은 "정치-경제-교육 평등을 기초한 민주공화국" 수립을 지향함으로써 1935년에 한국독립당 등 우파 쪽과의 합작정당인 조선민족혁명당을 창당한 겁니다. 그러나 아직은 사상적 노선적 차이가 완전히 극복되기는 어려웠던 것 같습니다.

1차로는 조소앙(趙素昻) 등 6명이 민족혁명당에서 이탈해서 한국독립당을 재건하고, 2차로는 이청천(李靑天) 등 11명이 이탈해서 조선혁명당을 조직함으로써 조선민족혁명당은 거의 의열단세력 중심의 정당이 되고 말았습니다. 그럼에도 우익 쪽의 양기탁(梁基鐸, 1871~1938)·김규식·신익희(申翼熙, 1894~1956) 등은 이탈자들을 비판하면서 조선민족혁명당에 그대로 남았습니다.

조소앙중심세력과 이청천중심세력이 사상적 정략적 차이를 극복하지 못하고 좌우익통일전선정당인 조선민족혁명당에서 이탈한 것은 중일전쟁이 발발하기 직전이었습니다. 그러나 해외지역 특히 중국지역의 우리 독립운동전선이 민족의 해방을 더 구체적으로 전망하게 되는 것은 대개 중일전쟁이 발발하면서부터이고, 그것이 태평양전쟁으로 확대되면서 해방에 대한 전망이 한층 더 확실해진다고 할 수 있는데, 그에 따라 독립운동전선의 좌우합작이 한층 더 확대되어 갔습니다.

중일전쟁 전에 조선민족혁명당의 성립을 통해 기도된 중국지역 우리 독립운동전선의 좌우익통일전선운동은 조소앙중심세력과 이청천중심세력이 이탈해 일단 실패했습니다. 그러나 이후 중일전쟁이 발발하고 그것이 태평양전쟁으로 확대되면서 전선통일운동은 다시 활성화되어, 장제스중국정부와 함께 충칭으로 옮겨간 대한민국임시정부가 이제 민족의 해방에 대비해 좌우익 통일전선정부로 되어갔습니다.

1930년대의 중국전선에서 성립된 좌우익통일전선 정당인 조선민족혁명당에 참가하지 않았던 '임정고수파' 김구도 1940년대 이후 즉 중일전쟁과 태평양전쟁의 발발로 우리 민족의 해방이 한층 더 가깝게 전망되자 지금까지 우익세력 중심이었던 대한민국임시정부를 좌우익합작정부로 확대발전시켜 갔습니다.

다음에서 상세히 말하겠지만, 충칭의 대한민국임시정부가 해방에 대비해서 좌우익 통일전선정부로 된 사실과, 해방 후 1948년에 비록 성공은 못했으나 남녘의 김구-김규식과 북녘의 김두봉-김일성을 중심으로 민족의 분단을 막고 남북통일정부를 수립하기 위한 남북협상이 이루어진 사실은 서로 연결선상에 있다고 하겠습니다.

그러나 아직도 우리 근-현대사에서는 충칭 시기의 대한민국임시정부가 해방을 가깝게 전망하면서 좌우익 통일전선정부로 된 사실조

차도 제대로 서술하지 않고 가르치지 않는 실정입니다. 분단민족사회 최고 최선의 목적이 민족의 평화통일이며 그것에 도움될 만한 엄연한 역사적 사실들이 있음에도 우리 역사교육은 아직 제대로 눈뜨지 못하고 있는 거라 하겠습니다.

8. 대한민국임시정부가 다시
   좌우합작정부로 됐습니다

충칭시기의 임시정부가 다시 좌우합작정부로 된 겁니다

1935년에 중국지역의 우리 독립운동전선에서 좌우익 통일전선 정당인 조선민족혁명당이 성립될 때 김구중심의 "임시정부 고수파"는 참가하지 않았다고 앞에서 말했습니다. 그리고 좌우익통일전선정당으로 성립된 조선민족혁명당도 처음에는 조소앙중심세력이, 다음에는 이청천중심세력이 이탈해 통일전선정당의 성격이 약해지기도 했습니다.

그러나 거듭 말하지만, 좌우익을 막론한 전체 민족독립운동전선은 해방과 함께 우리 땅에 38도선이 그어지고 남북에 두 개의 국가가 성립되리라고는 전혀 예상하지 않았기 때문에, 민족해방운동전선의 좌우익세력은 중일전쟁이 태평양전쟁으로 확대되어 일본제국주의의 패망과 우리 민족의 해방이 가깝게 전망되면 될수록 좌우익통일전선을 성립시켜야 할 필요성이 절실해졌습니다.

특히 앞으로 전승국이 될 중국과 미국 등 연합국의 승인을 받음으로써 한낱 망명정부가 아닌, 해방 후 전체 우리 땅에서 새 나라를 세우기 위한 총선거를 담당할 명실상부한 임시정부가 되기를 바랐던 대한민국임시정부로서는 좌우익 통일전선을 성립시켜야 할 필요성이 절실해지지 않을 수 없었던 겁니다. 미국 등 연합국들이 충칭임시정부를 승인하지 않는 이유가 그 임정이 조선민족의 독립운동세력 전체를 대표하지 못하다는 데 있었기 때문에 특히 그랬습니다.

따라서 일본제국주의가 패망하기 전에 좌우익을 막론한 우리 독립운동전선 전체가 통일을 이루어 장차 전승국이 될 연합국들의 승인을 받는 일이 시급했고, 좌우익을 막론한 전체 독립운동세력이 통일을 이루기 위해서는 독립운동단체들이 각기 내세운 정강 정책의 통일도 이루어져야 했습니다.

'임정고수파' 김구와 이동녕(李東寧, 1869~1940) 등이 중심이 되어 1935년에 조선민족혁명당에 대응해서 창당했다고 할 한국국민당이 정치-경제-교육의 균등을 표방한 삼균주의를 내세우고 "토지와 대생산기관의 국유화"를 주장해서 정책상으로도 좌익전선과 통일을 이루기 위한 길을 열어갔습니다.

그리고 김구가 주석인 대한민국임시정부의 여당이었던 한국국민당은 앞서 조선민족혁명당에서 이탈한 조소앙 중심의 한국독립당과 이청천 중심의 조선혁명당과도 합작해서 중일전쟁이 발발한 직후인 1937년 8월에는 중국전선에서 우익전선의 연합체라 할 '한국광복운동단체연합회'를 성립시켰습니다.

한편, 조선민족혁명당 쪽도 김성숙(金星淑, 1898~1969) 등이 중심인 조선민족해방운동자동맹과, 최창익(崔昌益, 1896~1957) 등이 중심인 조선청년전위동맹, 무정부주의자 류자명(柳子明, 1891~1985) 등이 중심인 조선혁명자연맹 등과 합작해서 1937년 12월에 좌익전선의 연합체라 할 '조선민족전선연맹'을 결성했습니다.

1937년 7월 7일에 중일전쟁이 일어나자 다음달 8월에 중국지역 우리 민족해방운동전선의 우익단체연합체인 '한국광복운동단체연합회'

가 발족하고 12월에는 좌익단체연합체인 '조선민족전선연맹'이 발족한 겁니다. 그러고는 조금 시일이 걸렸지만, 태평양전쟁이 발발해서 민족의 해방이 한층 더 가까워지게 되자 마침내 대한민국임시정부가 좌우합작정부로 됐습니다.

우리 독립운동전선의 중심인 중국지역전선이 민족해방에 발빠르게 대비해간 사실이 실증되고 있지만, 태평양전쟁 발발 직후인 1942년에는 좌익전선의 연합체인 '조선민족전선연맹' 쪽의 김원봉을 비롯한 유자명-김상덕(金尙德, 1891~?) 등이 대한민국임시정부의 의정원 의원이 됨으로써 임시정부 의정원이 먼저 좌우합작의정원이 됐습니다.

그러고는 조선민족혁명당의 김규식이 임시정부 부주석이 되고, 장건상(張建相, 1883~1974)-유림(柳林, 1894~1961)-김성숙 등 좌파 쪽 사람들이 국무위원이 되어 이제 대한민국임시정부가 민족해방에 대비해 온전한 좌우익 통일전선정부가 된 겁니다.

좌파 쪽의 '조선민족전선연맹'에 소속했던 김상덕과 유림과 김성숙과 장건상 등은 해방 후 서울로 귀국했고, 김상덕은 제헌국회의원으로서 이승만정부 때 친일반민족세력을 다스리기 위해 성립된 반민족행위특별조사위원회의 위원장이 되기도 했다가 이승만정부가 '반민특위'를 해체함으로써 친일파숙청에 실패했고 6·25전쟁 때 납북됐습니다.

역시 '조선민족전선연맹' 소속으로서 해방 후 귀국해서 대한민국의 국회의원을 지내기도 한 장건상은, 일제강점기에 미국에서 대학을 졸업하고 바로 중국에 가서 초기 상하이임시정부의 외무차장을 지냈고 이후 코민테른과 이르크츠크 고려공산당 사이의 연락업무를 담당하기도 했습니다. 김성숙 역시 서울로 귀국해서 진보적 정치인으로 활동했습니다.

장건상은 한 때 의열단 단원으로 활동하기도 했다가 중국 충칭으로 옮겨간 임시정부가 좌우합작정부가 되자 그 의정원의원과 학무부장이 됐는데, 해방 후 귀국한 그는 해방 전 중국 충칭에서 좌우합작의 대한민국임시정부에 참가한 사실에 대해 이렇게 회고했습니다.

"내가 임정에 참가한 이유는 오직 하나였습니다. 일본이 미국을 상대로 전 세계를 상대로 전쟁을 걸었기 때문에 머지않아 망하고 만다, 일본이 망하는 날 우리는 독립하는 것이다, 여기에 우리가 대비해야 한다, 그 대비란 결국 해외의 우리 항일단체들이 모두 단합을 해서 통일된 조직을 갖추는 것인데, 그 통일된 조직은 그래도 임정이 기둥이 될 수밖에 없다는 것이었습니다"

좌우익 통일전선정부가 되기 직전이며, 태평양전쟁이 발발한 해인 1941년에 대한민국임시정부는 해방 후 건설할 민족국가의 큰 방향을 제시한 '건국강령'을 발표했습니다. 임정을 좌우익 통일전선정부로 만들기 위한, 그리고 해방에 대비하기 위한 조처였다고 하겠습니다.

'건국강령'에서는 "대생산기관을 국유로 하고 토지-어업-광업-은행-전신-교통기관 등도 국유로 하며, 토지의 상속-매매를 금지한다"고 해서 당시 좌익전선이 내놓은 정강 정책과 다르지 않았습니다. 그래서 충칭임시정부가 좌우익통일전선정부가 될 수 있었던 것이라 하겠습니다. 해방 후 비록 분단은 됐다 해도 남녘에 대한민국임시정부 계통의 정부가 섰더라면 우리 현대사가 크게 달라졌을 거라는 생각이기도 합니다.

다음은, 전체 우리 땅이 일본에 강점당한 지 거의 반세기나 된 시점이면서도 일본제국주의의 패망이 가깝게 전망되던 1940년대로 들어서면서 대한민국임시정부를 중심으로 한 항일독립운동전선에서 정계뿐만 아니라 좌우익 군사력이 통일되어간 사실 역시 역사적으로 주목돼야 합니다.

중국전선에서의 우리 독립운동군사력이 1920년대와 30년대에는 '만주'지방에서 우리가 잘 아는 청산리전투와 봉오동전투, 그리고 보천보전투 등을 감행했습니다. 그러나 '만주' 땅 전체가 일본군에게 완전히 점령되고 그 기간이 길어지자 우리 독립운동 군사력 대부분이 중국 중원지방과 소련 땅으로 옮겨가지 않을 수 없었습니다.

중국 중원 땅에서는 1938년에 '조선민족전선연맹'의 군사력으로서 즉 좌익독립운동세력의 군대로서 조선의용대가 조직되었고, 1940년에 대한민국임시정부의 군사력으로서 즉 당시 우익세력 군대로서 한국광복군이 창설됐습니다. 대한제국이 망한 지 근 40년이 된 시점에서도 비록 외국 땅에서나마 이만한 무장독립군을 가질 수 있었다는 사실은 역사적으로 높이 평가돼야 할 겁니다.

좌익 쪽 '조선민족전선연맹'의 군사력인 조선의용대의 일부가 중국공산군과 연합하기 위해 북부중국 지방으로 옮겨가고 남은 조선의용대 군사력이 1942년에 대한민국임시정부의 군사력인 한국광복군 제1지대로 편입됨으로써 이제 한국광복군은 좌우익 통일전선군대가 됐습니다.

좌우익 통일전선정부가 된 대한민국임시정부의, 좌우익 연합군사력이 된 한국광복군의 제1지대장은 좌파의 중심인물이었던 김원봉(金元鳳)이었고 제2지대장은 우파인 이범석(李範奭, 1900~1972)이었습니다. 해방 후 38도선이 생기고 민족이 분단되는 과정에서 김원봉은 남으로 왔다가 북으로 가고 이범석은 이승만정부의 초대 국무총리가 되기도 했습니다.

민족의 해방이 가깝게 전망되면 될수록 우리 독립운동전선의 가장 중요한 기반이었던 중국전선에서는 대한민국임시정부를 중심으로 좌우익 정치세력의 통일전선 성립과 함께 좌우익 군사력의 통일전선이 이루어졌던 사실은 평화통일을 추구하는 분단민족사회의 역사에서는 특히 중요하게 다루어져야 할 겁니다.

해방 후 우리 땅에 불행하게도 38도선이 그어지고 남북에 이데올로기적으로 대립된 두 개의 국가가 생길 것 같게 되었을 때, 해방 전 중국전선에서 해방에 대비해 좌익세력과 통일전선을 성립시킨 경험이 있는 김구-김규식 등은, 앞에서도 말했지만 민족의 분단을 막기 위해 어렵게도 38도선을 넘어 통일민족국가 수립을 위한 남북협상에 참가했으나 성사되지 못하고, 김구는 곧 살해되고 김규식은 6·25전쟁 통에 사망했습니다.

그런가 하면 전체 독립운동과정을 통해 좌익세력과 통일전선을 이루어본 경험이 전혀 없었던 이승만은 남북을 막론한 치열한 반대를 무릅쓰고 38도선 남녘만의 단독선거를 통해 단독정부를 성립시켰다가, 저 처절한 동족상잔의 6·25전쟁을 겪게 됐습니다.

그런 뒤에도 정권을 연장하기 위한 독재를 계속하다가 4월'혁명'으로 대통령에서 쫓겨났고, 결국 망명한 미국 땅에서 죽었습니다. 같은 우익전선에 속한 독립운동지도자라도 김구-김규식과 이승만의 해방 후 행적은 그렇게 달랐던 겁니다.

미국에서 공부한 이승만은 대한민국임시정부의 초대 대통령이 되고도 임시정부 소재지인 중국에는 잠깐 가있었고 그의 '외교독립운동'은 우리 땅과는 거리가 먼 미국 땅에서의 운동이었습니다. 그러나 역시 미국에서 공부한 김규식-장건상 등은 전체 망명생활과 독립운동을 중국에서 감행했습니다.

미국에서의 독립운동과 중국에서의 독립운동은 그 방법과 위험도가 다를 수밖에 없었습니다. 안창호(安昌浩, 1878~1938) 역시 일찍부터 미국에 생활근거를 두었으면서도 독립운동은 중국에서 했고, 그래서 체포되어 옥살이 끝에 기어이 해방을 못보고 죽었습니다.

미국과 관계가 깊었던 안창호-김규식-장건상과 이승만 등 네 사람의 독립운동 방법론 및 그 실천방법의 차이를 제대로 규명하는 일, 그리고 해방 후 김규식과 이승만의 전혀 다른 행적을 제대로 이해하는 일 자체가 곧 우리 근-현대사를 옳게 이해하게 되는 길의 하나라 생각되기도 합니다.

충칭임시정부와 조선독립동맹의 합작이 기도됐습니다

중국공산당이 대장정 끝에 옌안(延安)에 정착하는 과정에서 김무정(金武亭, 1905~1951) 등과 같이 대장정에 참가한 조선사람도 있었고, 최창익-한빈(韓斌, 1901~?) 등과 같이 중국국민당정부지역에서 활동하다가 옌안으로 옮겨간 사람도 있었습니다. 이들은 국민당정부지역에서 북부중국의 공산당지역으로 옮겨간 조선의용대원들과 함께 1941년에 '화북조선청년연합회'를 조직하고 다음과 같은 강령을 발표했습니다.

"중국에 있는 조선동포로서 통일전선을 결성하여 조선민족해방운동의 선진대오가 되게 할 것" "대한민국임시정부, 동북청년의용군, 한국독립당, 조선민족혁명당, 조선민족해방투쟁동맹, 재미국(在美國) 조선 각 혁명단체 등의 영웅적 분투에 대하여 무한한 경의를 표한다"

이 강령이 발표된 1941년은 대한민국임시정부가 아직 좌우익통일전선정부가 되기 전 즉 우익중심정부 때입니다. 그럼에도 중국공산당근거지에서 조직된 화북조선청년연합회가 그런 대한민국임시정부의 "영웅적 분투에 대하여 무한한 경의를 표한다"고 했습니다. 해방후 우리 민족사회의 역사 이해 및 역사인식이 너무 민족분단 상황에 좌우되어 있는 것 아닌가 생각되기도 하는 겁니다.

'화북조선청년연합회'의 강령에서는 또 "특히 열망하고 희구하는 일은 각 단체가 서로 영도하여 조선전체민족의 단합과 통일을 촉진하지 않으면 안 된다는 사실이다"고 했습니다. 중국공산군의 근거지 옌안에 있는 조선인 단체면서도 좌우익을 막론한 우리 민족해방운동전선 전체의 통일전선형성을 적극 주장했음을 알 수 있게 합니다.

 민족의 해방을 전망하면서 당연히 하나의 조국을 건설하기 위한 노선에 섰던 것이라 하겠는데, 이 같은 독립운동전선에서의 좌우익 통일전선운동이야말로 해방 후 분단시대의 우리 역사학이, 그리고 민족의 평화통일을 지향하는 역사학이 특별히 강조해서 서술하고 가르쳐야 할 사실일 겁니다. 지난날에 있었던 많은 사실(事實)들 중에서 무엇이 사실(史實)이 돼야 하는가를 제대로 구분하는 일이야말로 역사학의 가장 중요한 임무이니까요.

 중국공산군의 근거지 옌안에서 '화북조선청년연합회'가 조직되어 이 같은 활동을 하게 되자 김두봉을 비롯한 박효삼(朴孝三, 1903~?) 이춘암(李春岩, 생몰년 미상) 등 장제스정부지역에서 활동했던 조선의용대의 일부 지휘부와 대원들이 옌안으로 이동해 갔습니다.

 중국공산당중심지 옌안에서 우리 독립운동세력이 증가함에 따라 '화북조선청년연합회'가 발전적으로 해체되고 1942년에 새로운 민족해방운동단체로서 김두봉을 주석으로 하는, 우리 민족해방운동전선의 또 하나의 중요단체인 '조선독립동맹'이 결성됐습니다.

 당초 약 300명으로 발족했다는 조선독립동맹은 그 강령에서 "독립자유의 조선민주공화국을 건설할 것을 목적으로 한다"하고, "전 국민의 보통선거에 의한 민주정권의 건립", "일본제국주의의 조선에서의 일체의 재산 및 토지 몰수와 일본제국주의와 밀접한 관계에 있는 대기업의 국유화 및 토지분배의 실행" 등을 정책으로 내세웠습니다.

 이 시기 충칭의 대한민국임시정부가 내세운 정책과 별로 다르지

않았다는 점이 주목되지만 그뿐만이 아닙니다. 옌안에서 열린 '동방
각 민족 반파쇼대표대회'에 조선독립동맹도 참가했는데, 충칭에 있는
대한민국임시정부 주석 김구가 그 대회의 명예주석단에 들었습니다.

그리고 좌익독립운동단체인 조선독립동맹의 각 분맹(分盟) 결성대
회에서도 김구의 초상화가 손문(孫文) 마오쩌둥(毛澤東) 등과 함께 걸
렸습니다. 이런 일은 이 시기 중국지역의 좌우익을 막론한 우리 독립
운동전선 일반의 경향 및 분위기를 알만한 일이라 하겠으며, 이런 사
실 역시 우리 역사에서 반드시 가르쳐져야 할 겁니다. 독립운동과정
을 통해 중국에서 투쟁한 김구와 미국에서 활동한 이승만의 차이점
이 명백히 드러나는 사항이라 하겠지요.

얼마 전에 고인이 됐지만, 조선의용군 병사였다가 일본군과의 전
투에서 한쪽 다리를 잃고 포로가 되어 일본에서 옥살이를 하다가 해
방으로 석방되어 중국 연변에 돌아가서 소설가로 활동한, 남녘에도
잘 알려진 김학철(金學鐵)은 생전에 필자에게 중국 전선에서 좌익군사
력인 조선의용군도 김구 임시정부 주석을 존경했다고 회고했습니다.

조선독립동맹은 또 그 전선을 국내와 연결시키기 위한 활동을 했
습니다. 국내에서 비밀리에 조직된 여운형(呂運亨, 1886~1947) 중심의
건국동맹과 연락이 되어 1945년 8월 29일의 국치일(國恥日) 즉 한일
'합방'일에 중국 옌안에서 '전조선민족대회'를 열기로 한 겁니다. 그러
나 그에 앞선 8월 15일에 일본제국주의가 패망하여 이 대회는 실현되
지 못했습니다.

충칭임시정부가 미국군과 협동해서 훈련시킨 장준하(張俊河)-김준
엽(金俊燁)-노능서(盧能書) 등 일본군학도병탈출 광복군들의 국내정
진대(國內挺進隊)가 그 작전계획대로 낙하산으로 우리 땅에 투입되어
게릴라활동을 했거나, 중국의 태항산(太行山)에서 전투하던 조선독립
동맹 소속 조선의용군이 국내의 여운형중심 건국동맹과 연계되어 국

내진격작전을 펼 수 있었다면, 해방 후 우리 민족의 국제정치적 처지가 크게 달라졌을 겁니다.

우리 민족의 전체 독립운동세력을 연합하고 통일해서 제2차 세계대전의 전승국이 될 연합국들의 승인을 받아야 했던, 그래서 망명정부가 아니고 해방 후 귀국해서 새로운 민족국가를 수립하기 위한 총선거를 담당하는 명실상부한 임시정부가 돼야 했던 대한민국임시정부는 중국국민당정부지역에서 좌우합작을 이룬 뒤 중국공산당지역인 옌안에 있는 조선독립동맹과 연합을 이루기 위해 노력했습니다.

앞에서도 인용한 장건상의 회고에 의하면, 일본제국주의의 패망과 조국의 해방이 가깝게 전망되자 그는 좌파에 속한 사람이면서 충칭임시정부가 좌우합작정부가 되자 그 국무위원이 되어 임시정부와 중국공산당지역에 있는 조선독립동맹과의 합작을 위해 옌안에 갔습니다.

옌안에 가서 김두봉-최창익(崔昌益, 1896~1957) 등을 만나 충칭의 대한민국임시정부와 조선독립동맹이 합작하기로 합의하고 김두봉이 김구 등 임정요원을 만나기 위해 충칭에 가기로 했는데 자고 나니 일본이 패망했다는 겁니다. 그래서 장건상은 대한민국임시정부의 국무위원이면서도 8·15해방을 중국공산당의 근거지 옌안에서 맞은 겁니다.

해방 후 우리 땅이 비록 남북으로 분단되었다 해도 남쪽에 대한민국임시정부세력을 중심으로 하는 정부가 섰더라면 이 같은 독립운동과정에서의 좌우익통일전선운동이 역사에서 중요하게 다루어지고 또 충실히 가르쳐졌을 겁니다. 그러나 미국에서만 활동하다 돌아온 이승만정부가 대한민국임시정부계통을 철저히 탄압해서 이 같은 좌우합작독립운동 사실이 매몰되고만 거라 하겠습니다.

8·15 이후 김구 중심의 대한민국임시정부 요원은 서울로 귀국하고 김두봉 중심의 조선독립동맹 요원은 평양으로 귀국했습니다. 38

도선을 경계로 해서 남북에 두 개의 분단국가가 생길 불행한 상황이
되자 서울의 김구-김규식이 평양의 김두봉에게 중국에서 합의했던
대한민국임시정부와 조선독립동맹의 합작과 같은 일을 지금 다시 할
때라는 서신을 보냈습니다.

그래서 1948년 4월에 평양에서 남북통일국가수립을 위한 남북협상
이 성사된 겁니다. 그러나 이미 미국세력이 절대우세 했던 유엔의 결
의로 남쪽만의 단독선거실시가 결정된 상황이라 때가 너무 늦어서
결국 그해에 남북에 두 개의 분단국가가 생기고 곧 저 처절한 6·25
동족상잔이 벌어지게 된 겁니다.

38도선 남쪽에 이승만 중심세력의 '단선단정'노선에 의해 단독정부
가 수립되고 그 헌법이 마련된 때의 일입니다. 일찍이 상하이임시정
부의 초대대통령이었다가 탄핵됐던 이승만을 대통령으로 해서 38도
선 이남에 성립되는 대한민국정부가 그 헌법에서 대한민국임시정부
의 법통을 계승한다고 명기한 때의 일입니다.

1948년 6월 8일자 경향신문에 의하면 기자단이 경교장에서 김구와
일문일답을 했는데, "이박사가 대한민국임시정부 법통계승을 언명했
는데 귀하의 견해는 어떠합니까"하고 묻자, 김구가 "현재 국회 형태
로서는 대한민국임시정부법통을 계승할 아무런 조건도 없다고 본다"
고 했습니다. 반쪽 정부의 반쪽 국회에서 제정된 헌법이 대한민국임
시정부의 정통성을 계승할 수는 없다는 것을 분명히 밝힌 거라 하겠
습니다.

우리 땅 남북에 두 개의 분단국가가 성립되자 김구-김규식 등은
유엔에 대해 하나의 국가를 수립하겠다고 해놓고 왜 두 개의 분단국
가를 만들었냐고 강하게 항의했습니다. 그러고는 분단국가들 성립
뒤 처음 열리는 유엔총회에 김규식이 가서 분단국가의 부당성을 항
의하려 했으나 참석할 수 없었습니다. 남북에 두 개의 분단국가가 성

립된 1년 뒤, 그리고 6·25 동족상잔이 벌어지기 1년 전에 김구는 비운의 최후를 맞고 말았습니다.

분단시대가 오래 지속되다보니, 해방 전에 좌우익통일전선을 실행했고 해방 후에도 남북통일국가 건설을 지향했던 대한민국임시정부 주석 김구와 부주석 김규식의 노선이 아닌, 분단국가 성립의 주역인 이승만의 노선을 중심으로 우리 현대사를 수립하고 또 해석하려는 입장들이 나타나고 있는 것이 현실이기도 합니다.

그러나 우리 역사학 전공자의 한 사람으로서는, 타민족의 가혹한 지배를 받고 해방된 민족사회에서 피지배 기간에 양성된 반민족세력을 청산하지 않은 정권을 중심으로 한 역사 이해와, 전체 민족사회가 염원하는 통일민족국가가 아닌 분단국가 중심의 역사인식이 정착돼서는 안 된다는 생각이 절실할 뿐입니다.

'만주'지방의 한인조국광복회도 통일전선을 지향했습니다

앞에서도 말했지만, 우리 땅이 좁아서 일제강점기의 국내에서 '해방구'를 가지고 침략자에 대항해서 게릴라활동을 벌이기는 부적당해서 한일'합방'을 전후해서 저항했다가 일본군의 '대토벌작전'으로 대부분 전사하고 남은 의병전쟁군사력의 일부가 이웃 '만주' 땅과 시베리아 땅으로 옮겨갔습니다.

'합방' 후에는 의병군사력의 일정부분이 독립전쟁군으로 전환되고 새로운 투쟁병력이 합세해서 청산리전투 등 독립전쟁을 활발히 벌였습니다. 이 독립전쟁군사력에는 '합방' 전 18세기 후반부터 살길을 찾아 압록강 두만강을 건너갔던 사람들도 동참했습니다.

그러나 러일전쟁 뒤 러시아와 일본 사이에 맺어진 협정의 결과 우리 민족이 많이 옮겨 살아 우리 독립투쟁의 주된 근거지가 됐던 남 '만주'지역이 일본의 세력권에 들어갔고, 1931년의 '만주사변'으로 남북 '만주' 땅 전체가 일본제국주의의 세력권에 들어가면서 우리 독립운동전선은 크게 타격을 받게 됐습니다.

'만주사변' 뒤 이 지역에서 저항하던 우리 독립운동군의 일부는 중국의 중원 땅으로 옮겨갔지만, '만주'에서도 중국민족의 저항세력과 협력한, 사회주의계열의 동북인민혁명군 안에서 조선인들의 활동이 컸고, 동북인민혁명군이 확대 발전한 동북항일연군의 무장항쟁을 통해서도 우리 민족의 독립투쟁이 계속됐습니다.

'만주'의 사회주의계열 조선사람들은, 특히 1928년 코민테른의 「12월테제」로 조선공산당이 해소된 뒤에는 대개 중국공산당의 '동만특위'(東滿特委)에 가입해서 활동했고, 이들이 일본의 '만주'침략에 저항하는 무장투쟁군사력의 핵심이 되기도 했습니다.

1931년 중국공산당 만주성위원회의 보고에 의하면 우리 땅과 가까운 동'만주'지역의 당원 636명 중 618명이, 그리고 남'만주'지역 당원 200명 중 193명이 조선사람이었다고 했습니다. 또 1930년대 초엽 동'만주'지역의 옌지(延吉)-왕청(汪淸)-훈춘(琿春) 등지에는 조선사람 중심으로 유격구가 건설되고 유격대가 조직됐습니다.

1932년에는 조선사람 이홍광(李紅光, 1910~1935)을 중심으로 남'만주'에서 반석노농(盤石勞農)의용군이 조직됐는데, 그것은 이후 중국노농홍군(勞農紅軍) 제32군 남만(南滿)유격대로, 동북인민혁명군 제1독립사로, 그리고 동북항일연군 제1군으로 편성되어 갔습니다.

1936년에서 37년에 걸쳐 동북인민혁명군 등 각 무장조직의 통일전선체로서 동북항일연군이 편성됐고 제1군에서 제11군까지가 있었는데, 간도지방의 조선사람 중심으로 성립된 동북인민혁명군 제2군은 동북항일연군 제2군으로 편입됐습니다.

이때 전체 대원 약 2천명 중 절반이 조선사람이었다 하고, 그 중에서도 김일성(金日成, 1912~1994)이 지휘하는 조선사람이 대부분인 제2군 제6사는 1937년에 우리 땅의 갑산군 보천보(普天堡)를 공격해서 국내에서도 큰 반향을 일으켰습니다.

이 같은 동북항일연군 내 조선사람들의 군사활동을 바탕으로 해서 조선사람 중심의 정치단체를 조직하기로 하고, 1936년에 오성륜(吳成崙, 1900~?) 이상준(李相俊 = 李東光, 1904~1937) 엄수명(嚴洙明, 생몰미상) 등을 발기인으로 한 '재만한인(在滿韓人) 조국광복회'가 조직된 것은 잘 알려진 일입니다.

우리 사회에서는 흔히 우익은 '한국' '한인'이라 했다고 좌익은 '조선' '조선인'이라 했다고 알려져 있으며, 또 우익은 '광복'이라 하고 좌익은 '해방'이라 했다고 알고 있는 경우가 많은 것 같은데, 그리고 그런 용어사용에 따라 사람의 사상적 처지를 가늠하려는 경우까지 더러 있는 것 같지만, 반드시 그런 것은 아니었다고 하겠습니다.

일제강점기 '만주'에서 투쟁한 좌익계 전선에서도 '재만한인조국광복회'와 같이 '한인'이라고도 했고 '광복'이란 용어도 썼음을 알 수 있는 겁니다. 사용한 명칭이나 호칭 같은 것으로 섣부르게 편가름 같은 것을 할 일은 아니라 하겠습니다.

재만한인조국광복회는 그 창립선언에서 "전 조선민족은 계급, 성별, 지위, 당파, 연령, 종교의 차이를 불문하고 일치단결하여 원수 일본제국주의 침략자들과 싸워 조국을 광복하고 진정한 조선인민정부를 수립할 것이다"고 했습니다. 그리고 그 10대강령에서는 "조선민족의 총동원으로 광범한 반일통일전선을 실현함으로써 강도일본제국주의의 통치를 전복하고 진정한 조선인민정부를 수립할 것"이라 해서 독립운동전선에서의 항일통일전선 수립을 특히 강조했습니다.

독립운동전선의 우익진영이 해방 후 분단국가들이 성립되리라고는 전혀 생각하지 않았던 것처럼, 민족해방운동전선의 좌익진영도 분단국가를 수립할 계획은 전혀 아니었기 때문에 '만주'에서 투쟁하던 좌익전선인 한인조국광복회도 계급과 지위를 불문한 전체 민족의 통일전선 형성을 강력히 지향했다고 하겠습니다.

　　다만 우리의 경우 국토가 넓은 중국과는 달리 좌익군사력이건 우익군사력이건 국내에서 독립투쟁을 하지 못했고, 1940년대로 들어가면서 재만한인조국광복회 계통도 동북항일연군과 함께 우리 땅과 가까운 '만주'지방을 떠나 소련 땅으로 들어가고, 한국광복군과 조선의용군 역시 '만주'가 아닌 중국 중원 땅에서 조직되지 않을 수 없었습니다.

　　따라서 좌우익을 막론한 각 독립운동단체와 그 군사력이 모두 통일전선을 지향했으면서도 안타깝게도 해방될 때까지 중국의 '국공합작'과 같은 실질적이고 전체적인 통일전선을 이루지는 못하게 되고만 겁니다. 이 사실이 해방 후 미국군과 소련군이 일본군의 항복을 받기 위한 경계선으로 그은 38도선을 극복한 통일민족국가 수립에 실패하게 되는 요인의 하나였다고도 하겠습니다.

　　그런 상황에서 일본제국주의가 패망하게 됐으니, 국내에 투입되어 게릴라활동을 하기 위해 훈련 중이던 광복군부대를 격려하러 갔다가 8·15를 맞은 대한민국임시정부의 김구 주석이 해방을 기뻐하기보다 우리 민족의 앞날을 걱정한 사실이『백범일지』에 남아있어서 읽는 뒷사람들을 안타깝게 하는 겁니다.

9. 해방과 함께 '원한의 38선'이 그어졌습니다

고대하고 고대했던 해방은 어떤 상황에서 왔을까요

우리와 같이 역사 오랜 문화민족이면서도 근대로 들어서면서 불행하게도 일정 기간 남의 강제지배를 받게 된 경우, 그 지배에서 해방되는 길을 생각해보면 몇 가지가 있을 수 있겠습니다. 제일 좋은 경우는 두말할 것 없이 제 민족사회가 양성한 독립군이 침략자와 싸워 이겨 제 힘으로 해방되는 일이겠습니다.

그러나 우리같이 근 반세기 동안이나 전체 국토가 외적에게 완전히 강점당한 상황에서는, 더구나 그 침략자가 20세기에 들어서면서 제국주의강대국의 하나로 커져버린 상황에서는, 그런 적과 제 힘만으로 싸워 이겨서 해방되기는 실제로 어렵고도 무망한 일이었다고 하겠습니다.

제2차 세계대전 말기에 중국 땅 깊숙한 곳 충칭에 있던 대한민국임시정부와 그 군사력인 한국광복군, 역시 중국 땅의 깊숙한 곳 옌안(延安)에 있던 조선독립동맹과 그 군사력인 조선의용군, 그리고 '만주'에서 투쟁하다가 소련 땅으로 옮겨간 재만한인조국광복회계의 군사력인 조선인민혁명군 등이 갖은 악조건 속에서도 만난을 무릅쓴

투쟁을 계속했습니다.

전체 국토가 강점당한 지 30년이 넘어서도 비록 남의 땅에서나마 이만한 군사력을 가질 수 있었다는 것은 분명 자랑스러운 일이었습니다. 이들 우리 독립투쟁군사력이 연합을 이루고 직접 우리 땅에 쳐들어와서 그 곳을 점령하고 있는 일본제국주의군대와 싸워서 항복을 받고 해방하는 것이 무엇보다도 바람직했지만 실제는 그렇지 못했습니다.

우리 땅 전체가 강점당한 지 근 반세기가 되도록 피나는 투쟁을 해 왔음에도 제 힘만으로 일본제국주의자들과 싸워 이겨 당당한 전승국민이 되어 해방을 맞지 못한 것이 사실이었습니다. 제 힘만으로 해방될 수 없다면 결국 남의 힘을 빌어서 해방될 수밖에 없겠는데, 남의 힘을 빌리는 것도 정도가 있게 마련이겠습니다.

우리보다 훨씬 짧은 기간이긴 하지만, 유럽의 프랑스도 2차 세계대전을 도발했다가 패전국이 되는 나치독일에게 전체 국토가 점령됐습니다. 그러나 전쟁이 끝난 뒤 우리처럼 국토가 분단되지 않았음은 물론 오히려 당당하게 전승국의 일원이 되어 미국-영국-소련과 함께 패전국 독일의 분할통치에 참가했습니다. 프랑스와 우리의 근본적인 차이가 무엇이었을까요.

프랑스는 전체 국토가 나치독일에게 점령됐지만 드골을 중심으로 하는 일부 프랑스인들이 망명해서 프랑스임시정부를 만들고 북아프리카의 식민지를 기반으로 한 군사력과 국내의 레지스탕스와 함께 자유프랑스군이 조직되어 나치독일군과 싸웠습니다.

특히 드골중심의 프랑스임시정부가 영국 등 연합국의 승인을 받았고, 그 위에 국내의 레지스탕스가 연합군의 진격에 앞서서 수도 파리를 해방시켰습니다. 그리고 전쟁이 끝난 뒤 저항세력 중심으로 수립된 정부가 당당하게 전승국의 대열에 서게 된 겁니다.

일본에게 전체 국토가 점령된 우리 민족이 중국 등 남의 땅에서 대한민국임시정부와 조선독립동맹과 재만한인조국광복회 등 광복운동단체를 조직하고 한국광복군과 조선의용군과 조선인민혁명군 등의 군사조직을 가졌던 점은, 그들 독립운동단체와 군사력들이 하나로 통일돼있지 않았다는 점 외에는 겉으로 보기에는 프랑스의 경우와 크게 다르지 않았다고 하겠습니다.

다만 외국 땅에서 활동한 우리 독립운동전선의 군사력들이 해방 후 우리 땅을 점령하게 되는 미국군이나 소련군의 동맹군이 되어 함께 전투하지 못한 점과, 국토가 좁은데다가 일본에게 강점당한 기간이 길어서 국내에서 레지스탕스가 없었던 사실 등이 프랑스와 다른 점이었습니다.

우리 민족의 독립운동전선이 중국 땅에서 조직한 단체 중 정부라고 이름붙인 것은 대한민국임시정부뿐이었고 그 존속기간도 제일 길었습니다. 그러나 여러가지 노력에도 불구하고 대한민국임시정부를 비롯한 우리 독립운동단체들은 해방될 때까지 일본제국주의를 패망시킨 뒤 전승국으로서 우리 민족문제를 포함한 국제문제들을 다룰 미국-영국-소련-중국 등 연합국들 중 어느 한 나라의 정식 승인도 받지 못했습니다.

대한민국임시정부가 몸담고 있던 중국 장제스정부의 정식승인도 못 받았으니 미국을 비롯한 다른 연합국들의 승인을 받기는 어려운 일이었습니다. 어느 독립운동단체도 연합국들의 승인을 못 받았고 어느 독립군부대도 연합군의 일원이 되어 싸우지 못한 우리 민족사회의 경우 제2차 세계대전에서 일본제국주의가 패망하고 해방될 때도 전승국국민의 대열에 든 것은 아니었습니다.

태평양전쟁 말기 중국의 장제스정부와 함께 충칭에 가 있었던 대한민국임시정부는 미국 중국 등 연합국의 승인을 받기 위해 함께 장제스통치지역에 있었던 좌익세력과 합작을 하고, 옌안에 있던 좌익계조직 조선독립동맹과 연합을 기도하는 등 여러가지 노력을 다했습니다.

미국정부가 한 때 중국의 장제스정부 지역에 주재하는 미국대사관에게 대한민국임시정부의 실상을 조사하게 한 기록이 있습니다. 그러나 대한민국임시정부가 당시 조선사람들의 항일운동전선 전체를 대표하지 못하다는 이유로 결국 승인하지 않았습니다. 그리고 연합국들이 대한민국임시정부를 승인하지 않은 이유가 또 있었습니다.

특히 주요연합국의 하나인 영국의 경우 당시 많은 식민지를 가지고 있었고 2차세계대전 후 이들 식민지가 모두 독립하게는 되지만, 전쟁 중에는 아직 독립시킬 구체적 계획이 있던 것이 아니었습니다. 그런데, 패전국이 될 일본의 식민지인 조선의 임시정부를 승인하여 일본패망 후의 즉시독립을 미리 보장해주는 것처럼 할 수는 없었던 겁니다.

해방이 됐을 때 우리 민족지도자들 중에는 우리 민족의 처지가 마치 전승국민인 것처럼 오해한 사람들도 있었던 것 같지만, 냉혹한 국제질서 아래서 8·15해방 당시 우리 민족의 처지는 전승국민이 아님은 물론, 패전국 일본의 영토에서는 분리시키기로 한 땅의 주민들이었을 뿐이었다고 하겠습니다.

우리를 해방시킨 연합국들이 3·1운동 후 꾸준히 지속된 우리 민족의 독립운동을 인정해서 일본의 패전과 함께 근 반세기 동안이나 일본영토의 일부가 됐던 우리 땅을 분리하기는 하되 그렇다고 바로 독립시키겠다는 것은 아니었고, 일정 기간 연합국들이 신탁통치한 후 독립시키기로 결정했음은 우리가 다 아는 사실입니다.

제2차 세계대전의 전승국들, 즉 미국-영국-소련-중국 등이 패전국 일본의 식민지였다가 해방되는 우리 땅을 일정 기간 그들의 신탁통치 아래 두기로 결정한 것은, 냉정한 국제정치적 시각에서 보면 우리의 독립투쟁은 인정해 패전국이 되는 일본의 영토에서 분리시키기는 하되, 일정 기간 저들이 공동관리하기로 한 땅 이상으로는 인정하지 않았던 거라 하겠습니다.

일본은 패전한 뒤에도 저들의 정부가 있었습니다. 패전한 일본의 국토 전부를 기어이 단독으로 점령한 미국은 군정을 실시해서 직접 지배하지 않고 일본정부를 두고 맥아더사령부가 간접지배하게 했습니다. 그러나 일본의 패전으로 조선총독부가 폐지됨으로써 통치기구 자체가 없게 된 우리 땅의 경우, 미국과 소련의 군정이 실시될 상황이었던 겁니다.

일본의 패전으로 그 영토에서 떨어져 나오게 된 타이완은 본래의 주인이며 전승국이 된 중국에게로 돌아갔고, 북위50도 이남 사할린 땅은 본래 주인의 후신이며 역시 전승국이 된 소련에게 돌아갔는데, 우리 땅은 일본의 영토에서 분리는 되지만 당장 그 땅을 다스릴 통치주체가 없는 상황이 된 겁니다. 일본제국주의의 식민지가 됐던 땅 중에서 가장 불행한 해방을 맞았다고 하면 지나친 말이 될까요.

제2차 세계대전이 끝난 시점에서 제 민족의 통치기구를 못 가졌다는 점에서 우리 민족의 현실은 패전국이면서도 제 정부를 가진 일본보다 못했다고 할 수밖에 없을 겁니다. 20세기에 들어오는 시점에서 국권을 잃고 남의 식민지가 된 역사적 과오가 가져다준 불행한 결과였다고 하겠지요.

38도선 이북지역의 경우, 종전직전에 참전한 소련군이 점령한 일부지역과 그렇지 않은 지역을 막론하고 일본이 항복한 뒤 바로 각 지방에 인민위원회가 성립됐고, 그들 인민위원회를 기반으로 해서 일단 북조선5도행정국(1945. 11. 19)이 설치됐다가 김일성(金日成)을 수반으로 하는 정권기관인 북조선임시인민위원회(1946. 2. 8)가 성립됐

습니다. 조선사람 정권을 만들어 놓고 전승국 소련이 간접지배한 것
이지요.

  38도선 이남지역에서도 일본의 패전과 함께 각 지방에 인민위원회
가 성립됐는데, 해방 1년 전인 1944년 8월 10일에 해방에 대비해서 비
밀리에 건국동맹을 조직했던 여운형(呂運亨, 1886~1947)이 해방과 동
시에 발족시킨 건국준비위원회가 각 지방에 성립된 인민위원회를 바
탕으로 해서 1945년 9월 6일에 아직 귀국 전인 이승만(李承晩)을 주석
으로 여운형을 부주석으로 한 조선인민공화국 수립을 선포했습니다.

  당시는 38도선 이남지역에 미국군이 진주하기 전이었는데, 장차
미국군이 진주해서 군정을 실시하는 것을 피하기 위해 우리 민족의
정부를 미리 선포했다고도 할 수 있겠습니다. 미국군이 진주해서 여
운형중심의 조선인민공화국을 인정하고 간접 지배할 수도 있었겠지
만 미국은 그렇게 하지 않고 미국군정을 실시했습니다.

  38도선 이남지역에 진주할 미국의 하지(Hodge.J.R.)중장부대가 격
전을 치른 오키나와섬에 있었던 9월 7일에, 즉 여운형중심의 조선인
민공화국이 선포된 바로 다음날에 미국은 38도선 이남지역에 미국군
정을 실시할 것을 선포했습니다. 바로 여운형중심의 조선인민공화국
을 인정하지 않겠다는 것이었지요.

  뒷날에 밝혀졌지만, 장차 38도선 이남의 우리 땅에 진주할 미국의
하지중장부대가 아직 오키나와에 있을 때, 8월 15일 이후에도 38도선
이남의 우리 땅에 주둔해있던 일본제국주의군대의 조선군사령관과
하지중장 사이에 꽤 많은 전문이 오갔습니다. 소련군이 직접 전투를
하고 점령한 38도선 이북과는 사정이 많이 달랐던 겁니다.

  그 전문에서 고우주키(上月良夫)라는 일본의 조선주둔군사령관이
해방된 조선 땅 전체가 마치 좌익세력의 온상이 된 것처럼 과장해서
말했고, 그래서 뒷날 하지부대 미국군의 진주를 환영하러 나간 조선

사람들이 좌익폭동군으로 오인되어 미국군의 총에 맞아 죽는 일까지 벌어지게 된 겁니다.

하지중장은 9월 8일에 9만 7천명의 미국군을 인솔해서 인천에 상륙했고 9월 9일에 아베(阿部信行) 조선총독의 항복을 받고 38도선 이남지역을 직접 지배하는 미국군정을 실시했습니다. 일제강점기의 조선총독에는 주로 일본군 대장출신이 임명됐는데, 마지막 총독이 된 '아베'역시 대장출신이며 제 나라의 총리대신을 지낸 사람이기도 했습니다.

38도선 이남의 경우 이북과는 달리 8월 15일 이후에도 조선총독부의 통치권이 유지됐다가 하지부대가 진주한 다음날인 9월 9일부터 미국군정이 직접지배하게 된 겁니다. 패전국 일본본국에 대한 미국의 간접지배와도, 그리고 38도선 이북지역에 대한 소련의 간접지배와도 달랐던 겁니다.

38도선 이북과 대비되어 38도선 이남에서도 미국군정이 아닌 조선사람의 정권기관을 성립시키라는 요구가 많았지만, 미국군인이 맡던 군정장관을 1947년 2월에 안재홍(安在鴻, 1891~1965)으로 바꾸었을 뿐, 이승만을 대통령으로 하는 대한민국정부가 수립되는 1948년 8월까지 미국군정이 계속됐습니다.

우리 땅을 해방시킨, 따라서 이후의 처지에 대한 결정권을 가진 연합국들의 8·15 후 우리 땅에 대한 정책과, 근 반세기 동안 그야말로 풍찬노숙하며 독립운동을 계속한 특히 대한민국임시정부를 중심으로 하는 독립운동전선의 기대 사이에는 큰 차이가 있었던 겁니다. 그 위에 38도선까지 그어지게 됐으니 해방 이후 우리 현대사가 험난해지지 않을 수 없었다고 하겠습니다.

근 반세기에 걸친 일제강점기간을 통해 3천만 조선사람들이 온갖 희생을 바치면서 바라고 바랐던 민족해방이 제 힘만으로 되지 못하고 남의 힘을 빌려 이루어짐으로써 빚어지게 되는 착오와 갈등이 심했고, 그 결과 가혹한 민족분단과 처절한 동족상잔을 가져오게 됐다고 하겠습니다.

'원한의 38선'은 왜, 그리고 어떻게 그어졌을까요

1945년에 우리 땅의 허리를 잘라놓아 그 많은 비극을 낳은 '원한의 38선'은, 3년에 걸쳐 수많은 목숨과 재산을 앗아간 저 처절한 6·25 동족상잔을 겪으며 비슷한 위치의 휴전선으로 바뀌어 20세기를 넘기고 21세기에 들어선 지금까지도, 저 엄혹했던 동서냉전이 해소된 지금까지도 우리 민족사회의 분단과 대립과 원한의 경계선인 채 남아 있습니다.

'원한의 38선'이 처절한 6·25동족상잔을 겪고도, 수많은 목숨을 앗아가고도 '통한의 휴전선'으로 남아 있지만, 그 '원한'과 '통한'을 제대로 풀기 위해서는 38도선이 왜 그리고 어떻게 그어졌는가를 정확히 알아야 한다는 생각입니다. 38도선의 역사를 제대로 모르고는 우리 현대사 전체를 이해할 수 없다 해도, 그리고 무엇보다도 앞으로의 통일문제를 제대로 풀어갈 수 없다 해도 과언이 아니라 생각되기 때문입니다.

38도선의 '원죄'(原罪)는 물론 일본제국주의자들에게 있습니다. 일본제국주의자들이 우리 땅을 강제지배하지 않았다면, 설령 그들이 제2차세계대전을 도발하고 미국 및 소련과 싸워서 패배했다 해도, 그 때문에 미국군이나 소련군이 패전국 일본 땅을 분할점령은 했을지언정 우리 땅을 분할 점령할 이유는 없었을 테니까요.

지금의 일본인들 대부분은 우리 땅의 남북분단과 그것이 빚은 6·25전쟁이 저들과는 그다지 상관없는 일인 것처럼 딴청을 부리는 경우가 많은데, 6·25전쟁이 제 나라가 패전국에서 독립국이 되고 폐허가 됐던 제 땅의 경제가 되살아나는 계기가 됐음은 알지언정, 38도선 획정과 6·25전쟁의 근원적 원인이 일본제국주의자들의 우리 땅 강제지배에 있음을 제대로 아는 경우는 드물지 않는가 합니다.

'만주사변'에서 시작해서 태평양전쟁을 겪은 지난 20세기 전반의 역사를 두고 '동양 3국' 사이에 '역사분쟁'이 심하고 그것을 해결하려는 노력들이 있지만, 일본제국주의의 엄연한 침략사실을 밝히는 일을 두고 일부 일본인들은 '자학사관'(自虐史觀)이니 어쩌니 하면서 뻔뻔스런 역사왜곡을 예사로 하고 있기도 합니다.

그런 '역사분쟁' 해결책의 하나로 '동양 3국'의 역사를 하나의 책으로 엮어서 가르치자는 의견이 있기도 하지만, 세 나라 사이의 '역사분쟁'과 '교과서분쟁'은 해결될 기미를 별로 보이지 않고 있는 것이 현실입니다. 불행했던 20세기를 넘긴 시점에서까지도 말입니다.

그 원인은 내 민족 네 민족을 막론하고 역사교육의 가장 중요한 목적이 어디에 있는가에 대한 이해부족에 있다고 하겠습니다. 어느 민족사회 어느 국가를 막론하고 역사교육의 중요성은 인정하면서도 역사교육의 궁극적 목적이 어디에 있는가를 인식하지 못하고 있는 경우가 많다고 생각됩니다. 특히 아직도 제국주의적 침략의식이 조금이라도 남아있는 민족사회의 경우는 말입니다.

어느 나라 어느 민족사회를 막론하고 역사교육의 보편적 궁극적 목적은 평화주의 교육이어야 한다는 점이 특히 중요하다는 생각입니다. 역사교육의 궁극적 목적을 평화주의의 확대 정착에 두면 자국의 역사건 국제간의 역사건 올바른 역사교육과 그렇지 못한 역사교육이 저절로 구분된다는 생각입니다.

이야기를 다시 돌립시다. 일본제국주의자들이 패전하는 경우, 그들이 태평양전쟁을 도발해서 점령한 필리핀-베트남-인도네시아-말레이시아 등은 물론, 청일전쟁과 러일전쟁으로 강탈한 타이완과 우리 땅과 북위 50도 이하 사할린 등을, 그리고 '만주'사변 도발로 점령한 중국 동북3성 즉 '만주'를 모두 토해놓게 마련이었습니다.

일본제국주의자들이 강탈한 땅 중에서도 특히 우리 땅이 동북아시아에서 해양세력과 대륙세력이 첨예하게 상충하는 요충지에 위치한 반도라는 점은 일본이 침략전쟁을 도발하기 전이건 후이건 또 무조건항복 하는 시점이건 마찬가지였다고 하겠습니다.

해양세력 일본에 의해 강제점령 됐던 우리 땅이 일본제국주의가 패망한 뒤 대륙세력권에 포함되느냐 아니면 해양세력권에 포함되느냐에 따라 태평양전쟁 후 동북아시아의 국제적 형세가 달라질 수밖에 없었습니다. 더구나 제2차 세계대전 후의 세계정세가 자본주의세력권과 사회주의세력권으로 나누어져 대립하게 된 상황이었으니 말입니다.

제2차 세계대전 뒤 자본주의종주국이 될 미국은 일본제국주의가 패망한 뒤의 일본 땅과 우리 땅과 중국 땅을 포함한 전체 동북아시아 지역이 자본주의세력권에 남기를 바랐겠지요. 그러면서도 일본과의 전쟁을 빨리 끝내기 위해 나치독일을 상대로 함께 싸운 사회주의종주국이 될 소련이 나치독일이 항복한 뒤 일본과의 전쟁에 참전할 것을 바랐습니다.

그러나 나치독일과의 전쟁에서 크게 시달린 소련이 다시 일본과의 전쟁에 참전하는 데는 그만한 대가가 있어야 했습니다. 그것은 과거 제정러시아가 러일전쟁 이전에 동북아시아지역에서, 특히 '만주'에서 가지고 있었던 이권과, 러일전쟁 결과 일본에게 빼앗긴 북위 50도 이남의 사할린 땅을 되찾는다는 조건 등이었습니다.

동북아시아에서 대륙세력과 해양세력 사이의 이해관계가 언제나 부딪히게 마련인 우리 땅이지만, 대륙세력 소련이 일본과의 전쟁에 참가하는 조건으로 미국 쪽에 요구한 사항에는, 지금까지 알려진 자료에 한해서는 우리 땅의 일부라도 점령하게 되어있지는 않았던 것 같습니다.

전쟁막바지에 소련이 일본과의 전쟁에 참가하면서 우리 땅 북부의 나진(羅津) 등지를 공격한 것은 '만주'에 있는 일본관동군의 퇴로를 차단하기 위한 것이었으며, 처음부터 '만주'공략이 주목적이었지 우리 땅의 일부라도 점령하기 위한 전략은 아니었다는 사실이 밝혀지고 있습니다.

우리가 알다시피 제2차 세계대전 중의 연합국들은 일본제국주의가 패망한 뒤 우리 땅을 '일정한 절차를 밟아서' 즉 일정 기간 신탁통치한 뒤 독립시키기로 했는데, 독일패망 3개월 뒤에 소련이 일본과의 전쟁에 참가하기로 약속한 얄타회담(1945.2.4)이 열릴 무렵의 일입니다.

이 시기 미국 국무성문서에 만약 소련이 일본과의 전쟁에 참가하지 않더라도 "소련과 중국이 이 지역(우리 땅)에 전통적으로 관심을 가지고 있는 사실에 주목해서" 전쟁 후 우리 땅을 신탁통치할 나라에 소련도 포함시킬 예정이었다는 내용이 있습니다.

역시 우리 땅의 지정학적 위치문제와 관계가 있겠지만, 설령 그렇다 해도 소련이 참전하지 않고 일본이 패망했을 경우, 소련이 남북 우리 땅 전체의 신탁통치에는 참가했을지언정, 일본군의 무장해제경계선으로서 38도선은 그어지지 않았을 것이며, 그랬다면 독립운동과정에서 좌우합작운동이 추진됐던 상황이라 해방 후 좌우대립이 그렇게 심화되지는 않았으리라 생각되기도 합니다. 해방과 함께 38도선이 그어지고 미-소 양군이 분할점령한 것이 좌우익대립을 심화시킨 가장 큰 원인이라 하겠지요.

미국과 영국 등은 또 포츠담선언(1945. 7. 26)을 통해서 일본의 항복을 재촉했지만 일본정부는 이 항복재촉 선언을 '묵살'한다고 했습니다. 이 '묵살'이 영어권 위주의 외국에서는 '무시'로, 그리고 '거절'로 번역됐고, 따라서 항복을 '거절'한 일본에 대해 미국의 원자탄이 투하되고 소련이 참전하게 됐다고도 합니다.

제국주의 일본정부가 연합국들의 항복요구인 포츠담선언을 '묵살'인지 '거절'인지를 하지 않고 바로 받아들였다면 일본은 저 처절한 원자탄세례를 받지 않았을 것이며, 또한 소련은 참전기회를 잃었을 것이고, 그랬다면 우리는 소련참전으로 인한 38도선 획정 같은 것을 당하지 않았을 겁니다. 우리 땅 분단에 일본의 책임이 얼마나 큰가를 알고도 남지요.

최근에 태평양전쟁 종결과정을 상세히 쓴 『일미전쟁과 전후일본』이란 책을 읽었습니다. 그 책에서는 제국주의 일본의 항복이 좀 더 늦었더라면 일본영토가 미국과 소련에 의해 분할 점령될 뻔했지만 조기항복을 했기 때문에 일본은 분단을 피하고 대신 조선반도가 분단됐으니 '유감'이라 했습니다.

우리가 알다시피 일본정부가 포츠담선언을 '거절'한다고 판단한 미국은 8월 6일에 히로시마에 원자탄을 투하했는데 그래도 일본은 항복하지 않았습니다. 미국은 8월 9일에 다시 나가사키에 두 번째로 원자탄을 투하했고, 이날 소련이 일본과의 전쟁에 참전했습니다.

포츠담선언을 '거절'한 뒤라 해도 히로시마에 원자탄이 투하된 8월 6일이나 7일이나 8일에 일본이 항복했다면 소련은 일본과의 전쟁에 참전할 기회를 놓쳤을 겁니다. 앞에서 말한 『일미전쟁과 전후일본』이란 책에서는 8월 6일에 히로시마에 원자탄이 투하된 날로부터 소련이 참전하기까지의 3일간을 '범죄적 완만(緩慢)기간'이라 했습니다.

이 '범죄적 완만기간'이 곧 우리 땅의 분단과 6 · 25전쟁과 세기를 넘긴 우리 민족의 분단을 가져오게 한 거라 할 수 있을 겁니다.

이 '범죄적 완만기간'이 없어 소련이 참전할 기회를 놓쳤더라면 전체 우리 땅은 미국군의 점령 아래 들어갔을 거고, 38도선이 그어질 이유도 없었을 겁니다. 히로시마에 원자탄 세례를 받은 일본이 곧바로 항복함으로써 참전기회를 잃을까봐 부랴부랴 8월 9일에 참전한 소련군은 '만주'와 우리 땅으로 물밀 듯이 진격해 왔습니다.

당시 미국군의 최전방부대는 오키나와에 있었는데, 치열했던 오키나와 전투에서 참전병력의 35%를 잃었습니다. 일본이 항복하지 않고 이른바 본토결전(本土決戰)을 강행하는 경우 미국군은 오키나와 격전에서 손실된 병력과 무기를 보충해서 그해 11월 초에나 일본 규슈(九洲)에 상륙할 수 있었다고 합니다.

일본이 항복하지 않고 본토결전을 고집하는 경우, 미국군이 일본 땅에 상륙할 수 있는 11월 초까지는 소련군이 우리 땅 전체를 점령하고 일본의 북해도에 상륙할 상황이었습니다. 그 경우 우리 땅은 분단되지 않고 그 전체가 대륙세력권 사회주의세력권에 들어가고 일본이 분단될 가능성이 높았던 겁니다.

우리 땅 전체가 사회주의세력권에 들어갈 뻔했습니다

제2차 세계대전이 끝나는 시점에서 우리 땅 전체와 일본 땅의 일부가 대륙 쪽의 사회주의세력권, 즉 소련세력권에 포함되는 것은 미국 중심의 해양세력권 자본주의세력권에게는 대단히 불리한 상황이 되는 거였습니다. 동북아시아지역의 형세가 대단히 달라질 상황이었다고 하겠지요.

일본의 앞날을 어느 정도 내다봤고, 항복이 불가피함을 알게 된 일본의 전쟁당국자들이 8월 10일에 포츠담선언 수락을, 즉 항복하겠다는 뜻을 연합국 쪽에 전했습니다. 그러나 항복이 정식으로 조인될 때까지 소련군의 전투행위는 계속됐고 우리 땅 전체를 점령하고 일본 북해도에 상륙할 기세였던 겁니다.

실제로 소련군의 전투행위는 일본의 항복이 공포된 8월 15일 이후에도 일부 계속됐습니다. 즉 일본이 포츠담선언을 수락하겠다는 뜻을 전한 후에도 소련군의 우리 땅 전체에 대한 점령은 가능했고, 그 경우 미국은 군사적으로 소련의 우리 땅 전체 점령을 저지할 수 없는 상황이었던 겁니다.

제2차 세계대전이 끝나는 시점에서 우리 땅 전체가 대륙세력권 즉 사회주의세력권에 들어가 일본 등 해양세력권을 겨누는 '칼'이 될 뻔했다고 하겠습니다. 더구나 태평양전쟁이 끝난 불과 4년 뒤에 중국 본토 전체가 사회주의권에 들어가게 됐으니 말입니다.

급히 참전한 소련군이 거침없는 진격으로 우리 땅 전체를 점령할 상황이 되자, 이미 많이 알려진 사실이지만 당황한 미국이 8월 10일 밤과 11일 새벽 사이에 '일반명령 제1호'라는 것을 기초했고 그것이 그 대통령에 의해 승인됨으로써 장차 우리 민족의 운명을 갈라놓을 '원한의 38선'이 그어지게 된 겁니다. 38도선 획정의 근거인 '일반명령 제1호'란 다음과 같은 거였습니다.

"만주와 북위 38도선 이북의 조선, 사할린 및 쿠릴열도에 있는 일본군은 소련 극동최고사령관에게 항복하고, 일본국 대본영(大本營)과 일본국 본토 및 이에 인접한 섬들, 38도선 이남의 조선과 류큐열도 및 필리핀에 있는 일본군은 미국의 태평양육군부대 최고사령관에게 항복하라"

태평양전쟁이 끝나는 시점에서 동북아시아의 대륙과 해양 사이에 위치한 우리 땅에 있는 일본군 전체가 미국군에게 항복하거나 소련군에게 항복하게 되면, 그것이 곧 전쟁 후 동북아시아지역에서 미국과 소련 사이의 세력권 및 영향권 범위의 차이로 연결될 거였습니다.

소련군이 이미 우리 땅 북부 일부를 점령한 상황에서, 미국군이 남북 전체 우리 땅에 있는 일본군의 무장을 해제하기는 불가능한 일이었고, 그렇다면 소련군이 미처 점령하지 않은 남쪽 부분에 있는 일본군만이라도 미국군이 무장해제하는 일이 절실했다고 하겠습니다. 미국의 '일반명령 제1호'는 이 같은 절박한 상황의 산물이라 할 수 있겠습니다.

그런데 미국의 '일반명령 1호'가 정한 우리 땅의 분계선이 왜 북위 38도선이 됐는가 하는 문제가 있습니다. 청일전쟁이나 러일전쟁 무렵에도 대륙세력과 해양세력이 전쟁을 피하면서 우리 땅에서의 이권을 공유하기 위한 타협적 분단선으로서 우리 땅의 남북중간선이라할 북위 38도선이 거론됐다고 앞에서도 말했습니다.

일본과의 전쟁에 불과 며칠밖에 참전하지 않은 소련이 우리 땅 전체를 점령하게 될 상황이 됐는데도 당장 우리 땅에 상륙할 상황이 못됐던 미국의 3성(국무-육군-해군) 조정위원회 소속 대령과 소령 등두 사람이 조그마한 지도를 놓고 '단 30분 만에' 우리 땅의 분할선으로 38도선을 결정했다고 알려져 있습니다. '원한의 38선'이 미국장교두 사람에 의해 '단 30분 만에' 결정됐다는 겁니다.

미국군과 소련군이 우리 땅에 있는 일본군의 무장을 해제할 범위를 정한 미국의 '일반명령 제1호'를 통고받은 소련은 북위 38도선 이북에 있는 일본군의 무장을 해제하고 항복받는 조건을 받아들이는 대신 일본열도의 북방일부인 쿠릴열도 전체와 북해도 북반부 점령을 요구했습니다.

미국은 소련의 쿠릴열도 전체 점령은 인정하고 북해도 북반부 점령은 거부했습니다. 쿠릴열도문제는 지금도 러시아와 일본 사이의 이른바 북방영토문제로 남아있지만, 어떻든 미국으로서는 북해도를 비롯한 일본열도 전체를 그 영향권 안에 두는 전략이었다고 하겠습니다.

소련이 38도선 이북의 우리 땅 북반부 점령에만 한정하고 일본 북해도 북반부점령을 포기함으로써 해방된 우리 땅은 분단되고 패전한 일본은 분단을 피하게 됐습니다. 우리 민족사회의 분단선인 '원한의 38선'이 우리 땅을 반세기 동안이나 강점했던 일본의 분단을 대신하게 된 기막힌 산물이라 할 수도 있겠습니다.

당초의 38도선은 '일반명령 제1호' 그것에만 따른다면 이후 반세기가 넘도록, 아니 21세기에 들어선 지금까지도 '원한의 38선'이 '통한의 휴전선'으로 되어 남아있을 것이 아니라, 어디까지나 태평양전쟁 종결 당시 전승국인 미국과 소련이 패전한 일본군의 항복을 받고 그 무장을 해제하기 위해 한때 잠시 정한 경계선일 뿐이었던 겁니다.

소련군이 8월 9일에 일본과의 전쟁에 참전하지 않았다면 남북 전체 우리 땅에 있는 일본군의 항복은 당연히 미국군이 단독으로 받게 됐을 것이며, 소련군이 참전한 뒤라 해도 일본의 항복이 조금 더 늦었더라면 남북 전체 우리 땅에 있는 일본군의 항복은 소련군이 단독으로 받았을 겁니다. 어느 경우건 '원한의 38선'이 그어질 것은 아니었지요.

그러나 우리 땅에서 미국군과 소련군이 모두 일본군의 항복을 받게 되는 상황이 되고 그 경계선으로 38도선이 그어지게 되자, 그 선은 또한편 제2차 세계대전의 두 전승국이요 두 강대국이면서 이데올로기를 달리하는 미국과 소련 사이의 동북아시아지역에서의 세력경계선이요 세력균형선이 될 가능성도 충분히 있었다고 할 수 있었습니다.

우리 땅을 양분하는 38도선을 경계로 미국군과 소련군이 각각 일본군의 항복을 받게 됐다는 사실은, 곧 자본주의종주국 미국과 사회주의종주국 소련이 우리 땅 반쪽씩을 각각 제 세력권에 넣을 가능성이 커지게 된 것이며, 그 경우 38도선은 곧 미국과 소련 두 나라의 동북아시아에서의 세력경계선이 되기도 하고 또 세력균형선이 되기도 해서 우리 땅의 장기분단을 가져올 수 있을 것이기도 한 겁니다.

우리 민족사회로서는 이 점을 이해하고 그것을 막기 위한 지혜가 필요했습니다. '해방공간'에서 그 같은 상황은 민족분단을 기어이 막아야 한다는 생각을 가진 정치세력에게는 반드시 막아야 할 일이었지만, 반면 우리 땅 전체를 지배하지 못하게 될 경우, 절반만이라도 지배하기 위해 민족분단도 피하지 않겠다는 생각을 가진 정치세력에게는 오히려 바람직한 상황이 될 수도 있었다고 하겠지요.

미국군과 소련군이 일본군의 항복을 받기 위한 경계선으로 그어졌던 38도선이 6·25동족상잔을 통해 그 많은 희생을 내고도 없어지지 않고 '통한의 휴전선'으로 바뀌게 된 것은, 제2차 세계대전 후의 세계정세가 냉전으로 치닫게 되는 상황에서 그것에 대응해가는 우리 전체 민족구성원의 현실인식 및 역사인식의 문제와 직결돼 있었다고 하겠습니다.

생각해 보면 '원한의 38선'과 그 변형인 '통한의 휴전선'은 20세기 전반 반세기 동안 국권을 잃고 남의 강제지배를 받았던 우리 민족사회의 역사실패가 가져다준 '업보'인 동시에 그 '업보'를 순조롭게 풀어내지 못한 또 한 번의 역사실패의 엄연한 증거라 할 수도 있을 겁니다. 그 점에 대해서는 다음에서 상세히 말하겠습니다.

극심한 '찬탁' '반탁' 대립 결과
분단국가들이 성립됐습니다

  38도선이 그어짐과 거의 동시에 일본은 항복했고 우리 땅 전체를 점령할 기세였던 소련군의 진격은 38도선에서 멈췄습니다. 소련군과 일본군의 전투가 실제로 벌어졌던 38도선 이북, 소련군이 점령한 지역에서는 바로 인민위원회가 조직됐고, 38도선 이남에서도 해방과 함께 역시 각 지방의 인민위원회가 성립됐습니다. 남북을 막론하고 '해방공간'에서 성립된 인민위원회의 주체는 친일세력을 제외한 좌우 합작세력이었다고 하겠습니다.

  소련군의 전투지역이었던 38도선 이북에서는 8월 15일에 일본이 항복하자마자 바로 조선총독부의 통치가 끝났습니다. 그러나 소련군이나 미국군에 의한 직접적 전투지역이 아니었던 38도선 이남의 경우는 사정이 달라서 상당 기간, 즉 미국군정이 실시될 때까지 불행하게도 조선총독부의 통치가 계속되는 상황이었습니다.

  해방 당시 실제전투지역이 아니었던 38도선 이남에서는 조선총독부가 그 치안권을 해방직전에 여운형(呂運亨, 1886~1947)을 중심으로 비밀리에 조직됐던 건국동맹이 해방과 함께 확대 조직된 건국준비위원회에게 넘기기로 했다가 곧 다시 회수함으로써 9월 초에 미국군이 진주해서 항복을 받을 때까지 조선총독부의 치안권이 그대로 유지된 겁니다.

  그렇게 된 것은 앞에서도 말했지만, 서울에 있던 일본의 조선군사령부와 해방 당시 오키나와에 있었던, 장차 38도선 이남의 우리 땅에 진주할 미국 하지(Hodge. J. R, 1893~1963) 부대와의 사이에 전신연락이 있었고, 그 결과 미국군이 진주할 때까지 38도선 이남의 치안권은 조선총독부가 그대로 유지하게 된 겁니다.

38도선 이남에 미국군정이 실시되고 그 이북에는 북조선임시인민 위원회가 성립되어 통치했다 해도 그것들이 해방된 이 땅의 정식정 부는 물론 아니었습니다. 38도선의 남과 북을 통한 하나의 임시정부 가 성립되면 38도선과 함께 모두 없어질 임시적 통치권력에 지나지 않았던 겁니다.

우리 땅을 해방시키고 점령해 있던 미국과 소련이 중국에서 돌아 온 대한민국임시정부를 인정하지 않음으로써 미소공동위원회에 의 해 남북 전체 우리 땅을 통치할 우리 민족에 의한 새로운 하나의 임 시정부가 수립되게 되어 있었으며, 그 임시정부가 성립되기만 하면 당연히 38도선을 없애고 남북을 통한 전체 우리 땅을 통치하는 하나 의 정부가 될 거였습니다.

우리 민족사회가 대응하기에 따라서는 38도선은 어디까지나 미국 군과 소련군이 제국주의 일본군의 무장해제를 하기 위한 경계선일 뿐이며, 무정부상태인 해방 직후의 우리 땅을 임시로 통치하는 남쪽 의 미국군정과 북쪽의 북조선임시인민위원회 사이의 경계선일 뿐이 었으며, 따라서 바로 남북을 통한 하나의 정부를 수립하는 방법이 제 시된 겁니다.

그것은 우리가 잘 알다시피 미국과 소련이 공동위원회를 만들고 그 위원회가 남북의 정당 및 사회단체 대표들과 의논해서 남북을 통한 조선사람에 의한 임시정부를 수립하고 그 정부가 미국-소련-영국- 중국 등 4개 전승국의 신탁통치를 5년간 받은 뒤, 총선거를 실시해서 가장 많이 득표한 정당을 여당으로 하는 완전한 독립국을 수립하는 방법이었습니다. 역사에서 말하는 모스크바 3상회의결정이 그것입니다.

근 반세기에 걸친 외적의 강제지배에 저항해 온 민족사회라, 제 힘 만으로 해방되지 못한 사실은 잠깐 잊고 해방과 동시에 바로 독립국 가를 가질 수 있으리라든 민족적 여망이 유보되고, 앞으로 5년간이나 독립국 국민이 될 수 없다는 사실에 실망해서 모스크바 3상회의결정이 전해진 당초에는 좌우익을 막론하고 전체 민족사회가 신탁통치안에 반대했습니다.

그러다가 곧 좌익은 모스크바 3상회의 결정을 받아들이는 노선으로 바뀌었고 우익은 반대노선을 고수했습니다. 우익은 전승국들에 의한 5년간의 신탁통치를 식민통치의 연장이라 하며 반대했고, 좌익은 신탁통치를 우리를 해방시킨 전승국들에 의한 후견제(後見制) 즉 독립을 위한 뒷바라지 및 도움기간이라며 찬성했던 겁니다. 제 힘만으로 해방되지 못한 조건을 인식하고 있었다고 할까요.

일제강점기를 통해 끈질기게 지속된 우리 독립운동전선 전체는 일본제국주의의 패망과 우리 민족의 해방을 전망하면서 너무도 당연히 하나의 민족국가 건설을 지향했기 때문에, 해방직전에 좌우연합정부가 된 대한민국임시정부건 좌익전선의 조선독립동맹이건 재만한인 조국광복회건 모두 이데올로기의 차이를 넘어서 통일전선을 이루어 갔다고 앞에서 상세히 말했습니다.

그런데 해방과 함께 불행하게도 38도선이 그어지고 그 북녘땅은 사회주의종주국이라 할 소련이 점령하고 그 남녘땅은 자본주의종주국이라 할 미국이 점령함으로써, 지난날 독립운동전선에서 통일전선을 이루어갔던 우리 민족의 좌우익세력이 다시 분열되기 시작한 겁니다. 38도선과 미-소 양군의 분할점령이 '해방공간'의 좌우대립을 격화시킨 결정적 요인이었다고 하겠습니다.

좌익은 신탁통치 찬성노선으로, 우익은 반대노선으로 나아가면서 사생결단으로 대립해 갔습니다. 그 결과 우리 근대사 이후 최대의 민족적 불행이라 할 남북의 분단국가들이 성립되고, 뒤이어 저 처절한 6·25 동족상잔이 일어나게 된 겁니다. 그리고 부끄럽게도 21세기에 들어서서까지 세계 유일의 분단민족으로 남아서 여전히 서로 대립하고 싸우고 있는 겁니다. 불행하고도 부끄러운 일이라 하지 않을 수 없습니다.

일제강점 이전의 우리 땅에 대한 분단책동이나 음모는 주로 주변의 국제세력들에 의한 것이었던데 반해, 근 반세기 동안이나 외세의 강제지배를 받았다가 해방된 뒤에는 이제 우리 땅의 분단문제에 외세의 작용 위에, 신탁통치 반대와 찬성이라는 민족내적 대립이 강하게 작용하게 됐으니 민족적 불행이 한층 더 심각해지고 또 커졌다고 하겠습니다.

신탁통치 반대와 찬성으로 극렬하게 대립했던 우리 땅의 문제는 결국 소련의 반대에도 불구하고 당시 미국세력이 절대우세 했던 유엔으로 넘어가게 됐고, 유엔의 감시로 남북한 총선거를 실시해서 하나의 임시정부를 수립하기로 결정됐습니다.

그러나 우리 땅문제의 유엔이관자체를 반대한 소련이 유엔선거감시단의 38도선 이북출입을 반대했고, 따라서 결국 남녘만의 선거가 실시되게 됐습니다. 이른바 '단선단정'(單選單政) 즉 38도선 남녘만의 단독선거에 의한 단독정부 수립이 결정되어 통일국가가 아닌 분단국가 성립의 길, 불행하고도 불행한 길이 열리고만 겁니다.

유엔 결정의 '단선단정'안에 대해 38도선 이북과 이남을 막론한 좌익진영 전체와 우익진영 중에도 특히 김구(金九) 김규식(金奎植)을 중심으로 한 대한민국임시정부 쪽 진영은 강력히 반대했습니다. 앞에서 상세히 말했지만 독립운동과정에서 충칭임시정부를 좌우합작정부로 만든 주역들이지요.

귀국한 대한민국임시정부 중심세력은 미소공동회에 의한 임시정부 수립에 반대하고 남북을 통한 정식정부를 수립하기 위한 총선거를 스스로 담당하기를 원했고, 따라서 특히 그 우익진영은 이승만중심세력과 함께 강력한 신탁통치반대노선에 섰습니다. 그러나 이승만

중심세력의 반탁노선이 남쪽만의 분단국가수립방향으로 가게 되자 이제는 이에 반대하고 남북통일국가 수립노선을 고수하게된 겁니다.

'정읍발언'(井邑發言, 1946. 6. 3)을 시발점으로 해서 이승만과 한국민주당을 중심으로 추진된 '단선단정'안은 곧 38도선을 경계로 한 우리 땅 남북에 두 개의 국가가 성립되는 길이며, 그것은 곧 민족분단을 장기화하는 길로 인식됐기 때문에 38도선 이남에서도 거의 전체 지역에서 '단선단정' 반대투쟁이 일어났습니다. 우리 현대사에서 아픈 상처로 기록되는 '제주 4·3사건' 역시 남쪽만의 단독정부수립에 반대하는 운동에서 시작된 겁니다. 좌익세력은 물론 우익독립운동세력 대부분이 '단선단정'에 반대했습니다.

이승만중심세력의 '단선단정' 즉 38도선 남쪽만의 분단국가 수립방안에 강하게 반대한 대한민국임시정부의 주석 김구와 부주석 김규식이 통일국가 수립을 위해 남북협상을 추진한 일은, 비록 성공은 못했지만 우리 역사에서 길이길이 기억되어야 할 일이었습니다. 앞에서도 말했지만 김구는 '반쪽' 국회와 정부로서는 대한민국임시정부의 법통을 계승할 수 없다고 공언했습니다.

38도선 이남에 이승만을 대통령으로 하는 대한민국이 성립되고 곧 이북에 김일성을 수반으로 하는 조선민주주의인민공화국이 성립되자 김구는 해방된 우리 땅에 하나의 정부를 수립하기로 약속했다가 두 개의 정부가 성립되게 한 유엔에 대해 계속 항의하다가 결국 비명에 죽고 말았습니다.

38도선은 제2차 세계대전 뒤 자본주의종주국 미국과 사회주의종주국 소련이 우리 땅을 분할 점령하는 경계선이 됐고, 그것이 해방을 전망하면서 대한민국임시정부를 좌우합작정부가 되게 할 정도로 단합됐던 민족세력이 다시 좌우익으로 나누어져 심하게 대립하게 되는 요인이 된 겁니다.

다음에서 상세히 말하겠지만, '해방공간'에는 좌우익의 대립으로 두 개의 국가가 성립되어 민족사회가 분단되게 할 것이 아니라 극좌세력과 극우세력을 배제하고 온건좌익과 온건우익 중심으로 남북을 통한 하나의 국가를 수립하자는 생각과 운동도 있었고, 하나의 좌우익 연립국가를 수립해서 민족분단을 막아야 한다는 생각들도 있었습니다.

일제강점기를 통해 독립운동에 목숨을 바친 선열들은 해방 후 당연히 하나의 조국으로 독립되기를 기대했습니다. 본의건 아니건 두 개의 분단국가를 만들어 대립하고 싸우게 된 해방 후 시대를 사는 이 땅의 사람들은 모두 지난날 조국광복에 몸바친 선열들 앞에서는 죄인일 수밖에 없다고 하겠습니다.

반파쇼전쟁이었던 제2차 세계대전에서는 자본주의세력권과 사회주의세력권이 합세해서 투쟁함으로써 승리했습니다. 그러나 전쟁이 끝나는 과정에서 세력이 크게 확대된 사회주의세력권과 자본주의세력권의 대립이 강화되어 갔고, 그 대립은 동서 유럽지역은 물론 아시아권에서도 특히 반파쇼전쟁의 결과 식민지 및 반식민지상태에서 해방되게 된 우리 땅과 중국 및 베트남 등지에서 심화되어 갔습니다.

중국의 경우 반파쇼전쟁인 제2차 세계대전 뒤의 내전을 통해 사회주의체제가 정착했고, 그것에 고무되어 우리 땅에서도 사회주의체제를 정착시키려 한 6·25전쟁이 일어나서 우리 땅 전체가 대륙세력권 사회주의권에 들어갈 뻔했으나 미군중심 유엔군의 참전으로 그렇게 되지는 않았고, 반대로 자본주의체제가 우리 땅 전체에 적용될 뻔도 했으나 중국군의 참전으로 그렇게 되지도 않았습니다.

그러나 베트남에서는 미국을 중심으로 여러나라 군대가 참전했음에도 사회주의권의 승리로 통일됐습니다. 우리 땅의 경우는 중국 및 베트남의 경우와 다르게 북녘으로도 또 남녘으로도 통일되지 않았는데 물론 여러 가지 문제가 있겠지만, 그 지정학적 위치문제도 대단히 중요한 요인의 하나라 생각됩니다. 다음에서 구체적으로 말해질 겁니다.

남북 통일국가 수립을 목적한
좌우합작운동도 있었습니다

일제강점기를 통해 독립운동에 몸바치고 '해방정국'을 맞은 사람들은 해방과 함께 38선이 그어졌음에도 그것을 일시적 경계선으로 알고 당연히 남북을 통한 하나의 민족국가를 수립하기 위한 노력을 다했습니다. 그것은 독립운동과정 좌우합작운동의 연장이었다고 하겠습니다.

해방 전에 국내에서 비밀리에 건국동맹을 조직해 활약하면서 중국공산당지역의 조선독립동맹과 연합을 기도하기도 했던 여운형중심 세력에 의해 해방과 함께 건국준비위원회가 조직됐고, 미국군의 진주에 대비해서 친일세력을 제외한 우익과 좌익을 망라한 세력을 중심으로 남북 전체 지역에 걸쳐 성립된 인민위원회를 근거로 한 조선인민공화국이 선포됐다고 앞에서 말했습니다.

귀국 전의 이승만을 주석으로 여운형을 부주석으로 한 조선인민공화국 선포는 조선총독부가 패퇴한 뒤 남북 우리 땅에 미국군정과 소련군정이 실시되는 상황을 막고, 앞으로 총선거를 담당해서 독립국가를 건설할 우리 민족의 국내판 임시정부를 세우기 위한 방책이었다고도 할 수 있겠습니다.

이 조선인민공화국 측은 이승만이 1945년 10월 16일에 미국에서 귀국하자 "위대한 지도자에게 충심의 감사와 만강의 환영을 바친다"는 담화를 발표했고, 이에 대해 이승만도 "나는 공산당에 대해 호감을 가진 사람이다. 우리나라의 경제대책을 세울 때 공산주의를 채용할 점이 많이 있다"하고 화답하기도 했습니다.

해방 직후의 상황에서는 여운형 중심 조선인민공화국 쪽의 이승만 환영사나 이승만의 공산당에 대한 호의적 발언이 하나의 정치적 입발림이라기보다 해방 당시의 상황에서 친일세력이 아닌 이상 좌우익을 막론하고 새로운 하나의 조국을 건설하기 위한 충심에서 나온 발언이요 태도라고 해도 괜찮지 않을까 합니다.

이후 이승만과 여운형 및 공산당 당수 박헌영(朴憲永, 1900~1955) 사이에 면담이 이루어지고 좌우익이 함께 독립촉성중앙협의회를 결성하기로 합의하기도 했습니다. 비록 38도선이 그어졌다 해도 좌우익을 막론하고 당연히 하나의 민족국가를 수립해야 한다는 생각의 산물이었다 할 것입니다. 이때까지만 해도 좌익이건 우익이건 남북 두 개의 분단국가들이 성립되리라고는 생각할 수 없었을 테니까요.

그러다가 먼저 좌우익이 통합한 뒤 친일파를 제거하자는 우익 쪽 주장과, 먼저 친일파를 제거하고 좌우익이 통합하자는 좌익 쪽 주장이 대립했습니다. '해방공간'에서 흔히 말해지던 '선친일파숙청' '후좌우통합론'과 '선좌우통합' '후친일파숙청론'의 대립이 타협되지 못해 박헌영 중심의 좌익 쪽이 독립촉성중앙위원회에서 탈퇴했습니다.

지금에 와서 생각해 보면, 명성은 있었지만 홑몸으로 귀국해서 아직은 국내의 정치적 기반이 약했던 이승만을 중심으로 한 우익세력의 경우, 좌익보다는 우익 쪽에 친일분자가 더 많다고 생각되던 해방 직후의 상황에서, 친일세력을 먼저 제거하면 우익 쪽의 정치적기반이 약해질 우려가 있었고, 국내에서 투쟁했던 박헌영중심 좌익세력의 경우 해방정국에서 친일세력을 먼저 제거해야 정치적 형세가 유리해진다고 판단했을 것으로 생각되기도 합니다.

여운형중심의 '중도'세력과 이승만중심의 우익세력, 그리고 박헌영 중심의 좌익세력 이외에 해방 후의 우리 땅에 통일된 민족국가를 수립하기 위한 과업을 가진 또 하나의 정치세력이 있었으니 그것은 중국에서 귀국한 김구 중심의 대한민국임시정부 진영이었습니다.

대한민국임시정부는 귀국 전에 좌우합작정부가 됐으나 귀국 후에는 김원봉 중심의 좌익세력이 이탈하고 다시 우익세력 중심이 됐습니다. 38도선 획정과 미-소 양군의 우리 땅 분할점령으로 좌우대립이 심해지기 시작한 것이 귀국 전에 이루어졌던 대한민국임시정부의 좌우합작이 깨지게 된 원인이라 하겠습니다.

대한민국임시정부가 일본을 패망시킬 미국중심 연합국의 승인을 받았다면, 경우에 따라서는 38도선 이남에서만이라도, 당연히 새로운 국가를 수립하기 위한 총선거를 담당할 명실상부한 임시정부가 됐겠지만, 연합국의 승인을 못 받았기 때문에 새로운 민족국가를 건설하기 위한 총선거를 담당하는 임시정부가 아닌 한낱 망명정부가 될 상황이 되고만 겁니다.

우리 민족을 해방시킨 연합국들의 승인은 못 받았지만, 1919년에 성립되어 근 30년간 항일투쟁을 해온 대한민국임시정부로서는 해방된 조국에서 독립된 정식정부를 수립하는 산파역을 담당하는 당당한 임시정부 역할을 하고 싶은 것이 사실이었습니다. 그러나 38도선 이북에서는 말할 것도 없고 이남에서도 그런 역할을 담당할 여건이 되지 못했습니다.

연합국들이 해방된 우리 땅에 대해 5년간의 신탁통치를 결정한 것은 곧 30여 년간 항일투쟁을 해온 대한민국임시정부의 존재를 인정하지 않는 것이며, 이에 대한민국임시정부진영은 연합국이 제시한 신탁통치안을 적극 반대했습니다. 그런데 그 점에서는 본의건 아니건 국내 우익세력을 업고 신탁통치를 반대하면서 '단선단정'노선으로 가게 되는 이승만중심 세력을 도와주는 상황이 됐다고 하겠습니다.

같은 반탁노선이면서도 이승만중심 세력의 반탁노선이 '단선단정' 즉 38도선 이남만의 단독정부 수립노선으로 가게 되자, 대한민국임시정부진영은 '단선단정'에 반대하고 주석 김구와 부주석 김규식이 남북통일정부 수립을 주장하는 북녘 당국과 협상하기 위해 어려움을 무릅쓰고 평양행을 했으나, 때가 너무 늦어 결실을 보지 못하게 됐습니다.

한편, 김구와 김규식은 대한민국임시정부의 주석과 부주석이었지만, 두 사람의 독립운동전선에서의 처지와 귀국 후의 행적이 좀 달랐습니다. 충칭임시정부가 좌우합작정부가 될 때도 김구는 한국독립당 당수로서의 주석이었고, 김규식은 김원봉주도의 조선민족혁명당 당수로서 부주석이었습니다.

김구는 누가 무어래도 철저한 우익 독립운동가였으나, 김규식은 미국대학졸업생이요 기독교신자면서도 독립운동전선에서는 상하이 임시정부의 창조파로서 소련 블라디보스토크의 신한촌에 가서 코민테른 극동국 꼬르뷰로의장에게 "현재 실질적인 조선공산당은 존재하지 않는다―공산주의자와 민족주의자 두 요소가 조선민중의 해방을 위해 협력해야 한다는 것을 알아야 한다"는 비망록을 제출하는데 동참하기도 했습니다.

해방 후 귀국한 대한민국임시정부가 반탁노선에 매진하게 되자 좌우합작 충칭임시정부의 군무부장이었으며 조선민족혁명당의 핵심인물이었던 김원봉 등은 반탁에 반대하면서 임시정부를 떠났습니다. 김규식은 임시정부를 떠나지는 않았지만, 김구와는 달리 적극적으로 반탁노선에 서지는 않고, 좌우익의 타협과 남북통일정부 수립을 지향한 좌우합작위원회를 주도하게 됐습니다.

한편 해방을 전후해서 건국동맹 건국준비위원회 조선인민공화국 등을 주도했던 여운형도 '찬탁'과 '반탁'으로 대립된 정국을 풀고 남북통일국가를 수립하기 위해 김규식과 함께 좌우합작운동을 추진해 갔습니다. 여러 가지 해석이 있지만, 어떻든 미군정청 쪽도 온건좌파 여운형과 온건우파 김규식 중심의 좌우합작운동을 한 때 지지하고 나서기도 했습니다.

좌우합작위원회는 김규식과 여운형 이외에도 우파의 원세훈(元世勳, 1887~?)-안재홍(安在鴻, 1891~1965)-최동오(崔東旿, 1892~1950)-김붕준(金朋濬, 1888~1950) 등과 좌파의 성주식(成周寔, 1891~1959)-정노식(鄭魯湜, ?~1965)-이강국(李康國, 1906~1953) 등을 중심으로 발족해서 1946년 7월 25일에 제1차 회의가 열렸습니다.

그러고는 좌익 쪽의 '합작 5원칙' 및 우익 쪽의 '합작 8원칙'과 이를 참작한 합작위원회 쪽의 '합작 7원칙' 등이 제시됐습니다. 38도선을 극복하고 남북통일국가를 수립하기 위해 제시된 좌우합작조건의 초점은 역시 '해방정국'의 3대과제였다 할 신탁통치문제와 토지개혁문제, 그리고 친일파-민족반역자 숙청문제 등을 어떻게 할 것인가 하는 점이었습니다.

신탁통치문제에 대해 좌익 쪽은 지지했는데 반해 우익 쪽은 남북을 통한 임시정부를 수립한 뒤에 해결하자는 안이었고, 합작위원회 쪽도 우익 쪽 안과 같았습니다. 신탁통치여부를 뒤로 미루고도 남북을 통한 하나의 임시정부를 먼저 수립할 수 있느냐 하는 문제가 있긴 했습니다만.

토지개혁문제는 좌익 쪽은 무상몰수 무상분배 안이었는데 반해 우익 쪽은 균등사회건설을 목표로 하되 임시정부 수립 후에 해결하자는 안이었고, 합작위원회안은 체감매상(遞減買上) 즉 정부가 차등 있게 사들여서 무상으로 분배하자는 안이었습니다.

가장 예민했다 할 친일파-민족반역자 처리문제는 좌익 쪽은 즉시 처리하자는 안이었다고 할 수 있는데, 우익 쪽은 임시정부 수립 후 특별법정에서 처리하자는 안이었고, 합작위원회 쪽은 입법기관을 통한 처리였습니다. 우리가 알다시피 친일파 처리문제는 결국 이승만 정부 성립 뒤로 미루어졌다가 그것마저 무위로 되고 말았습니다.

대체적으로 말해서 좌우합작위원회에서는 좌익안과 우익안을 절충한 안을 제시했다고 할 수 있겠습니다. 38도선을 경계로 좌익과 우익의 대립이 심해져 가는 현실적 상황에서, 그것을 극복하고 남북통일민족국가를 수립하려는 좌우합작위원회의 처지에서는 그럴 수밖에 없었다고 하겠지요.

좌우합작운동은 여운형을 중심으로 하는 온건좌익과 김규식을 중심으로 하는 온건우익이 38도선 이남에서 추진한 통일국가수립운동이었다고 하겠는데, 여운형의 구상은 좌우합작운동을 통해 통일임시정부를 수립하자는 거였고, 김규식은 우선 38도선 이남에서 좌우합작을 한 후 38도선 이북 쪽과 합작을 추진하려 한 거였습니다.

여운형 등 온건좌파와 김규식 등 온건우파를 중심으로 하는 좌우합작운동이 성공하고 그에 따라 남북합작이 이루어지고 남북을 통한 하나의 임시정부가 수립됐더라면, 그 즉시 38도선은 없어지고 통일민족국가를 수립할 수 있는 기반이 마련되는 거였습니다.

그랬다면 저 처절한 6·25 동족상잔이 없었을 것이며, 20세기를 넘기고 21세기가 된 시점까지 세계 유일의 분단민족으로 남아있는 수모도 겪지 않을 수 있었겠지요. 그러나 20세기 전반 동안 외적의 강제지배를 받아 근대적 정치훈련을 쌓을 기회를 전혀 가지지 못한 우리 민족사회의 '해방정국'의 정치문화 수준이 그 정도에는 못 미쳤던 것이라 할 수 있을 겁니다.

좌우합작위원회가 제시한 '합작7원칙'에 대해 해방 전에 중국 충칭에서 좌익 쪽과의 통일전선을 추진한 경험이 있는 대한민국임시정부의 여당인, 김구 중심 한국독립당은 찬성했습니다. '해방정국'에서 반탁노선에 서긴 했지만 남북분단은 막아야 했던 것이지요.

그러나 독립운동과정을 통해 좌익 쪽과의 연합전선 및 통일전선을 해본 경험이 전혀 없었던 이승만 중심세력과 국내 지주세력을 대표하는 한국민주당은 좌우합작위원회안에 반대했고, 이 때문에 원세훈-김병로(金炳魯, 1887~1964)-김약수(金若水, 1892~?) 등 270명의 한국민주당원이 탈당했습니다. 원세훈-김병로 등은 한국민주당원 중에서도 반일전선에 섰거나 반일성향이었던 사람들이라 할 수 있습니다.

여운형이 '해방공간'에서 여러 번 북녘에 가서 김일성 등과 만나 의논한 상세한 내용을 실은 『김일성과 박헌영 그리고 여운형』이란 책이 얼마 전에 출판됐는데, 거기에는 다음과 같은 내용이 있어서 김일성 등도 좌우합작에 동의한 것 같이 전해주고 있습니다.

　　"김일성도 여운형의 좌우합작운동의 의도를 파악하고 있었고 그의 정치노선에 공감하고 있었다. 김일성은 박헌영에게 여운형의 좌우합작운동이 갖는 의의를 강조하였고 이남 공산당도 여운형을 후원하는 것이 좋겠다는 의견을 밝히기도 하였다."

박헌영을 중심으로 하는 조선공산당 쪽에서는 중간노선의 존재자체를 인정할 수 없다면서 합작위원회의 '7원칙'에 반대했습니다. 그러나 당시의 남쪽 정계에서는 좌우익세력을 막론하고 좌우합작위원회 안을 지지하는 세력이 결코 만만치 않았습니다.

홍명희(洪命熹, 1888~?)-이극로(李克魯, 1893~1978) 등 뒷날 월북하게 되는 사람들을 비롯한 안재홍-원세훈-오하영(吳夏英, 1890~1959)-

윤기섭(尹琦燮, 1881~1959)-최동오-김붕준(金朋濬, 1888~1950) 등 정
계요인과 각계의 지도급 인사 1백여 명이 시국대책협의회를 결성해
서(1947. 7. 3) 좌우합작운동을 적극 지지한 겁니다. 그리고 민족자주
연맹을 비롯한 민중동맹-신진당-사회민주당-천도교보국당-근로대
중당-조선공화당-민주통일당-신한국민당 등 극우노선과 극좌 노선
을 취하지 않는 많은 정당-단체들이 좌우합작운동을 지지했습니다.

또 당시 미군정청 여론국이 실시한 여론조사에 의하면, 순수자본
주의지향이 17%, 공산주의지향이 13%, 사회주의지향이 70%였다고
했습니다. '해방정국'에서 공산주의지향과 사회주의지향을 구분해서
조사한 점이 흥미로운데, 만약 사회주의지향을 극우나 극좌가 아닌
중도노선으로 볼 수 있다면, 미군정청이 실시한 이 여론조사 결과는
'해방정국'의 진정한 민의를 나타낸 중요한 통계라 할 수 있지 않을까
합니다. 남북분단을 반대하는 민족구성원이 절대다수였다 해도 틀리
지 않을 겁니다.

민족사회가 남북으로 분단될 가능성이 높아진 상황에서 분단을 막
고 통일민족국가 수립을 목적한 여운형-김규식 중심 좌우합작운동
의 지지기반도 결코 적지 않았다고 하겠습니다. 그러나 남쪽 정계에
서 입지가 어려워져가던 여운형이 암살된(1947. 7. 19) 뒤 정국은 급
격히 남북분단이 강화되는 쪽으로 바뀌어 갔습니다.

38도선이 그어져서 국토가 남북으로 분단된 위에 '찬탁'과 '반탁'으
로 좌우익의 사상적 행동적 대립이 격화되고, 극우세력의 정점이라
할 이승만이 '정읍발언'(井邑發言: 1946. 6. 3) 등을 통해 38도선 이남
만의 분단국가 수립을 지향하는 입장을 확실히 해간 겁니다. 이 같은
상황에서, 극좌세력과 극우세력을 배제하고 온건좌익과 온건우익을
중심으로 한, 또는 좌익세력과 우익세력의 합작에 의한 남북통일정
부를 수립하기는 어려운 일이었다고 하겠습니다. 우리 민족사 위의

불행하고도 불행한 역사가 별수 없이 현실화해간 겁니다.

그래서 남북에 각각 두 개의 분단국가가 성립되고 곧 동족상잔의 6·25전쟁이 터지고 말았지만, 그 때로부터 반세기가 더 지난 지금에는 좌우합작통일론은 멀리가고 통일문제를 두고 연방제니 연합제니 하는 방안들이 제시되어 설왕설래하고 있다고 하겠습니다.

10. 6·25전쟁으로
분단이 고착되고 말았습니다

이 전쟁을 6·25전쟁이라 부르는 이유부터 말하겠습니다

어떤 역사적 사실에 대한 명칭은 분명하고 또 일관돼야 하지만, 그것이 그렇게 쉬운 일만은 아닙니다. 1950년에 우리 땅의 남북 두 분단국가들 사이에 터져서 남북의 군대만이 아니라 미국군 중심 유엔군과 중국육군 및 소련공군까지 참전해서 3년간이나 계속되면서 쌍방에 엄청난 희생을 치르고도 어느 쪽으로도 통일되지 않고 휴전으로 끝나고만 그 전쟁을 이 글에서는 잠정적으로 6·25전쟁이라 합니다.

그러나 이 동족상잔 전쟁에 대한 명칭은 여러 가지였습니다. 우리 땅 남녘에서는 처음에는 6·25동란으로 혹은 6·25사변으로 불리기도 하다가 어느새 한국전쟁으로 많이 불리고 있기도 합니다. 그런가 하면 우리 땅 북녘에서는 이 전쟁을 조국해방전쟁이라 합니다. 같은 전쟁을 두고 남녘과 북녘에서 붙인 명칭이 이렇게 다른 것처럼 이 전쟁의 의미에 대한 이해도 서로 다른 겁니다.

같은 민족사회에서 일어난 같은 역사적 사건을 두고 남과 북에서의 명칭이 이렇게 다른 것 그 자체가 또한 우리 민족사회의 불행한 현실의 반영 그것이라 할 수 있겠습니다. 완전통일이 되기 전이라도 남북의 역사학계가 먼저 역사교육을 위한 '역사통일'이라도 할 필요가 절실하다 하겠습니다.

다른 글에서도 썼지만, 전쟁발발 당시 6년제 중학교 5학년생이던 필자가 이 전쟁 소식을 처음 들은 것은 어느 경찰관으로부터 '남북전쟁'이 터졌다는 말에서였습니다. 그러나 그 뒤에도 이 전쟁이 '남북전쟁'으로는 불리지는 않았던 것 같습니다. 한 경찰관이 우선 제멋대로 붙인 이름이었다고 하겠지요.

이 전쟁을 우리 땅 남녘에서는 처음에는 대체로 6·25동란으로, 또는 6·25사변으로 불렸다고 했는데, 6·25'동란'이란 명칭은 전쟁이 아니라 6월 25일에 일어난 일종의 내란 또는 반란이란 뜻이라 하겠으며, 6·25'사변'이란 명칭은 선전포고 없이 일어난 무력충돌이어서 전쟁이 아닌 '사변'이란 용어를 썼다고 할 수 있습니다.

지난날 일본제국주의자들이 '만주'를 침략하기 위해 1931년에 선전포고 없이 도발한 전쟁을 '만주사변'이라 하고, 그 뒤 1937년에 중국 중원 땅을 침략하면서 역시 선전포고 없이 도발한 전쟁을 '지나(支那)사변'이라 한 것에서도 전쟁을 '사변'이란 용어로 얼버무린 예를 볼 수 있습니다.

'지나'가 무슨 말인가 하는 젊은이들도 있을 법한데, 그 때 일본인들은 중국을 '지나'라 했습니다. 영어명칭 '차이나'의 변용이기도 하지만, 중국을 얕잡아 보는 명칭이기도 했습니다. 그래서 '지나사변'은 지금은 중일전쟁이 됐는데 '만주사변'은 우리나 일본에서는 그대로 쓰고 있고 중국은 그 해의 9월 18일에 일어났다 해서 '9·18사변'으로 부르고 있습니다.

그건 그렇다하고, 우리 땅 남녘에서 6·25동란 혹은 6·25사변으로 불리던 이 전쟁을 영어권에서는 남북 전체 우리 땅에서 일어난 전쟁이라 해서 KOREAN WAR라 했고, 지금의 남녘사회에서는 그 번역어

로서 '한국전쟁'이라 부르는 경우가 많아졌습니다. 지금에는 남녘땅
에서는 6 · 25동란이나 6 · 25사변이란 명칭은 거의 쓰지 않고 영어권
에서 쓰는 KOREAN WAR의 번역인 한국전쟁이란 명칭을 주로 쓰게
됐다고 하겠습니다. 그러나 이 명칭이 역사학적 관점에서 보아서도
옳은가 하는 문제가 있기도 합니다.

다른 글에서도 지적했지만, KOREAN WAR라 할 때의 'KOREA'는 엄
격히 말하면 남북 우리 땅 전체를 가리키는 데 반해, 그 번역어인 '한
국'은 실제로는 우리 땅 남녘의 대한민국 땅 즉 6 · 25전쟁 전에는 38
도선 이남지역을 가리키고 6 · 25전쟁 이후에는 휴전선 이남지역을
가리키는 것이며, 38도선 및 휴전선 이북 땅은 실제로 '한국'에 포함
되지 않습니다. 일본에서는 6 · 25전쟁을 주로 '조선전쟁'이라 하는데
이 경우의 '조선'도 남북 우리 땅 전체를 가리키는 겁니다.

따라서 KOREAN WAR의 KOREA를 '한국'으로 번역하면 6 · 25전쟁은
1950년 6월 25일에 남북 전체 우리 땅에서 일어난 전쟁이 아니라 38
도선 이남의 '한국 땅'에서 일어난 전쟁이 되고 맙니다. 휴전 이후의
경우는 휴전선 이남에서 일어난 전쟁을 뜻하게 되겠지요. 역사책에
기록되어 가르쳐지는 사건의 명칭은 후세에까지도 통용될 수 있는
정확한 명칭이어야 합니다.

지금과 같은 민족분단시대에는 역사적 용어에서도 남북 사이에 이
렇게 차이가 있습니다. 같은 사건을 두고 한쪽에서는 한국전쟁이라 하
고 한쪽에서 조국해방전쟁이라 하는가 하면, 남녘에서는 임진왜란이라
하는데 북녘에서는 임진조국전쟁이라 하는 것도 그 예의 하납니다.

그 밖에도 남북 역사학계가 사용하는 역사용어가 다른 경우가 많
습니다. 그래서 6 · 15남북공동선언으로 남북관계가 좋아졌을 때 남
북의 역사학자들이 남북역사학자협의회를 조직해서 역사용어를 통
일하는 작업을 일부 추진했으나, 이명박정부가 들어선 이후에는 그

같은 남북역사학계 공동의 작업들이 완전히 중단되고 말았습니다. 안타까운 일입니다.

이 글에서는 부득이하게 잠정적으로 '6·25전쟁'으로 하지만, 훗날 평화롭게 통일이 되고나면, 통일된 우리 역사학계가 1950년에 일어난 불행한 동족상잔으로서 이건, 또 통일을 목적한 전쟁으로서 이건, 이 처참하고도 불행한 전쟁에 대한 적합한 명칭이 붙여질 것이라 생각합니다. 이런 일마저 당대의 역사학이 제대로 된 이름을 붙이지 못하고 뒷사람들에게 미루어서 말할 수 없이 미안하지만 말입니다.

분단을 고착시킨 6·25전쟁은
어떤 상황에서 왜 일어났을까요

지난 20세기 말에 소련체제가 무너지고 소련의 핵심부분이 러시아공화국으로 된 뒤 소련시기의 여러 가지 문서들이 공개됐고 6·25전쟁에 관한 자료들도 세상에 많이 알려지게 됐습니다. 그 소련자료들에만 의존하면 6·25전쟁이 마치 스탈린의 '작품'처럼 되어있다 해도 과언이 아니라 할 수 있습니다. 그러나 6·25전쟁은 소련 땅에서 일어난 전쟁이 아니라 우리 땅에서 일어난 전쟁인 겁니다.

역사학 전공자의 입장에서 말하면, 6·25전쟁 과정 전체에 대한 완전한 실상과 진실이 밝혀지고 올바른 역사적 의미와 평가가 제대로 내려지기 위해서는, 지금도 많이 이용되고 있는 6·25전쟁 때 미국군이 북녘땅에서 가져간 '노획문서' 이외에도 북녘정부 즉 조선민주주의인민공화국 정부의 6·25전쟁 관계 자료가 완전히 공개된 뒤라야 한다는 생각입니다.

돌이켜 보면, 해방 직후 일반 민중들도 수천 년 동안 함께 살아온 민족사회가 갑자기 남북으로 분단된 데서 오는 불편함이 컸습니다. 남과 북의 정권당국자들이 제각기 반쪽 땅의 통치자가 아니라 남북 우리 땅 전체가 제 통치영역에 있는 것처럼 주장하는 것과는 상관없이, 민중들은 갑작스런 국토분단에서 오는 현실생활상의 불편함이 컸던 겁니다.

따라서 남북을 막론한 일반민중들도 하루빨리 통일돼야 한다는 생각이 절실했던 것이 사실이었습니다. 남쪽주민인 필자의 경험에도 어제까지 동족이었던 북녘사람들을 갑자기 적으로 간주해야 한다는 정부 쪽의 요구가 가당찮게 느껴졌던 것은 물론이거니와, 일제강점기동안 북녘에서 공급되던 전력이 갑자기 끊어져서 정전이 자주 되는 등 실생활에서 불편하게 된 점이 많았으니까요.

특히 역사학전공자가 된 뒤에는 교과서에서만 대하게 되는 저 웅대하고 화려하고 유서 깊은 고구려의 유적 및 선죽교 등의 고적과, 강서대묘 등 고구려 고분벽화를 가보고 싶은 마음이 간절했고, 6 · 25 전쟁으로 중국이 '중공오랑캐'로 된 뒤에는 꼭 가보고 싶은 광개토대왕비와 만리장성을 죽기 전에 가볼 수 있으리라 생각하기 어려웠습니다.

그런데 다행히도 사회주의중국과 국교가 열려서 광개토대왕비와 만리장성은 1990년대가 돼서야 가볼 수 있었고, 북녘땅의 강서대묘 등 고구려 유적과 개성 근처의 고려시대 유적들은 2000년대에 와서 6 · 15남북공동선언으로 남북관계가 호전되면서 겨우 가볼 수 있었습니다.

유럽지역에서 활동했던 화가 이응로(李應魯, 1904~1989)나 음악가 윤이상(尹伊桑, 1917~1995) 같은 사람들이 예술가의 처지에서 고구려 고분벽화 등의 유적이 보고 싶어 북녘을 다녀왔다가 이른바 동백림

간첩사건에 연루되어 옥고를 치렀던 1960년대의 일 등은 모두 민족분단과 6·25전쟁이란 동족상잔이 빚은 비극의 한 부분이라 하겠습니다.

필자의 경우도 사진으로만 보면서 직접 보기를 간절히 원했던 강서대묘의 사신도나 고려태조 왕건릉 내부의 벽화와 개성 시내의 고적 등을 6·15남북공동선언 뒤 남북역사학자협의회를 조직해서 남녘의 역사학자들과 함께 직접 가볼 수 있게 돼 얼마나 도움이 됐는지 모릅니다. 개성의 고려시대유적을 처음 본 남녘의 고려사전공 교수들은 다음 학기부터는 강의내용이 달라지겠다고 말할 정도였습니다.

남녘의 역사학도나 나아가서 일반대학생과 중-고등학생들이 예사롭게 수학여행을 가서 저 찬란한 고구려시대와 고려시대의 문화유산을 볼 수 있어야 하며, 북녘의 학생들이 경주나 부여-공주 등지의 화려한 고적들을 쉽게 가볼 수 있어야 한다는 생각이 절실했습니다. 그래서 남북역사학자협의회가 그 역할을 담당해야겠다하고 일을 추진하려 했지만 통일부를 없애려다가 반대에 부딪쳐 그냥 둔 이명박정부가 서면서 그 같은 계획들이 물거품이 되고 말았습니다.

남북에 두 개의 국가가 성립되기 전에는 물론, 두 개의 분단국가가 성립된 초기에도 통일된 하나의 나라가 돼야 한다는 생각들이 당연히 있었고, 또 그렇게 되는 방법은 평화적이어야 한다는 주장도 있었지만, 그 같은 생각과 주장들은 분단체제가 날로 고착화하면서 점점 희미해져 갔습니다.

남녘의 이승만정부는 공공연히 북진통일, 즉 전쟁통일 정복통일을 말했고 북녘 정부도 겉으로는 평화통일을 말하면서도, 실제로는 게릴라전투부대를 남파시키기도 했으며 '혁명통일'을 공언하기도 했습니다. 6·25전쟁이 발발할 즈음에는 남북을 막론하고 오늘날과 같은 평화통일론이 정착되지 않았던 것이 사실이었다고 하겠습니다.

6·25전쟁이 터지기 전에도 38도선 경계지역에서는 남북 군대 사이에 자주 충돌이 벌어졌고 그 사실이 일반인에게도 알려지곤 했습니다. 그 때는 남녘땅이었던 개성지역에서 남북군인 사이에 벌어진 전투에서 남녘군인들이 지난날 중일전쟁 때 일본군인들이 했다던 '육탄 10용사'인가처럼 북쪽 군대의 토치카에 '육탄공격'을 가하고 전사했다는 말을 학교에서 듣기도 했습니다. 6·25전면전쟁 전에도 남북 사이에 국지적 무력충돌이 빈번했고 일반인들도 그 사실을 알고 있었던 겁니다.

필자의 경우, 일요일이었던 1950년 6월 25일에 6·25전쟁이 터졌다는 소식을 처음에는 '남북전쟁'이 일어났다는 말로 들었다고 했지만, 전쟁이란 말에 놀랐으면서도 자주 들었던 남북군대 사이의 충돌을 좀 과장해서 말하는 것이 아닌가 생각하기도 했습니다. 아마 대부분의 사람들도 처음에는 자주 있었던 남북군대 사이의 충돌규모가 좀 커진 것으로 받아들였던 것이 아닌가 합니다.

수천 년을 함께 살아온 민족이 갑자기 남북으로 분단된 초기에는 당연히 통일되어야 한다는 생각이 강했으면서도, 그 방법은 그때도 남북 사이의 타협적 평화적·상생적 방법이 전혀 생각되지 않은 것은 아니었지만, 그보다는 정부가 말하고 있는 북진통일 즉 공격적 정복적 전쟁방법이 오히려 일반적인 생각이 아니었던가 합니다.

필자가 경험한 '해방공간'의 중학교입학시험 구술시문에 어떻게 해야 통일이 된다고 생각하느냐는 질문이 있었고, 수험생들은 대개 공산당이 없어져야, 혹은 38선이 없어져야 한다고 대답한 경우가 많았다고 기억하는데, 공산당이 없어져야 한다는 경우건 38선이 없어져야 한다는 경우건, 당시로써는 그것이 평화적 방법으로 없어질 수 있다고 생각하고 대답한 것은 아니었다는 겁니다. 그때로서는 38도선이 평화적·타협적 방법으로 없어질 가능성은 거의 없었으니까요.

그같이 불행한 민족사회의 분단현실이 저 처절한 동족상잔 6·25 전쟁을 겪고도, 그리고 그때의 중학교 입학생이 80 노령이 된 지금까지도 해결되지 않고 있으니, 그저 한심한 일이라고나 해야 할까요, 아니면 남북 전체 민족사회의 무능 탓으로 돌려야 할까요.

분단된 직후에는 생활 일반에서도 불편함과 부자연스러움이 분단 반세기가 지난 지금보다 훨씬 심했던 것이 사실입니다. 따라서 민족 구성원 일반의 통일에 대한 열망과 절실성 역시 지금보다 훨씬 더 강했다고 하겠습니다. 그런데도 막상 그렇게 절실한 통일의 실제적 방법에 대해서는 남녘의 경우는 북진통일, 북녘의 경우는 '혁명통일', 즉 전쟁의 방법 및 물리적 방법에 한정됐었다고 할 수 있습니다.

그런 상황에서 저 처참한 동족상잔 6·25전쟁이 일어난 겁니다. 분단된 직후여서 통일에 대한 열망은 지금보다 훨씬 높았고 그러면서도 통일방법은 비평화적·비타협적·비상생적 방법이 주된 것이었던 상황에서 일어난 6·25전쟁을 역사적으로 어떻게 인식하고 정의해야 하며 교육할 것인가 하는 문제가 우리 민족사회 전체가 안고 있는 어려운 과제라 할 수 있겠습니다.

남북 전체 우리 민족사회가 그 같은 어려운 과제를 슬기롭게 풀어서 21세기 세계사 속의 당당한 일원이 되기 위해서는, 지난 20세기에 이루지 못한 민족통일문제를 지혜롭고 평화롭게 이루어낼 수 있어야 하는 겁니다.

그리고 그것은 20세기 전반의 타민족에 의한 강제지배와 그 후반의 6·25동족상잔을 직간접으로 경험한, 지난 세기의 우리 민족사회를 영위해온 불행한 '민족사적 죄인'들이 아니라, 남북을 막론하고 21세기 우리 민족사회를 이끌어갈 새로운 인간형, 즉 남북을 막론하고 이 땅의 20세기적 인간형이 아닌 21세기적 인간형들이 반드시 이루어내야 할 민족사적 세계사적 과제라 할 수 있을 겁니다.

미국은 왜 6 · 25전쟁에 참전해서 분단을 고착시켰을까요

우리 땅의 평화통일문제는 우리 땅 남북에 살고 있는 사람들이 안고 있는 21세기의 민족사적 과제인 동시에 세계사적 과제라 말했지만, 안타깝게도 그 같은 역사적 과제는 우리 땅 주민들의 뜻과 노력만으로 이루어지는 것이 아니며 우리의 주변정세가 맞아야만 가능하게 된다는 사실입니다. 우리 땅 분단원인의 하나가 그곳을 둘러싼 주변국가들의 이해관계의 결과이기도 했듯이 말입니다.

6 · 25전쟁 초기 북녘군대의 '남진통일' 전략이 미국군 중심 유엔군의 참전으로 불가능하게 됐고, 인천상륙 뒤 남녘군대와 미국군 중심 유엔군에 의한 '북진통일'이 중국육군과 소련공군의 참전으로 불가능하게 된 사실을 남북을 막론하고 우리 땅에 사는 사람들이 익히 알아야 한다고 새삼 강조하고 싶습니다.

3년간의 처절한 전쟁을 겪고도 통일, 즉 전쟁통일은 되지 않는 곳이 우리 땅이라는 사실을 제대로 이해하는 것이 앞으로 우리 땅의 통일문제를 해결하는 선결조건이라는 점을 남북 우리 땅 주민들은 물론, 우리 땅을 둘러싸고 있는 국제세력들이 충분히 이해하는 것이 중요하다는 점을 다시 한 번 지적하지 않을 수 없습니다.

6 · 25전쟁이 일어날 당시 남녘정부의 국무총리서리 겸 국방장관이었던 신성모(申性模, 1891~1960)는 전쟁이 터지기만 하면, 점심은 북녘땅 어디에서 먹고 저녁밥은 또 어디에서 먹느니 하며 곧바로 북녘땅 전체를 점령해서 북진통일이 이루어질 것처럼 큰소리쳤다는 것은 많이 알려진 일입니다. 그런데 그것이 신성모 개인의 허세담일 뿐만 아니라 당시의 이승만정부가 실제로 미국의 도움으로 전쟁통일을 할 속마음을 가지고 있었음을 보여주는 자료도 있습니다.

1949년 4월 10일 즉 6 · 25전쟁이 일어나기 약 1년 전의 일입니다.

이승만 대통령이 당시 미국주재대사 장면(張勉, 1899~1966)에게 보낸 서신이 남아있습니다. 그 서신에서는 이승만정부가 무기가 부족하긴 하지만 '북진통일'을 할 준비가 다 됐음을 다음과 같이 말하고 있습니다.

> "우리가 남북통일에 관한 계획을 가지고 있음을 그들 — 국제 연합과 미국정부의 요인들 — 에게 내밀히 알리시오. 우리는 현 재 다만 무기가 부족하다는 것만 제외하고는 모든 점에서 통일 할 준비가 되어있습니다. (중략) 우리는 북한을 침공해서 그곳 에 있는 우리에게 충실한 군인들과 협력해서 철의 장막을 38도 선에서 압록강연안까지 밀어붙여서—"

당시 일본을 지배하고 있던 맥아더사령부는 우리 땅 북녘정부의 고위층에도 간첩을 투입하고 있어서 북녘정부의 '남진통일'계획을 미 리 알고 있었다는 기록들이 있지만, 이승만 대통령이 말한 "우리에게 충실한 군인들"이 북한에 있던 것도 사실이었던 것 같습니다.

그러나 그 같은 남녘정부의 호언장담에도 불구하고 이승만 대통령 이 장면에게 보낸 서신에서 말한 것처럼 '무기가 부족해서' 그랬는지 모르지만 막상 전쟁이 터지자 3일 만에 서울이 북녘군대에게 점령됐 고 이후에도 북녘군은 '파죽지세'로 남진을 계속했습니다. 그대로 가 면 북진통일이 아니라 '남진통일'이 될 상황이 실제로 벌어진 겁니다.

6·25전쟁 발발 직전까지도 정부의 북진통일 장담을 들었던 남녘 사람들이 얼마나 놀라고 당황했는지 모릅니다. 유엔의 이름으로 미 국이 재빨리 개입하지 않았다면 아마 어렵지 않게 '남진통일'이 되고 이승만정부는 제주도로 가서 별수 없이 타이완의 장제스정부 같은 신세가 될 뻔했습니다.

전쟁발발 3일 만에 서울이 점령됐으니, 재빨리 몸을 피한 사람도 있었지만 많은 사람들이 이승만 대통령의 서울사수방송을 믿고 피란을 못했습니다. 이승만 대통령의 측근으로서 그의 총애를 받았던 모윤숙(毛允淑, 1910~1990) 같은 저명한 시인도 피란을 못하고 북녘군대 치하의 서울에서 갖은 고생을 다했다는 기록을 남겼으니 말입니다.

그런데 뒷날 미국군 중심 유엔군에 의해 서울이 수복되자 전쟁이 발발하자 재빨리 도망간 이른바 '도강파'(渡江派)와 그렇지 못한 '잔류파'의 구분이 생겨 웃지 못할 일들이 벌어지기도 했습니다. 재빨리 한강을 건너 도망갔던 사람들이 수복 후 돌아와서, 이승만 대통령의 서울'사수'방송을 믿고 서울을 '사수'했거나 혹은 미처 피하지 못하고 잔류해서 북녘군대의 점령아래 있게 된 사람들을 '부역자'(附逆者) 및 용공분자로 몬 겁니다.

우리 땅에서 6·25전쟁이 벌어지자 미국이 가장 예민한 반응을 나타냈습니다. 6월 26일에 벌써 미국해군과 공군의 전투투입이 결정됐고 6월 29일에는 육군부대의 투입도 결정됐습니다. 그리고 6월 30일에는 당시 일본점령군사령관이던 맥아더의 요청으로 육군전투부대 2개 사단의 참전이 결정됐는데, 이들 참전미국군이 유엔군의 자격으로 되는 것은 7월 3일 이후부터였습니다.

미국이 이같이 재빨리 군대를 투입한 것은 38도선 이남의 우리 땅 전체가 소련과 중국을 배경으로 한 사회주의권과 북녘정부에 의해 통일되어 미국세력권에서 떨어져 나가게 되면, 그 위험이 당시 미국이 점령하고 있던 일본에까지 미칠 것을 우려했기 때문이었다고 하겠습니다. 남북 우리 땅 전체가 대륙의 사회주의세력권에 포함되면 일본이 위험해질 것이라는 생각들이 있었기 때문입니다.

뒷날 미국대통령이 되는 아이젠하워는 제2차 세계대전이 종결된 시점에서 38도선 이남의 우리 땅이 사회주의권에 들어가면 일본이 위협받게 되고 일본마저 사회주의권에 들어가면 태평양은 '미국의 호수'가 아닌 '붉은 호수'가 된다고 했습니다. 미국이 하와이와 필리핀과 타이완과 일본을 그 세력권에 넣고 있는 것은 태평양을 '미국의 호수'로 확보함으로써 그 지배권을 확고히 하고 제 나라의 안전을 굳건히 하기 위한 전략이라 하겠습니다.

미국이 6·25전쟁 발발과 동시에 재빨리 참전한 것은 38도선 이남의 우리 땅을 제 세력권 안에 둠으로써 일본의 안전을 지키려는 데 있었기 때문에 그 전투 목적도 당초에는 북녘군대를 38도선 이북으로 물리치는 데 한정했다고 하겠습니다. 즉 6·25전쟁발발 당초에는 미국군 중심 유엔군이 38도선을 넘어 북진할 계획은 아니었던 것 아닌가 하는 겁니다.

그래서인지 타이완의 장제스정부가 3만 3천 명의 군대를 파견해서 6·25전쟁에 참전할 것을 제의했으나 미국이 받아들이지 않았습니다. 장제스군대가 6·25전쟁에 참전함으로써 있을 수 있을 마오쩌둥 군대의 참전을 막고 전쟁이 우리 땅 밖으로까지 확대되는 것을 방지하기 위한 조처였다고 하겠습니다.

그러나 6·25전쟁 참전 당초부터 미국정부 안에서는 미국군 중심 유엔군이 38도선 이북지역까지 점령해서 남북 우리 땅 전체를 미국 세력권에 두어야 한다는 의견도 나왔습니다. 전쟁 발발직전에 38도선지역을 시찰해 여러 가지 구설수에 올랐던 존 덜리스와 함께 우리 땅을 다녀간 미국 국무성 동북아시아과장 존 앨리슨은 이렇게 말했습니다.

"북조선군의 38도선 이북으로의 격퇴만으로는 침략재발 가능성이 온존해서 조선독립문제의 옳은 해결이 되지 않는다. 북조선군 격멸 내지 무장해제 후 유엔감시아래 남북조선의 총선거가 실시되어야 한다." 즉 미국군 중심 유엔군이 38도선을 넘어 북진해 남북 우리 땅 전체가 미국세력권에 들게 해야 한다는 겁니다.

미국 국무성극동문제담당자 딘 러스크도, 유엔군사령관 맥아더도, 그리고 미국의 통합참모본부도 앨리슨의 이 안을 강력히 지지했습니다. 또 당시 미국 국무장관 고문이던 존 덜레스는 "블라디보스도크에 인접한 함경북도와 '만주'에 인접한 평안북도를 제외한 대부분의 지역에서 유엔감시 아래 조선의 통일이 실현되어야 할 것이다"고도 했습니다.

덜레스의 경우, 소련 및 중국의 참전이나 마찰을 피하기 위해 함경북도와 평안북도를 제외한 우리 땅을 '통일'해서 미국의 세력권에 두자는 방안인데, 그렇게 되면 우리 땅은 대체로 북위 39도선에서 분단되게 마련이겠지요. 앞에서 말한 것과 같이 19세기에도 우리 땅을 둘러싼 해양세력과 대륙세력의 대립에서 해양세력 쪽이 유리하게 됐을 때 나온 우리 땅 분단선이라 할 수 있겠습니다.

지난날 우리 땅을 둘러싸고 제정러시아와 일본이 대립했을 때, 영일동맹으로 형세가 유리해진 해양세력 일본의 우리 땅에 대한 분단논의선이 대개 39도선이었습니다. 그리고 해양세력과 대륙세력의 우리 땅을 둘러싼 대립이 어느 정도 균형을 이루었을 때는 그 분단논의선이 대개 38도선이 됐다고 할 수 있습니다.

그런 한편 미국의 국무성정책기획실장을 지낸 조지 케넌 같은 사람은 6·25전쟁은 "내분(內紛 = a civil conflict)이라 표현될 만한 것이며, 통상 국제적 의미의 '침략'이란 용어가 사용되는 것은 적당치 않다고 생각한다"고도 했습니다. 6·25전쟁을 침략전쟁으로 볼 것이 아니라 민족내전, 어쩌면 통일전쟁으로 봐야 한다고 말한 것 같은 미국인 관리도 있었던 겁니다.

그가 말한 '내분'이 구체적으로 통일전쟁으로 봐야한다는 사실을 확인하기는 어렵다 해도, 그는 또 미국군 중심 유엔군의 전투행위를 38도선 이남에 한정하고 소련과 교섭해서 정전을 해야 한다는 의견을 펴기도 했습니다. 6·25전쟁을 침략전쟁으로 볼 것이 아니라 민족 내전, 혹시 통일전쟁으로 봐야 한다는 것이었을까요. 가능하다면 당시의 그 미국 관리에게 물어보고 싶기도 합니다.

6·25전쟁에 최초로 투입된 미국군은 당시 일본에 주둔해 있던, 뒷날 북녘군대에게 포로가 되기도 한 윌리엄 딘 소장 휘하 제24사단의 제21연대 제1대대였습니다. 대대장의 이름을 붙인 스미스부대였는데 이 부대가 북녘군대와 평택에서 최초로 접전한 것이 전쟁발발 10일 뒤인 7월 5일이었습니다. 그러니까 6·25전쟁 때 북녘군과 미국군이 전쟁발발 열흘 만에 전투를 하게 된 겁니다.

당시 일본에는 미국의 전투병력이 있었지만 우리 땅 남녘에는 군사고문단만 있고 전투병력은 없었습니다. 그런데도 전쟁발발 열흘 만에 미국의 전투부대가 우리 땅 전투에 투입됐다면 6·25전쟁에 미국이 얼마나 신속히 대처했는가 알만하지 않을까 합니다. 6월 25일경에 전쟁이 일어나리라는 사실을 맥아더의 미국극동군사령부는 스파이활동 등을 통해 미리 알고 있었을 수도 있고, 또 그렇게 쓴 책도 있습니다.

그런데도 전쟁초기에는 남녘군대와 일부 참전한 미국군이 계속 밀리기만 해서, 결국 큰 도시로서는 대구와 포항과, 마산과 부산만이 남은 '부산교두보' 시기가 되고 말았습니다. 대한민국의 운명이 그야말로 '바람 앞의 등불'과 같은 상황이 되고 만 겁니다. 이승만정부가 호언장담하던 '북진통일'은 간데없고 '남진통일' 직전상황이 된 거지요.

필자는 그 때 최전선지역이 된 경상남도 마산에 있었습니다. 북녘군대가 마산을 함락하면 바로 부산으로 진격해서 대구나 포항은 고립되고 이승만정부는 일본으로 도망가거나 제주도로 가야 하는 상황임을 실감했습니다. 우리 땅 전체가 북녘의 사회주의세력권 및 대륙세력권에 포함되는 통일이 거의 될 뻔한 겁니다.

그런 상황에서 미국군 중심 유엔군이 대규모로 참전해서 전세를 역전시켜 갔습니다. 당시 미국세력이 절대 우세했던 유엔의 결정에 의해 유엔발족 후 최초로 맥아더를 사령관으로 한 미국군 중심 유엔 군이 성립되어 6·25전쟁에 참전하게 된 겁니다. 미국군 중심 유엔군 의 참전이 결정될 때 거부권을 가진 소련이 왜 참가하지 않았는가가 논쟁점이 되기도 했지요.

1950년 7월 14일에 이승만 대통령이 남녘군대의 작전지휘권을 맥 아더유엔사령관에게 넘겨줌으로서 남녘군대는 독자적 작전권을 가 지지 못하는 유엔군의 일원으로 편입됐습니다. 당시 최전선지역이었 던 마산에 상륙한 대규모 미국군병사들은 대부분 흑인이었데, 이 부 대에 의해 함락직전에 있었던 마산이 함락을 면했고 여기에서 반격 이 시작됐습니다.

맥아더가 인천상륙을 결정한 것은 7월 23일이었다 하고 9월 15일 에 작전이 실시됐습니다. 이 무렵 북녘군대의 주력은 보급로가 멀어 진 낙동강전선에 묶여 있었고, 따라서 미국군 중심 유엔군이 후방지 역 즉 인천이나 군산이나 원산에 상륙하는 데 대한 대비가 부실할 수 밖에 없었습니다. 그 결과 미국군 중심 유엔군이 인천상륙작전을 시 작한지 불과 10여 일 만인 9월 28일에 서울이 수복된 겁니다.

남녘군대가 유엔군에 포함됐는데도 서울을 수복한 미국군 중심 유 엔군이 38도선을 넘어 북진할 것인가 아니면 남녘군대만을 북진하게 할 것인가 하는 것이 문제가 됐습니다. 남녘군대만으로 북진하는 경 우 중국군이나 소련군이 참전할 명분이 없어지지만, 미국군 중심 유 엔군도 함께 북진하는 경우 중국군이나 소련군이 개입할 조건이 되 기 때문이었겠지요.

6·25전쟁은 당초 민족내전으로 시작해서 미국군 중심 유엔군이 참전함으로써 일부 국제전성격으로 됐지만, 미국군 중심 유엔군이

38도선을 넘어 진격할 경우 중국군이나 소련군이 참전할 가능성이 있었습니다. 그렇게 되면 6·25전쟁은 완전한 국제전이 되고 나아가서 제3차 세계대전의 도화선이 될 가능성이 있었던 거지요.

인천상륙이 감행되자 중국은 남녘군대만이 아닌 미국군 중심 유엔군이 38도선을 넘어 진격하면 가만있지 않겠다고 경고했고, 미국정부 안에도 미국군 중심 유엔군의 38도선 이북지역의 진격이 소련이나 중국의 참전을 유발할 것이라 해서 반대하는 의견도 있었습니다. 그러나 결국 남녘군대가 10월 1일에, 그리고 미국군 중심 유엔군이 10월 9일에 38도선을 넘어 북진했습니다.

이후 미국군 중심 유엔군이 평양을 점령하고 계속 북진하면서도 중국군이나 소련군이 참전할까 우려해서, 그 북진을 서해안의 정주(定州)에서 동해안의 함흥(咸興)선으로 한정한 '맥아더라인'을 설정했다가, 북진한계선을 다시 더 올려서 선천(宣川)에서 성진(城津)에 이르는 '신맥아더라인'을 설정하기도 했습니다. 이들 '맥아더라인'들이 또 38선을 대신한 우리 땅의 분단선이 될 뻔한 것이지요.

그러면서도 맥아더는 중국군이 참전하지 않을 것이라 장담하고는 미국군 중심 유엔군에게 '신맥아더라인'마저 넘어 '전군돌진'하라는 명령을 내렸습니다. 그래서 이제는 미국군 중심 유엔군의 일원이 된 우리 땅 남녘군대가 초산(楚山) 근처의 압록강에서 길은 물을 이승만 대통령에게 바치기도 했던 겁니다. 모르긴 해도 압록강의 물을 마신 이승만 대통령은 염원인 '북진통일'이 곧 실현될 줄 알았겠지요.

미국군 중심 유엔군의 북녘땅 점령과정에서 예사롭게 넘길 수 없는 일 한 가지가 있었음을 기억합니다. 미국군 중심 유엔군이 평양을 점령한 뒤의 일입니다. 이승만 대통령은 점령된 38도선 이북 땅이 바로 제 통치아래 들어올 거라 생각했는지 서북청년회출신 김병연(金炳淵)이란 사람을 평안남도지사로 임명해서 보냈습니다.

그러나 미국군 중심 유엔군은 이를 거부하고 역시 서북청년회출신인 김성주(金聖柱)란 사람을 지사로 임명했고, 그가 평양점령동안 실제로 지사노릇을 했답니다. 점령된 38도선 이북 땅의 통치권을 두고 미국군 중심 유엔군과 이승만 대통령의 생각이 달랐던 거라 하겠습니다. 뒷날의 일이지만 유엔군이 평안남도 지사로 임명했던 김성주는 이승만에 의해 살해됐다는 소문도 있었습니다.

우리가 알다시피 대규모 중국군의 참전으로 미국군 중심 유엔군이 후퇴하고 평양과 서울이 다시 중국군에 의해 점령되고, 중국 땅 '만주'에 대한 폭격을 주장했던 맥아더가 유엔군사령관에서 해임되고, 전쟁이 일진일퇴하다가 1951년 6월 23일에 소련에 의해 휴전이 제의됐습니다.

하타(秦郁彦)란 일본인이 쓴 책에 의하면 미국군 중심 유엔군이 중국군에 밀려 후퇴하던 1950년 12월에 맥아더가 제 정부에게 원자폭탄사용권을 요청하고는, 극동지역 소련과 중국의 21개 도시를 투하목표로 한 도시명단을 제출하기도 했답니다. 그야말로 원자탄을 무기로 한 제3차 세계대전이 일어날 뻔했다고 하겠지요.

그리고 1951년 3월 말경에는 분해된 미국의 원자폭탄이 오키나와에 운반돼 와서 조립됐고, 4월 6일에는 미국의 트루만 대통령이 원자력위원장을 불러 전략공군에게 원자폭탄 9개를 인도할 것을 명령했으며, 4월 7일에는 원자폭탄 탑재장치를 가진 B-29폭격기가 미국령 괌섬으로 이동했다고 합니다.

맥아더의 해임이 결정된 것이 다음날인 4월 8일이므로 핵정책을 둘러싼 대립이 맥아더해임의 원인이 아닌 것이 확실하다는 겁니다. 하타(秦)는 그의 저서에서 이 당시 전술핵을 포함한 미국의 핵폭탄 보유 수는 1천 발 이상이었고, 미국공군이 추정한 소련의 핵폭탄 보유 수는 4백 발가량이었다고 했습니다.

그리고 2년 뒤인 1953년 8월에는 소련이 미국에 앞서서 수소폭탄을 제조했습니다. 이 엄청난 숫자의 핵폭탄을 가진 미국과 소련 사이에 6·25전쟁이 도화선이 되어 3차 세계대전이 터졌다면 어떻게 됐을까요. 그 전쟁의 진원지가 된 남북 우리 땅은 그야말로 초토화됐겠지요. 생각만 해도 아찔합니다.

소련이 휴전을 제의한 이틀 뒤에, 즉 전쟁이 발발한 지 꼭 1주년이되는 1951년 6월 25일에 미국도 그리고 중국도 휴전에 찬성하는 의사를 표명했습니다. 이승만 대통령이 강하게 반대했으나 결국 7월 10일에 첫 휴전회담이 시작됐습니다. 그러나 이후 휴전회담은 2년간이나 난항을 거듭하게 됩니다.

무력으로 통일하려고 도발된 전쟁이었으나 북녘으로건 남녘으로건 통일은 되지 않고, 휴전되기 전에 한 치 땅이라도 더 차지하려는 북녘군대와 중국군, 그리고 남녘군대와 미국군 중심 유엔군 사이의 전쟁이 격화되어 쌍방에 많은 희생을 내고서야 전쟁이 시작된 지 만 3년 만인 1953년 7월 23일에 휴전이 조인됐습니다.

6·25전쟁은 당초 분단된 우리 땅을 전쟁의 방법으로 통일하려는 민족내전으로 시작되었다가 먼저 미국군 중심 유엔군이 참전하고 다음에는 중국육군과 소련공군이 참전해서 국제전으로 확대됐습니다. 그리고 만 3년동안 엄청난 희생을 내고도 남과 북 어느 쪽으로도 전쟁통일은 되지 않고, 다만 수천 년을 동족으로 살아온 우리 땅 남북 주민들을 동족이 아닌 적으로 만든 전쟁이 되고 말았습니다. 결단코 다시는 이런 전쟁이 있어서는 안 되겠지요.

전쟁 전의 38도선을 휴전선으로 할 것인가 아니면 휴전조인 당시 쌍방 군대의 '접촉선'을 휴전선으로 할 것인가를 두고 대립하다가 결국 '접촉선'으로 결정됨으로써 3년간의 처절한 전쟁을 겪고도, 우리 땅 우리 민족의 허리를 잘라 그 숨이 막히게 한 남북분단선은 엄청난 희생을 치르고도 38도선에서 그것과 비슷한 휴전선으로 바뀌었을 뿐이었습니다.

전쟁으로 인한 우리 땅 남북의 군인 및 주민들의 희생은 말할 것 없고 미국군 중심 유엔군과 중국군의 희생이 컸음에도, 우리 땅은 통일되지 않고 분단 상태가 계속된 겁니다. 뒷날의 일이지만 베트남은 전쟁으로 통일됐는데, 우리 땅은 전쟁으로는 어느 쪽으로도 통일되지 못했습니다. 그 이유가 무엇인가를 제대로 아는 일 또한 중요하다 하겠습니다.

6·25전쟁 초기와 같이 북녘군대가 우리 땅 전체를 점령하고 통일하는 경우 우리 땅은 해양세력 일본을 겨누는 '칼'이 될 것이었고, 동북아시아 및 태평양전략상 일본을 반드시 제 세력권 안에 두어야 하는 미국으로서는 일본을 지키는 전초선이 되는 우리 땅 남녘이 대륙세력권에 들어가는 것을 용납할 수 없었다고 하겠습니다.

다음, 미국군 중심 유엔군의 인천상륙 후 38도선 이북의 우리 땅 전체가 점령되고 통일하는 경우, 미국과 일본 등의 해양세력이 일제강점기와 같이 중국 및 소련과의 국경지대인 압록강 두만강까지 진출해 우리 땅이 대륙을 침략하는 '다리'가 되는 상황이 되는 거였습니다.

남북 우리 땅을 둘러싼 동북아시아지역에서 미국 일본 등 자본주의 해양세력과 중국 소련 등 사회주의 대륙세력이 6·25전쟁을 통해 각기 남북 우리 땅 전체를 그 세력권에 넣으려다가 결국 성공하지 못했고, 우리 땅을 여전히 '부러진 칼'이요 '동강난 다리'인 채로 두기로 '합의'한 것이 곧 휴전조약이었다고 하면 너무 지나친 해석이 될까요.

남북 우리 땅 전체가 제 세력권 안에 들지 않는 경우 남녘땅만이라도 제 세력권에 두어 일본의 안전을 도모하고 태평양을 '붉은 호수'가 아닌 '미국의 호수'로 확보하려 했던 미국의 전략은 뜻대로 됐고, 그 위에 태평양전쟁 패전으로 수렁에 빠졌던 일본경제가 6·25전쟁경기를 타고 회복되어 미국의 동북아시아전략은 탄탄해져 간 것이라고도 하겠습니다.

한편 대륙 쪽의 사회주의세력 중국과 소련은 6·25전쟁을 통해 남북 우리 땅 전체를 그 세력권에 들게 함으로서 자본주의종주국 미국이 주는 위협을 멀리할 뿐만 아니라 오히려 일본에게 위협을 줄 상황이 될 뻔했다가 결국 엄청난 희생만 내고 전쟁 전과 마찬가지로 우리 땅 북녘만을 그 세력권에 두게 됐다고 하겠습니다. 따라서 우리의 민족분단은 계속되고요.

일본은 우리 근해에서 기뢰제거작전을 담당함으로써 실제로 6·25전쟁에 참전한 것이 됐고, 한편 미국은 6·25전쟁을 계기로 패전국 일본에게 자위대란 이름으로 사실상 재무장을 시킴으로써 동북아시아의 반공보루를 강화했으며, 일본과 강화조약을 맺고 독립국가로 만들어 패전국상태에서 벗어나게 했습니다. 6·25전쟁으로 아무런 손해 없이 이익만 본 것이 일본이었다고 하겠지요.

우리 민족사회를 근 반세기 동안이나 강제지배함으로써, 해방된 우리 땅이 남북으로 분단되어 동족상잔이 벌어지게 하는 원인을 제공한 일본이, 우리 땅에서 벌어진 그 동족상잔을 기회로 전쟁패배로 파탄에 빠졌던 경제를 회복하고 나아가서 세계적 경제대국이 돼갔으니, 우리 민족사회와 일본은 그야말로 악연(惡緣)이라 해야 할지 기연(奇緣)이라 해야 할지 모르겠지만, 더 무서운 이야기도 있습니다.

1965년에 일본사회당의 오카다(岡田春夫)의원이 폭로한「쇼와38년도 총합방위도상연구(總合防衛圖上研究)」라는 일본자위대 내부문서에서는 "제2차 조선전쟁을 예상하고, 그것을 기회로 국내의 혁명세력을 일거에 탄압하고 87건의 전시총동원입법(戰時總動員法)을 제정하면서 미국군과 공동으로 북조선-쿠릴열도-사할린에의 진공작전을 전개할 것을 상정"했다고 합니다.

제2차 조선전쟁 즉 제2의 6·25전쟁이 일어나면 이번에는 일본군이 미국군과 함께 지난날 일본제국주의자들이 차지했다가 전쟁패배로 잃은 우리 땅과 쿠릴열도와 사할린을 회복하겠다는 겁니다. 자위대라는 지금의 일본군대도 우리 땅에서 제2의 6·25전쟁이 일어날 경우 그것을 통해 1차 6·25전쟁에서 얻은 경제적 이익만이 아닌 영토적 확대까지 노리고 있다면, 지난날의 제국주의군대와 다를 것이 있을까요.

중국은 왜 6·25전쟁에 참전해서 분단을 고착시켰을까요

미국군 중심 유엔군이 38도선을 넘어 진격함으로써 우리 땅 전체가 이번에는 해양세력권 자본주의세력권에 들어갈 상황이 되자 결국 중국육군과 중국군복을 입은 소련공군이 6·25전쟁에 참전했습니다. 그러고는 많은 희생을 내고도 전쟁이 38도선 근처에서 교착상태에 빠지게 되자 휴전에 동의함으로써, 남북전체 우리 땅이 미국과 일본을 중심으로 한 해양세력권 자본주의세력권에 들어가는 것을 막았습니다.

중국은 우리 땅에서 전쟁이 일어난 당초에는 별 반응을 보이지 않았습니다. 그러다가 워싱턴시간으로 6월 27일 정오 가까이, 베이징시간으로는 28일 오전 1시경에 미국대통령 트루만이 미국 공군과 해군의 6·25전쟁 개입과 미국 제7함대의 타이완해협 진주, 필리핀-베트남에 대한 반공산주의세력 지원 등을 내용으로 한 성명을 발표하자, 중국은 우리 땅 북녘에의 군사시찰단 파견을 결정하는 등 그 태도가 달라져 갔습니다.

중국당국자들은 미국이 트루만성명을 통해 6·25전쟁에 개입함으로써 우리 땅에서 일어난 내전을 국제전화하며, 타이완해협을 봉쇄하고 베트남의 프랑스지배를 지지함으로써 우리 땅과 타이완, 그리고 인도차이나 등 3방향에서 중국에 대한 군사적 침략을 감행한 것으로 판단했다고 합니다.

타이완이야 본래 중국 땅이지만, 우리 땅과 베트남에 대한 외세침략을 중국자체에 대한 침략으로 보는 것은, 다음에서 다시 언급하겠지만 중국인들의 조선과 베트남에 대한 전통적 인식 즉 중세시대에도 있었고 근대 이후에도 없어졌다고 하기 어려운 이른바 중화주의적 관점의 연장이라 할 수 있지 않을까 합니다.

중국은 미국의 6·25전쟁 개입을 단순하게 조선 땅에서 일어난 전쟁에 개입하는 것으로만 보지 않고, 지난날 일본제국주의자들이 침략했던 루트를 따라 미국이 중국대륙을 침략하려는 것으로, 즉 일본과 같은 해양세력인 미국이 우리 땅을 '다리'로 삼아 중국대륙을 침략하려는 것으로 인식했다고 하겠습니다.

그렇게 보면 지난 20세기 전반에 일본이 남북 우리 땅 전체를 강점하고 그것을 발판으로 삼아 '만주'를, 그리고 중원 땅을 침략했던 것과 같이, 미국의 6·25전쟁 참전과 38도선 이북지역으로의 진격을 중국침략의 앞 단계라 보고 '강 건너 불 보듯'할 수는 없었다고 하겠습니다.

중국 쪽 자료에 의하면 6·25전쟁 발발 1주일 만인 7월 2일에 저우언라이(周恩來, 1898~1976)가 베이징주재 소련대사를 불러 마오쩌둥(毛澤東, 1893~1976)이 미국군의 인천상륙에 대비해서 강력한 방위벽을 마련해야 할 것이라고 전달했다는 겁니다. 전쟁이 일어난 지 불과 1주일 만에 미국군의 인천상륙을 예측한 것이 사실이라면 놀라운 일이라 하지 않을 수 없겠습니다.

그러고는 만약 미국군 중심 유엔군이 38도선을 넘을 경우 중국은 조선인으로 변장한 부대를 파견해서 미국군 중심 유엔군과 싸울 용의가 있다는 점과, 그 경우를 대비해서 동북3성지역 즉 '만주'에 3개 군단 12만 명의 병력을 집결시킬 예정임을 소련에게 전달했다는 겁니다.

7월 2일이면 북녘군대가 서울을 점령하고 파죽지세로 남진을 계속해서 경기도 용인과 강원도 원주를 점령하고 다음날에는 인천을 점령하는 그런 시점이었습니다. 이런 때 마오쩌둥은 이미 미국군의 인천 상륙을 예상하고 대비를 말했다니 거듭 놀라지 않을 수 없는 겁니다.

북녘군대가 비록 초전에는 이기고 있다 해도 미국이 참전한 이상 우리 땅 전체가 전쟁의 방법에 의해 사회주의권 및 대륙세력권에 포함되는 통일이 될 수 없다는 것을 미리 안 결과라 해야 할지 모르지만, 어떻든 마오쩌둥이 그만한 전략가였음을 보여주는 대목이라고 할 수 있겠습니다.

저우언라이의 이 같은 전달에 대해 스탈린은 7월 5일자의 전보문에서 중국정부가 9개 사단을 조-중 국경지대에 집결시키고 미국군 중심 유엔군이 38도선을 넘을 때 의용군으로 참전하려는 구상은 타당하다고 했답니다. 그리고 7월 13일에는, 중국이 조-중 국경지대에 9개 사단을 배치할 것을 결정하면 그 부대들을 지원하기 위해 124대의 제트전투기사단을 파견할 용의가 있다고 확인했습니다.

반격하는 미국군 중심 유엔군이 38도선에서 머물지 않고 계속 북진할 경우에 대비해서 중국군의 직접참전과 소련의 간접참전이 이때 이미 결정됐다고 해도 무방할 겁니다. 미국군 중심 유엔군이 38도선을 넘어 조-중 국경지대와 조-소 국경지대까지 가는 경우, 중국과 소련에 대한 미국의 위협은 커질 수밖에 없기 때문이었다 하겠지요.

한편 이보다 앞서 우리 땅 북녘군대가 거침없이 남진을 계속하던

7월 7일에 열린 중국의 국방군사회의에서는 동북변방군(東北辺防軍) 창설을 결정하고 그 군대를 압록강 북쪽 지역에 주둔시켜 강을 건널 수 있는 태세를 취하도록 했습니다. 6·25전쟁이 발발한 10여 일 만에 이미 중국의 참전준비가 시작된 거라 하겠습니다.

우리 땅 북녘군대의 '남진통일'을 위한 진격이 한창이던 7월 초에 장차 미국군 중심 유엔군이 38도선을 넘어 북진하는 경우에 대비해서 미리 창설된 중국 동북변방군의 병력은 창설 당시는 25만 5천 명이었으나 8월 말경에는 70만 명으로 증가했습니다. 참전준비가 본격화한 것이라 하겠지요.

8월 말경이면 우리 땅 북녘군대가 낙동강전선에서 혈투를 벌이다가 대폭 증원된 미국군 중심 유엔군의 반격을 받기 시작하던 때인데, 인천상륙을 예상하기도 한 중국당국자들은 공군력과 해군력이 우세한 미국군 중심 유엔군이 38도선을 넘어 북진해 남북 우리 땅 전체를 그 세력권에 넣으려는 것을 이미 예상했다고 하겠습니다.

그리고 미국군 중심 유엔군이 남북 우리 땅 전체를 점령한 뒤, 북녘군대의 잔여세력이 중국 땅으로 후퇴해서 저항을 계속할 수도 있을 것이며, 그런 경우 미국군 중심 유엔군이 중국의 동북지방 및 화북지방을 공결할 것이라 예상하고 참전을 준비한 것이라고도 할 수 있을 것 같습니다.

마오쩌둥은 또 중국과 미국 사이에 전쟁이 벌어지는 경우 미국이 원자탄을 사용할 수도 있다고 예상하면서도 중국은 참전할 것이라 했습니다. 그러면서도 미국이 원자탄을 사용하는 경우 미국군과 중국군이 공멸(共滅)하게 될 것이므로 쉽게 사용할 수는 없을 것이라 예상하기도 했는데, 그것은 소련이 가진 원자폭탄에 높은 기대를 걸고 있었기 때문이란 평도 있었습니다.

마오쩌둥의 강력한 6·25전쟁 참전주장에도 불구하고 중국 측의 참전반대의견도 만만치 않았습니다. 우선 마오쩌둥은 6·25전쟁에 참전할 동북변방군의 사령관으로 린뱌오(林彪, 1907~1971)를 지명했으나 그는 거부했습니다. 거부한 표면적 이유는 건강문제였지만, 그는 보다 더 중요한 이유 두 가지를 들었다고 합니다.

그 하나는 중화인민공화국이 건국된 직후여서 약 100만 명으로 추산되는 장제스군대의 잔여부대가 아직 본토 안에 남아있는 상황이므로 국내문제가 우선이며, 설령 중국에게는 한쪽 팔이기도 한 조선이 끊어져버린다 해도 6·25전쟁 참전으로 인해 중국 자체가 위협받는 길을 택해서는 안 된다는 것이었다고 합니다.

앞에서도 잠깐 말한 것과 같이, 중국인들은 전통적으로 조선과 베트남이 제 나라를 지키는 두 개의 팔이라 생각해 왔다는데, 그들의 생각대로라면 일본제국주의에 의해 우리 땅 전체가 그 강제지배 아래 들어갔을 때는 '조선팔' 전체가 잘려나갔고 그래서 그 동북지방 즉 '만주'가 침략 당하게 된 거라고도 하겠습니다.

그리고 제2차 세계대전 후 38도선이 그어지고 우리 땅 남쪽 절반이 해양세력권에 포함되자 중국의 '조선팔' 절반이 잘렸나갔다가 6·25전쟁 때 미국군 중심 유엔군이 38선을 넘어 진격하면 '조선팔' 전체가 잘려나갈 상황이 됐다고 하겠습니다. 린뱌오는 그런데도 중국의 6·25전쟁 참전을 반대했다지만 말입니다.

그런가 하면 또 다른 한쪽의 '베트남팔'도 제2차 세계대전이 끝난 뒤 프랑스와 미국에 의해 위협받게 된 상황이었습니다. 그런데도 린뱌오는 '조선팔' 전체가 잘려나가는 상황이 되더라도 6·25전쟁에 참전하지 말자했고, 마오쩌둥은 참전을 주장한 거라 하겠습니다. 만약 린뱌오의 주장이 채택되어 중국군이 참전하지 않았다면 6·25전쟁으로 남북 우리 땅 전체가 해양세력권 자본주의세력권에 포함되는 전쟁통일이 됐겠지요.

마오쩌둥의 주장에 따라 중국이 참전해서 많은 희생을 내고 휴전한 결과 '조선팔'의 북쪽 절반은 해양세력권 자본주의세력권에 포함되지 않고 예전대로 중국의 안전을 지키는 데 도움이 되는 대륙세력권 사회주의세력권에 남아있게 된 겁니다. 중국인들이 20세기에 와서까지도 저들의 안전을 지키는 '조선팔' 운운하는 것이 황당하기조차 하지만 말입니다.

린뱌오가 참전군사령관 맡기를 거부한 둘째 이유는 중국군의 승리 가능성이 낮다고 본 데 있었습니다. 당시 건국초기인 중국은 공군과 해군이 없었을 뿐만 아니라 육군이 가진 무기도 미국군 중심 유엔군에 비해 대단히 열악함을 알고 있었기 때문이었다고 하겠습니다.

구체적으로 예를 들면, 미국군 중심 유엔군 1개 보병사단은 구경 70미리 이상의 화포를 470문 내지 500문을 가졌고 1개 군단은 1,400문을 가진데 비해, 중국군은 1개 군단이 겨우 198문을 가졌을 뿐이어서, 경솔히 참전하면 '불을 질러 제 몸을 태우는 꼴'이 된다는 것이었습니다.

이 같은 린뱌오의 6·25전쟁 참전반대에도 불구하고 마오쩌둥은 린뱌오 대신 뒷날의 문화대혁명 때 그의 버림을 받고 희생되는 펑더화이(彭德懷, 1898~1974)를 사령관으로 임명해서 참전을 강행하기로 했습니다. 그러나 상황이 그렇게 간단하지만은 않았던 것 같습니다.

전쟁 초기인 7월에 우리 땅 남녘군대의 작전권이 맥아더유엔군사령관에게 넘어감으로써 남녘군대도 유엔군에 포함됐으나, 중국 쪽에서는 미국군 중심 유엔군이 아니고 우리 땅 남녘군대만 38도선을 넘을 때 어떻게 할 것인가가 다시 문제가 됐습니다. 6·25전쟁을 민족내전으로 본 일면이 있다고 해야 할지도 모르겠습니다.

우리 땅 남녘군대가 10월 1일에 38도선을 넘어 북진하자 중국은 북녘군대만으로는 북녘땅을 지키기 어려울 것이라 봤고, 그렇다 해도 중국군대의 공식적 참전은 절대로 인정하지 말고, 중국군인에게 우리 땅 북녘군인 옷을 입혀서 북녘군대로 가장해서 참전하기로 하고 북녘군대의 군복을 대량 확보했다고 합니다. 미국군 중심 유엔군이 참전했는데도 중국군이 본격적 참전을 피하려 한 일면이 있었다고 할 수도 있지 않을까 합니다.

중국군의 참전은 없을 것이라 오판한 유엔군사령관 맥아더가 10월 7일에 우리 땅 북녘군대 최고사령관에게 항복을 권고하고 미국군 중심 유엔군이 38도선을 넘게 하자 북녘군대로 위장한 중국군이 아닌 실제중국군이 참전하게 됐습니다. 따라서 이후부터의 6·25전쟁은 민족내전적 성격에서 완전히 벗어나서 사실상 해양 쪽 자본주의세력 미국군과 대륙 쪽 사회주의세력 중국군 중심의 전쟁으로 변했다 해도 틀리지 않게 된 겁니다.

그러나 3년간에 걸친 전투에서 쌍방에 많은 희생을 내고도 남북 우리 땅 전체가 해양세력권이나 대륙세력권의 어느 한 쪽에 포함되는, 즉 제2차 세계대전 종결 당시부터 우리 땅의 분단으로 동북아시아지역에 성립된 대륙 쪽 사회주의세력권과 해양 쪽 자본주의세력권 사이의 일종의 세력균형이 깨어지는 상황으로까지는 가지 않고 휴전이 성립되어 우리 땅의 남북분단 상황만 고착화하는 길로 들어서게 된 겁니다.

중국의 '인민지원군'에게 출동명령이 내려진 것은 미국군 중심 유엔군부대가 38도선을 넘은 10월 9일이었고, 중국군이 실제로 압록강을 건넌 것은 10월 19일이었는데, 근래에 발표된 중국학자들의 연구에 의하면 참전하기 직전인 10월 4일과 5일에 열린 중국의 정치국확대회의의 참가자들 중에도 참전반대자가 더 많았다고 합니다.

특히 10월 6일에 열린 군사위원회 확대회의에서는 린뱌오가 고도로 근대화된 위에 원자탄을 가진 미국과의 전쟁에 참전하는 것을 반대하고, 만약 참전하겠다면 출이부전(出而不戰) 즉 출동은 하되 싸우지는 않는 방법을 채택하라고까지 했으나, 장남 마오안잉(毛岸英, 1922~1950)까지 참전시켜 전사케 한 마오쩌둥의 강한 주장으로 중국군의 참전이 확정됐다고 합니다.

미국군 중심 유엔군이 '전군돌진'해서 북녘땅 전체를 점령할 기세가 되자 참전하게 된 중국군은 흔히 말하는 인해전술로 추위에 고전하는 미국군 중심 유엔군을 공격하며 계속 남진했습니다. 크리스마스 전에 전쟁을 끝낸다고 했던 맥아더의 장담이 무색해지고 미국군 중심 유엔군은 고전하면서 후퇴를 계속하지 않을 수 없었던 겁니다.

중국군과 북녘군은 평양을 회복하고 서울을 다시 점령했으나 전쟁 초기에 부산까지 진격해서 우리 땅 전체를 전쟁통일하려 했던 북녘 군대와는 달리 중국군이 주도하다시피 된 뒤부터의 6·25전쟁은 38도선 비슷한 선에서 교착상태에 빠졌고, 이런 시점에서 유엔주재소련대사가 1951년 6월 23일에 휴전을 제안했습니다.

중국의 처지에서는 우리 땅이 통일되고 안 되는 문제보다 미국중심 해양세력 자본주의세력과 대륙세력 사회주의세력 사이에 38도선 이북 땅과 비슷한 휴전선 이북 땅 만큼의 공간만 확보된다면 구태여 전쟁을 계속할 필요가 없었다고 할 수 있지 않을까 합니다. 그리고 여기에는 조금 생각해볼만한 문제가 있습니다.

최근 중국이 '동북공정'인가를 하면서 '만주'와 우리 땅 북반부가 영토였던 고구려의 역사를 저들의 역사라 주장하는 겁니다. 그 같은 억지주장은 미국중심의 해양세력권에 포함돼있다 할 우리 땅 남반부와 중국 사이에 우리 땅 북반부 넓이만큼의 공간이 확보돼야 한다는 생각의 결과라 볼 수도 있지 않을까 합니다. 우리 땅의 지정학적 위치 문제의 중요성이 다시 생각되는 대목이라 하겠습니다.

그건 그렇다하고, 일부의 연구에 의하면 소련의 스탈린이 제2차 세계대전 뒤 그 세력을 동유럽지역에서 넓혀가기 위한 전략상, 미국군의 상당 부분을 6·25전쟁에 참전하게 해서 계속 우리 땅 중심의 동북아시아권에 묶어둘 필요가 있어서 휴전을 끌었다고 하기도 하는데, 그가 1953년 3월에 죽음으로서 휴전이 성립되기도 했습니다.

휴전에 대해 이승만정부는 강하게 반대했습니다. 전쟁을 계속해서 기어이 '북진통일'해야 한다는 것이었지요. 그러나 여러 가지 곡절을 겪은 끝에 제의된 지 2년 만에 휴전이 성립됐습니다. 6·25전쟁으로 처음에는 우리 땅 북녘에 의한 '남진통일'이 될 뻔했고, 다음에는 남녘에 의한 '북진통일'이 될 뻔했으나 엄청난 희생만 내고 결국 어느쪽으로도 전쟁방법에 의한 통일은 되지 않았습니다.

사회주의세력권과 자본주의세력권이 심하게 대립했던 냉전주의시대의 우리 땅이 가진 지정학적 위치문제가, 남녘이건 북녘이건 어느한 쪽이 다른 한쪽을 정복하는 방법으로는 통일될 수 없다는 사실을 여실히 증명해준 거라 하겠습니다. 그래서 이후에는 우리 땅의 평화통일론이 정착되게 됐고 지금에는 그것이 상식처럼 됐다고 하겠습니다.

3년 동안 처절했던 전쟁을 겪고도 우리 땅은 여전히 동북아시아에서 해양 쪽 한-미-일 자본주의세력권과 대륙 쪽 조-중-소 사회주의세력권이 대립하는 최전방지역으로 됐습니다. 그러다가 냉전체제가 무너진 뒤에는 이제 이데올로기문제와 크게 상관없이 한-미-일 해양세력과 조-중-러 대륙세력의 대립지역으로 남게 됐다고 하겠습니다.

휴전된 지 반세기가 지난 뒤에야 해양세력 쪽의 우리 땅 남녘정부와 미국정부 그리고 일본정부 등과, 대륙세력 쪽의 우리 땅 북녘정부와 중국정부 및 러시아정부가 참가하는 6자회담을 통해서 우리 땅을 중심으로 한 동북아시아지역의 대립상황을 해결하려는 노력이 일어나고 있는데, 그 점에 대해서는 다음에서 상세히 말하겠습니다.

6·25전쟁을 역사적으로는 어떤 전쟁으로 볼 수 있을까요

3년간 지속된 6·25전쟁은 안팎으로 많은 희생을 냈으면서도 전쟁 전의 남북분단선이었던 38도선을 그것과 비슷한 휴전선으로 바꾸어 놓았을 뿐, 우리 민족사회의 분단상황은 전쟁이 일단 끝나고 아니 일단 멈추어지고 반세기가 넘도록 그대로 계속되고 있습니다. 38선이 휴전선으로 된 것 뿐인 겁니다.

그러다보니 우리 민족사회는 21세기에 들어선 지금에도 세계 유일의 분단민족사회가 되어 있습니다. 왜 그렇게 됐는가를 제대로 그리고 냉철하게 이해할 수 있어야만, 세기를 넘기고도 계속되고 있는 우리 땅의 분단문제를 옳게 해결할 수 있는 길이 열린다는 생각입니다.

다시 한 번 되새기지만, 6·25전쟁으로 처음에는 남북 우리 땅 전체가 북녘의 사회주의권 및 대륙세력권에 포함될 뻔했습니다. 그러나 미국군 중심 유엔군의 참전으로 그렇게 되지는 않았습니다. 유엔군의 명분이 아니고도 미국군이 참전할 수 있었을까요. 단언할 수는 없지만 아마 그랬었지 않았을까 합니다. 미국이 우리 땅 남반부를 그 세력권 밖으로 내놓을 수는 없었을 테니까요.

다음에는 미국군 중심 유엔군의 인천상륙과 북진으로 이번에는 압록강 두만강까지의 남북 우리 땅 전체가 남녘의 자본주의권 해양세력권에 들어갈 뻔했습니다. 그러나 중국육군과 중국군으로 위장한 소련공군이 참전함으로써 그렇게 되지 않고 38선이 휴전선으로 바뀌었을 뿐, 우리 땅은 다시 말하지만 '동강난 칼'이요 '부러진 다리'인 채로 남게 됐습니다.

지난 20세기 후반의 세계적 냉전체제 아래서는 6·25전쟁을 논의할 때 흔히 그것을 침략전쟁으로 규정하고, 남침인가 북침인가 하는 문제가 논의의 핵심이 됐던 때가 있었습니다. 지금도 그런 논의가 완전히 없어진 것은 아니며, 특히 소련자료가 개방됨으로써 본격적인 전쟁은 북녘이 먼저 시작한 것으로 되어 있지만 말입니다.

6·25전쟁이 남침이냐 북침이냐를 따지는 것은 그 전쟁을 어디까지나 침략전쟁으로 규정하고 침략의 '원흉'을 찾아내 현실적으로 또는 역사적으로 단죄해야 한다는 것이 주된 목적이었다고 하겠습니다. 전쟁 당시의 강한 적개심이 아직도 가셔지지 않은 상황의 계속이라 하겠지요.

그런가 하면 앞에서 말한 것과 같이 미국의 국무성정책기획실장을 지낸 조지 케넌은 6·25전쟁을 "내분이라 표현될 만한 것이며, 통상의 국제적 의미의 '침략'이란 용어가 사용되는 것은 적당치 않다"고 하기도 했습니다.

수천 년 동안 같은 문화 같은 역사 안에서 살아온 미개민족이 아닌 문화민족사회가 한 때의 역사실패에 따른 외세의 작용과 그것에 대한 대응책의 불민으로 두 동강이 나서 분단되고 말았습니다. 반만년의 역사를 자랑하는 문화민족으로서는 결코 해서는 안 될 엄청난 역사실패를 하고만 겁니다.

그 분단의 비민족성 및 반역사성을 극복하기 위한 통일의지는 강하면서도, 그 방법은 북진통일과 '혁명통일'이 주창된 것처럼, 불행하게도 물리적 강압적 방법만이 주로 생각될 수밖에 없었을 때, 바로 그런 때 일어난 것이 6·25전쟁이라 할 수 있겠습니다. 평화통일론이 일반화되고 상식화되다시피 한 지금과는 크게 달랐던 거지요.

얼마 전에도 6·25전쟁을 침략전쟁으로만 볼 것이 아니라 통일전쟁으로 봐야한다고 했다가 법적 문제가 된 남녘땅의 대학교수가 있었지만, 비록 불행한 분단민족사회라 해도 학문의 자유가 보장될 만한 수준의 사화라면 6·25전쟁을 관점에 따라서 자유롭게 침략전쟁으로도 또 통일전쟁으로도 볼 수 있어야 할 겁니다. 그래야만 분단극복의 길이 열릴 수 있을 것이기 때문입니다.

　침략전쟁으로 보는 경우 그것이 '부정적 전쟁'으로 인식되고 통일전쟁으로 보는 경우 '긍정적 전쟁'으로 인식된다고 생각될지 모르겠으나,―평화주의자의 처지에서는 '긍정적 전쟁'이란 것이 결코 있을수 없지만―그리고 전쟁으로 문제를 해결하려는 것은 옳지 않다 해도, 북진통일과 '혁명통일'이 공언된 것과 같이 때에 따라서는 부자연스레 분단된 민족사회를 통일하기 위한 방법이 제대로 가려지지 않은때도 있었다고 하겠습니다.

　3년간의 전쟁으로 많은 희생을 내고도 우리 땅은 계속 동북아시아지역의 분단지역 즉 '동강난 칼'이요 '부러진 다리'인 채로 남게 됐습니다. '칼'이 동강나고 '다리'가 부러짐으로써 우리 땅 남북주민들의분단고통은 지속된 반면, 주변 국제세력들 사이의 안전은 일정하게유지되기도 했다고 하겠습니다. 어쩌면 우리를 둘러싼 국제세력들은우리 민족의 불행과는 상관없이 그 같은 대립상황을 제 세력의 안전유지방편으로 삼았는지도 모르겠습니다.

　다시 말하지만 우리 땅에 그어진 38도선은 제2차 세계대전이 종결되는 시점에서 두 전승국 미국과 소련 사이의 동북아시아에서 일종의 세력경계선이요 세력균형선이었다고 할 수도 있었습니다. 제2차세계대전 직후 우리 땅 전체가 미국세력권에 들어갔다면, 중국의 공산세력이 '만주' 등 북부지역에서 세력을 키워 전체 중국 땅을 통일하기는 어려웠을 거라는 관점도 있습니다.

　중국공산군은 주로 '만주'를 비롯한 북부지역에서 세력을 키워 남진함으로서 전체 중국본토를 점령하고 중화인민공화국을 수립하게됐는데, 제2차 세계대전종결 후 우리 땅의 북녘지역까지 미국세력권에 들어갔다면, 미국의 장제스군 지원 길이 다양해질 수도 있었을 거며, 중국공산군이 '국공내전' 과정에서 위협을 더 받을 수도 있었을 겁니다. 우리 땅 북녘이 사회주의세력권에 들어있었던 것이 중국의 '국공내전' 과정에서 실제로 공산군에게 유리하게 작용하기도 했으니까요.

제2차 세계대전이 종결된 직후의 동북아시아지역은 소련과 이데올로기를 달리하면서도 소련이 한 때 제 편에 넣으려 했던 장제스의 중국을 중심으로 하는—곧 소련과 이데올로기를 같이하는 마오쩌둥의 중국이 되는—대륙세력권과, 일본을 점령한 미국중심의 해양세력권으로 양분되게 됐는데, 두 세력 사이에 놓인 우리 땅의 중간지점에 그어진 38도선이 이 시기의 대륙세력권과 해양세력권 사이의 분계선이 된 겁니다.

제2차 세계대전이 종결되는 시점에서 남북 우리 땅 전체가 대륙의 사회주의세력권에 들어가는 경우, 패전하면 사회주의혁명이 일어나리라는 관측도 일부 있었다는 일본이 크게 위협받게 됐을 겁니다. 만약 일본이 대륙의 사회주의세력권에 의해 무너지면, 타이완이 대륙세력권에 포함되는 것과는 비교가 안 될 정도로 미국의 태평양방위벽이 크게 무너지는 거였습니다.

그런 한편, 1949년에 장제스정부를 타이완으로 쫓아내고 중국본토 전체를 점령해서 중화인민공화국을 수립한 중국공산당은 곧 타이완을 공격해서 통일할 예정이었습니다. 타이완이 미국세력권 및 일본세력권에 남아있는 것은 중국으로서는 큰 위협이 될 수밖에 없으니까요.

그런데 우리 땅에서 6·25전쟁이 발발하고 미국군 중심 유엔군이 인천상륙 뒤 압록강까지 진격해서 '만주' 땅을 건너보게 되자 중국이 참전하지 않을 수 없었던 겁니다. 그 결과 휴전선 이북 우리 땅을 사회주의권 대륙세력권에 포함되게 하는 데는 성공했으나 대신 타이완 통일은 지금까지도 미루어지게 된 겁니다.

소련이 제국주의 일본과의 전쟁에 참전해서 우리 땅으로 진격해 옴으로써 우리 땅 전체가 그 점령 아래 들어갈 상황이 되자 미국이 다급히 38도선을 제기해서 그 이남 땅을 제 세력권에 두게 된 것은 우리 땅 남반부를 일본을 지키기 위한 전초기지로 마련한 것이라 할 수도 있겠습니다.

미국으로서는 태평양을 언제까지나 '미국의 호수'로 확보해야 하며 그러기 위해서는 하와이 필리핀과 함께 일본이 반드시 미국세력권에 있어야 하고, 또 그러기 위해서는 우리 땅의 남쪽 반만이라도 미국세력권 일본을 지키기 위한 전초기지로서 미국의 세력권에 들어있어야 했다고 하겠습니다.

거듭 말하지만, 미국이 다급히 38도선을 그은 것도 그 때문이었으며, 38도선을 받아들인 소련이 일본 북해도(北海島) 일부의 점령을 요구하자 강하게 반대한 것도 일본영토 전체를 기어이 제 세력권에 두어야 한다는 강한 의지 때문이었다고 하겠습니다.

제2차 세계대전 종결과 함께 대륙 쪽 사회주의세력권과 해양 쪽 자본주의세력권 사이의 세력경계선이요 일종의 세력균형선으로서 설정되었다고도 할 수 있는 38도선을, 그어진지 5년 만에 전쟁의 방법으로라도 무너뜨리려 한 것이 6·25전쟁이라 할 수 있겠습니다.

이 전쟁으로 그 세력경계선이요 세력균형선이 처음에는 대륙 쪽 사회주의세력권에 의해 무너질 뻔했고, 뒤에는 해양 쪽 자본주의세력권에 의해 무너질 뻔했습니다. 그러나 지난날 우리 땅의 중립론을 쓴 유길준이 '목구멍'으로 표현한 동북아시아의 요충지인 남북 우리 땅을 대륙세력이건 해양세력이건 어느 한 쪽이 다른 한쪽을 정복하는 그런 전쟁의 방법으로는 통일될 수 없었던 겁니다.

역사시대 이래 평화를 사랑해 왔다는 백의민족이 살아온 우리 땅은 불행하게도 '극동의 화약고'요 '세계에서 가장 전쟁 위험이 높은 지역의 하나'라는 오명을 쓴 채 분단 상태로 남게 된 겁니다. 38도선이 그어져서 국토가 남북으로 분단되고 그것을 경계로 해서 남북에 두 개의 국가가 성립됨으로써 국가가 둘로 분단됐다 해도, 수천 년을 함께 살아오면서 같은 피 같은 언어 같은 문화를 가진 우리 땅 남북 주민들 사이의 동족의식은 국토분단이나 국가분단과 상관없이 그냥 살아 있었다고 할 수 있었습니다.

38도선으로 '국토분단'이 되고 1948년에 남북에 두 개의 국가가 성립되어 '국가분단'이 됐다 해도 긴 역사를 통해 이루어진 끈끈한 동족의식은 분명 살아있었던 겁니다. 그러나 6·25전쟁으로 이 땅의 남북주민들이 하루아침에 서로 총부리를 겨누고 죽이는 상황이 되고 말았습니다. 따라서 6·25전쟁은 '국토분단'과 '국가분단'에 이어 '민족분단'을 가져온, 동족을 하루아침에 적으로 만들고만 우리 전체역사 위에서건 분단시대사 위에서건 가장 불행한 일이 되고 말았다고 하겠습니다.

1950년의 상황에서는 남북이 통일하는 방법으로는 전쟁을 통한 방법 밖에 없다고 생각할 수 있었겠습니다. 그러나 지나고 나서 생각해보면 1950년의 시점에서 남북으로 분단된 우리 땅을 전쟁의 방법으로 통일하려 한 것은 우리 땅을 둘러싼 당시의 국제정세에 대한 이해부족의 결과였다고 할 수도 있지 않을까 하는 겁니다.

민족내적 조건에서 보면 일제강점에서 해방된 민족사회가 처음으로 공화주의체제를 수립한 것은 바람직한 일이었지만, 동서냉전이 시작된 조건 아래서 북녘의 사회주의국가와 남녘의 자본주의국가를 전쟁방법으로 통일하려 한 것은, 우리 땅 전체가 대륙 쪽 사회주의세력권에 포함되는 통일이나 반대로 해양 쪽 자본주의세력권에 포함되는 통일은 현실적으로 불가능하다는 당시의 국제정세를 오판한 결과가 아니었는가 생각되기도 하는 겁니다.

수천 년간 함께 살아온 동족을 하루아침에 적으로 만들고만 6·25 전쟁의 후유증은 오래오래 갈 수밖에 없었습니다. 그러다가 2000년의 6·15남북공동선언에서 남북이 서로 화해하고 협력할 것을 약속함으로서 '국토통일'과 '국가통일'에 앞서서 6·25전쟁으로 분단된 '민족통일'이 다시 시작된 것이라 할 수 있습니다. 이 점에 대해서는 다음에서 상세히 설명하겠습니다.

11. 6·25전쟁 뒤 평화통일론이 정착되어 갔습니다

젊은 피의 산물 4월'혁명'이
평화통일의 큰 길을 열었습니다

1948년에 평양에서 김구-김규식과 김두봉-김일성 등에 의한 남북 협상이 있었으나, 통일민족국가를 건설하려던 노력은 무위로 되고 결국 해방된 지 3년 만에 남북에 두 개의 분단국가들이 성립되고 말 았습니다. 38도선 확정에 이어 '분단비극'의 두 번째 막이 오른 거라 하겠습니다.

두 분단국가들은 각기 북진통일과 '혁명통일'을 지향했고 그것이 6·25전쟁으로 나타났지만, 3년간의 혈전 끝에도 전쟁에 의한 통일은 되지 않았습니다. 그럼에도 남녘의 경우 이승만정권은 계속 북진통 일을 내세우면서 독재체제를 강화해 갔고, 북녘의 경우도 전쟁후유 증으로 정치숙청이 벌어졌습니다. 전쟁이 상극된 두 체제를 오히려 강화시키는 결과를 가져왔다고 하겠지요.

일제강점기에 사회주의독립운동을 했다가 해방 후에는 사회주의 주류노선에서 이탈하여 남녘 이승만정부의 농림부장관과 국회부의 장을 지내고, 대통령선거에 출마하기도 한 조봉암(曹奉岩, 1898~1959)

이 1956년에 진보당이란 혁신정당을 만들어 평화통일론을 내세웠습니다.

6·25전쟁 전에는 평화통일론자들이 더러 있었으나 전쟁통일을 목적한 6·25전쟁발발과 함께 모두 없어졌다 해도 과언이 아니었는데, 전쟁이 끝난 불과 3년 뒤에 지난날 사회주의독립운동자 조봉암을 당수로 해서 결성된 진보당이 평화통일론을 내세운 겁니다.

지금에 와서 생각해 보면 어처구니없는 일이기도 하지만, 북진통일을 강조하던 이승만독재정권 시기에는 평화통일론이 북녘을 이롭게 한다는 이적론(利敵論)으로 취급되기도 했습니다. 따라서 평화통일론을 내세운 진보당은 이승만정권에 의해 해체됐고 그 당수 조봉암은 간첩죄로 1959년 7월 31일에 사형됐습니다.

그런데 조봉암 진보당 당수가 사형당한 지 불과 9개월 뒤에 민주 '혁명'으로 폭발했다가 바로 거대한 평화통일운동으로 발전해간 4월 '혁명'이 일어났습니다. 역사라는 것은 어떤 장애조건에도 불구하고 역시 그것이 가야 할 방향으로 일정하게 기어이 가고 만다는 사실을 거듭 강조해서 말하지 않을 수 없는 겁니다.

또 여기서 한 가지 말해두고 싶은 일이 있습니다. 이승만정권을 무너뜨린 '혁명'을 '4·19'혁명으로 부르는 경우가 많은데, 이승만정권을 무너뜨린 '혁명'이 4월 19일에만 있은 것이 아닙니다. 4월 19일 이전에도 3·15부정선거에 대한 저항운동이 있었고, 4월 19일 이후에도 이승만 대통령을 하야시키는 직접동기가 된 대학교수데모 등의 저항이 있었습니다. 그래서 4월 19일만의 '혁명'으로 '좁혀서' 이름 할 것이 아니라, 그렇다고 해서 1960년'혁명'으로 하기는 좀 심한 것 같고 적어도 4월'혁명'정도로는 '넓혀야'한다는 생각인 겁니다.

4월'혁명'을 일으킨 주역들이 이승만정권을 무너뜨리는 데는 일단 성공했으나 스스로 정권을 쥐고 혁명과업을 달성하지는 못했기 때문에 역사적 의미의 완전혁명이 못되고 제한적 의미의 '혁명', 미완의 '혁명'이 되고 말았습니다. 그 고귀한 희생에도 불구하고 역사적 혁명과업을 혁명세력 스스로가 담당하기에는 부족했던 점이 안타깝다 하겠습니다.

필자는 4·19국립묘지 가까이에서 40년 이상 살면서 자주 가는데, 2012년 4·19기념식 때 이승만 지지자 쪽에서 국립묘지에 와서 화해하자 어쩌고 하다가 쫓겨나는 현장을 목격했습니다. 한 번 저지른 역사적 과오는 세월이 어느 정도 지났다 해서 없었던 것으로 되는 것은 결코 아닙니다. 이 사실을 아는 사람이 많아져야 역사적 과오를 범하는 경우가 줄어들 겁니다.

이야기를 돌립시다. 평화통일론자 조봉암이 간첩누명을 쓰고 사형된 지 불과 9개월 뒤에는 '이적론'으로 취급되던 평화통일론이 당당한 민주'혁명론'의 일부로서 역사적 정당성을 확보하게 된 겁니다. 오랜 역사를 가진 문화민족사회가 1945년의 해방 후에야 뒤늦게 공화주의시대로, 그것도 불행한 분단민족사회로서의 공화주의시대로 들어서게 됐지만, 그런 역사적 조건 아래서도 독재타도 민주쟁취와 함께 종래의 무력통일론을 극복하고 평화통일론을 활짝 편 4월'혁명'은 분단공화주의시대 우리 역사에서 크나큰 업적이 된 겁니다.

이승만 문민독재체제를 극복하는 역사의 길은 크게 두 가지라 하겠습니다. 그 하나는 역사상 처음으로 발족한 공화주의시대에 걸맞는 민주주의를 이루어내는 것이고, 또 하나는 불행한 분단민족사회로서의 통일, 그것도 6·25전쟁으로 불가능함이 실증된 전쟁통일이 아닌 평화통일달성 그것입니다. 4월'혁명'이 이 두 가지 역사의 길, 즉 민주주의의 길과 평화통일의 길을 활짝 연 겁니다.

대학생과 서민층 중심의 4월'혁명' 주체세력은 이승만독재정권을 무너뜨리는 데는 성공했지만 스스로 정권을 장악할 조건은 못됐습니다. 그 때문에 앞에서 말한 것과 같이 4월'혁명'을 완전한 혁명이 아닌 제한적 '혁명'이 되게 하는 데 그쳤지만, 또 하나의 혁명과제였던 평화통일운동에서는 전에 없던 큰 문을 열어갔습니다.

평화통일반대세력들은 4월'혁명' 주체들의 "가자 북으로 와라 남으로" "만나자 판문점에서"하는 구호를 '적을 이롭게 하는 구호'로, 그리고 5·16군사쿠데타세력은 그 같은 평화통일운동을 '간접침략'으로 몰았지만, 역사학적 관점에서는 이승만중심 세력의 '단선단정' 책략으로 무산된 '해방공간'의 김구-김규식-여운형 등에 의한 평화적 통일민족국가 수립운동의 폭발적 부활이었다고 할 겁니다.

민족의 분단은 외세의 작용과 일부 분단주의자들에 의해 저질러졌다 해도, 그 평화통일과정은 어디까지나 전체 민족구성원의 주체적 노력과 합의에 의해 이루어져야 함을 4월'혁명' 주체들이 터득하고 강력히 실천한 거라 하겠습니다. 민주화와 평화통일은 역사 위에 길이 남을 4월'혁명'의 목표요 실천과제 그것인 겁니다.

4월'혁명'이 폭발한 지 불과 1년 만에 일본제국주의의 괴뢰만주국 군인출신이며 일본 육군사관학교 출신인 박정희 소장을 중심으로 하는 5·16군사쿠데타가 일어나서 '4·19 공간'에서 활성화됐던 민주화운동이 '무질서' '문란'으로 매도되고 평화통일운동이 '간접침략'으로 취급되어 호된 탄압을 받게 되고 말았습니다.

그러나 박정희군사독재정권도 도도히 흐르는 민족사회의 숙원인 평화통일의 물길을 계속 막을 수는 없었습니다. 그 증거가 1972년의 7·4남북공동성명으로 나타나게 됩니다. 쿠데타로 성립된 군사독재정권에 의한 평화통일성명 그것이야말로 어떤 폭압적 정치세력도 그 본의와는 상관없이 역사의 거센 흐름을 막을 수 없다는 엄중한 증거라 할 것입니다.

박정희군사독재정권에서
7·4남북공동성명이 나왔습니다

우리 땅은 동북아시아의 대륙과 해양 사이에 놓인 반도로서 대륙 쪽과 해양 쪽으로부터 자주 침략을 받아왔다고 여러 번 말했습니다. 그러면서도 전체 역사시대를 통해서, 특히 중세시대 이후의 1천여 년 간은 대부분 문인정치체제였습니다. 그 점에서는 외침이 거의 없는 섬나라면서도 중세시대에도 저희들끼리 싸우는 '사무라이' 통치체제 가 있었고 근대로 오면서 군국주의 침략주의 체제로 된 이웃 일본과 는 크게 다른 점이라 하겠습니다.

그런데 해방 후 공화주의시대에 와서 우리 민족의 독립군출신도 아닌, 그 적이었던 일본제국주의의 괴뢰만주국 장교출신중심의 군사 쿠데타가 일어나서, 역사책에서나 배운 고려시대에 잠깐 외침에 대 응해서 성립된 무신정권 이후 처음으로 군사정권이 성립되고 이후 근 30년간이나 군사독재 시기를 겪게 되었으니, 역사적 관점에서는 특이하고도 불행한 일이라 하지 않을 수 없는 겁니다.

이승만문민독제체제를 무너뜨린 4월'혁명' 뒤 민주주의가 활성화되 고 특히 평화통일운동이 급진전되는 상황을 하룻밤 사이에 뒤엎어버 린 것이 5·16군사쿠데타였습니다. 우리 같은 문민통치 전통사회에 서 왜 그런 상황이 벌어졌을까 의문스럽지 않습니까. 역시 분단시대 상황의 산물이라 할 수 있을 것 같은데 우선 그 문제부터 잠깐 살펴 봅시다.

5·16군사쿠데타가 4월'혁명'을 뒤엎은 지도 벌서 반세기가 넘어가 지만, 우리 역사는 '4·19공간'의 '혼란'을 거론하는 외는 그 엄청나고 도 불행한 역사적 사실의 원인과 배경을 제대로 밝히지 못하고 있는

것이 아닌가 합니다. 그런 상황이 또 다른 역사적 불행을 낳을 수도 있겠는데 말입니다.

4월'혁명' 불과 7년 전까지 6·25전쟁으로 북녘군대와 전투를 했던 남녘군부와, 평화통일운동의 급진전이 일본을 지키는 전초기지라 할 우리 땅 남반부를 제 세력권에서 벗어나게 하지는 않을까 우려하는 미국에게는 4월'혁명'뒤의 평화통일운동 활성화가 큰 불안이지 않을 수 없었습니다.

그 같은 평화통일운동의 활성화에 찬물을 끼얹은 5·16군사쿠데타의 발발과 성사과정에서, 6·25전쟁에 참전해 '남진통일'을 저지하는 유엔군의 주력을 이루었던 미국이 얼마나 연관되었는가 하는 문제는 앞으로 반드시 모두 밝혀지리라 생각되지만, 지금까지 밝혀진 내용으로는 다음과 같은 사실이 있습니다.

미국육군장교 출신인 하우스만(J. Hausman)이 1996년에 남긴 『한국대통령을 움직인 미군대위 ~하우스만 증언~』의 내용 일부가 그것입니다. 그는 해방 다음해인 1946년에 미국군정요원으로 우리 땅 남녘에 와서 국방경비대 창설에 관여했고, 이후에도 미국군사고문단의 참모장으로서 남녘군대의 창설작업에도 관여한 사람입니다.

그런 뒤에도 여순군란사건 진압을 지휘하고 역시 주한미군사고문단 참모장으로서 6·25전쟁을 겪었으며, 은퇴하는 1981년까지 미국국방부 한국담당정보과장 및 주한미8군사령관 특별고문 등을 지낸 사람입니다. 그야말로 미국군인 중에서는 으뜸가는 한국통이었다 할 만한 사람이지요.

우리 땅 남녘군대를 양성한 주역 중의 한 사람이었으며 근 40년간이나 남녘 우리 땅에서 근무한 미국군의 실력자로서 막강한 권력을 휘둘렀다는, 그의 회고록 제목 『한국대통령을 움직인 미군대위』가 말하는 것처럼 하우스만은 박정희소장 중심의 군부쿠데타계획을 미리 알고 있었고 또 보고하기도 했답니다.

그는 회고록에서 "1961년 3월 1일, 실제 쿠데타가 있기 45일 전 나는 한국군 내에 쿠데타 기도가 있음을 상부에 보고했다"고 했습니다. 미국은 5·16 한 달 전에 박정희 소장 중심의 쿠데타계획을 알고도 가만히 있었던 거라 하겠습니다. 우리 땅 남녘에서 일어날 군사쿠데타를 미국이 묵인한 것일까요 더 나아가서 동조한 것일까요. 뒷날의 역사가 밝힐 겁니다.

하우스만은 회고록에서 "나는 그날—5·16군사쿠데타 날—이른 새벽 박장군과의 짧은 만남이 있은 후 연락관을 통해 부단한 메시지를 주고받았다. 연락관은 한국군 대위였으며 그는 8군의 내 사무실 또는 8군 영내의 내 관사를 방문하면서 쪽지를 전했다"고 했습니다. 그러고는 또 다음과 같이 회고했습니다.

> "박정희 장군이 5월 18일 나를 만나러 8군 캠퍼스 안의 우리 집에 오겠다고 통보해 왔다.(중략) 박정희가 나의 오랜 친구이자 '한국군의 지장(智將)'으로 알려진 강문봉(姜文奉, 1923~1988)을 통역으로 대동하고 문간을 들어섰다.(중략) 이날 박정희가 나를 찾아온 것은 그의 공산당 전력을 새삼 설명하러 온 것 같았다.(중략) 이날 아침 방문에서 우리는 광범위한 군사혁명과 업들을 얘기했다. 매그루더 사령관의 반쿠데타 태도에 관해서도 얘기했다."

5·16 당시 우리 땅에 있었던 주한미군사령관 매그루더의 유능한 보좌관인 하우스만이 쿠데타 당일 박정희와의 짧은 만남이 있은 뒤 연락관을 통해 부단히 메시지를 주고받았으며, 쿠데타 발발 이틀 뒤인 5월 18일에 두 사람이 다시 만나 '광범위한 군사혁명과업'들을 얘

기했다는 겁니다.

이런 사실과, 당시 주한미군사령관 매그루더가 잠시나마 '반쿠데타 태도'를 취한 사실은 너무도 큰 차이가 있어서 우리를 헷갈리게 하지만, 하우스만은 또 "미군이 아직도 5만 이상이나 주둔하고 있는 대한민국에 군사쿠데타가 났다는 것은 엄청난 일이 아닐 수 없었다"고도 했습니다.

세계 민주주의의 선진국 또는 종주국으로 자처하는 미국의 군대가 5만 명이나 주둔하고 있는 우리 땅 남녘에서 4월민주'혁명'으로 성립된 장면정부를 뒤엎는 군사쿠데타가 일어났으니, 더구나 미국이 45일 전에 미리 알고 있던 군사쿠데타가 성사되었으니, 주한미군사령관 매그루더의 처지로서는 짐짓 한때만이라도 '반쿠데타 태도'를 취할 수밖에 없었던 것이 아닌가 생각되기도 합니다.

이보다 1년 전에 폭발한 4월'혁명'이 민주화와 함께 평화통일운동의 활성화를 가져왔고, 그 평화통일운동 활성화가 남녘의 군부와 함께 미국을 불안하게 했을 수 있었을 것이며, 미국은 그 불안 때문에 5·16군사쿠데타계획을 미리 알고도 성사되게 둬버린 것이라 짐작할 수도 있지만, 그 진실은 후세의 역사가 더 상세히 밝히고 말 거라 생각합니다.

어떻든, 일본제국주의의 괴뢰만주국군 장교출신 박정희 소장 중심의 5·16군사쿠데타세력은 '4·19공간'에서 활성화됐던 평화통일운동을 군대식 용어인지 '간접침략'이라 규정하고 가혹하게 탄압했습니다. 하우스만도 그 회고록에서 상세히 언급하고 있지만, 박정희소장 자신이 '해방공간'에서는 군인이면서 좌익 쪽에 몸담았다가 무기징역형을 받았던 사람입니다.

그리고 박정희의 친형 박상희(朴相熙) 역시 좌익으로서 1946년의 대구 '10월항쟁' 때 경찰에 의해 살해된 사람이었습니다. 그런 경력과 내력의 소유자인 박정희 소장이 5·16군사쿠데타의 주동자가 되어 4월'혁명'공간에서 활성화됐던 평화통일운동을 '간접침략'으로 규정하고 철퇴를 가한 겁니다.

평생을 우리 근-현대사를 공부하고 가르쳐 온 사람으로서, 현실정치는 모름지기 역사의 현재형 그것이어야 한다고 믿는 처지로서는 현실정치의 몰역사성을 절감하지 않을 수 없습니다. 그리고 이 같이 '제멋대로'인 현실정치를 이후의 역사학이 어떻게 정리하고 설명해야 할까 걱정이기도 합니다.

이야기를 돌립시다. 그렇게 해서 성립된 박정희군사독재정권이 집권 10년이 된 1972년에 와서 보통사람에게는 저승차사같이 무서웠던 중앙정보부부장 이후락(李厚洛)이 비밀리에 '적지(敵地) 중의 적지'인 북녘땅에 몰래가서 '난데없이' 통일을 평화적으로 그리고 주체적으로 할 것을 북녘당국자들과 합의했다는 7·4남북공동성명을 발표했습니다.

민주선거로 성립된 정권을 하룻밤 사이에 뒤엎고 내놓은 "반공을 국시의 제일의로 한다"는 군사쿠데타군의 '혁명공약'에 짓눌렸던 이 땅의 상식적인 보통사람들이 얼마나 놀라고 어리둥절했는지 모릅니다. 공산주의 '공'자만 들먹여도 잡아갈 것 같은 무서운 중앙정보부장이 비밀리에 '공산수괴'와 만나 찍은 사진을 보게 되고 평화통일 운운하는 말을 듣게 되었으니 그야말로 '경천동지'할 일이었습니다.

이제 막 40대로 들어서는 길목에서 우리 근-현대사를 가르치는 대학선생이던 필자 역시 얼마나 놀라고 당황했는지 모릅니다. 이 같은 난데없는 상황전개에 대해 학생들이 질문이라도 하면 명색 우리 근-현대사 선생으로서 모르겠달 수는 없을 것 같고, 어떻게 설명해야 할지 그저 막막하기만 했으니까요. 정말 난감했습니다.

'철의 장막' 운운하면서 서로 적대해 왔던 미국과 소련이, 그리고 미국과 공산중국이 평화공존 하겠다는 이른바 미-소 데탕트 및 미-중 데탕트 분위기가 있음은 알고 있었다 해도, 그 같은 데탕트의 영향이 군사독재정권에 의해 꽁꽁 얼어붙은 우리 땅에 그렇게 빨리 미치리라고는 미처 생각하지 못했던 겁니다.

'4·19공간'에서 활성화되었던 평화통일운동을 '간접침략'이라면서 가혹하게 탄압했던 박정희군사독재정권의 청와대 다음가는 권력기관인 중앙정보부의 최고책임자가, 불과 4년 전에 특수부대를 보내 박정희 대통령을 죽이려 한 '김신조사건'(1968)으로 '철천지원수'로 삼았던 북녘 정권당국자와 비밀리에 만나 통일을 전쟁이나 무력이 아닌 평화적으로, 그리고 유엔감시하가 아닌 민족 주체적으로 하자는 데 합의했다는 겁니다.

제2차 세계대전이 끝난 뒤, 자본주의종주국이 된 미국과 사회주의종주국이 된 소련이 분할점령한 우리 땅에 별수 없이 자본주의체제의 대한민국과 사회주의체제의 조선민주주의인민공화국 등 분단국가들이 성립되고, 침략전쟁이니 민족내전이니 통일전쟁이니 하는 6·25전쟁을 3년 동안이나 겪고도 정복도 통일도 안 된 채 20년이나 지낸 때입니다.

그리고, 북녘이 특수부대를 보내 남녘의 대통령을 죽이려 했다가 실패한 것이 불과 4년 전인데, 그 대통령의 재임 중에 남북의 정부당국자들이 평양에서 비밀리에 만나 주체통일 평화통일 운운하는 발표를 했으니 그야말로 놀라운 일이 아닐 수 없었습니다. 조금 정신을 차리고 이 놀라운 남북공동성명이 왜 나왔는가를 생각해 보게 됐습니다.

7·4남북공동성명은 왜 나왔으며 어떤 의미를 가질까요

7·4남북공동성명 얼마 뒤에는 적십자회담인가 남북조절위원회인가를 한다고 '머리에 뿔 달린 괴물'처럼 생각되던 북녘사람들이 탄 자동차가 줄을 지어 서울에 나타났으니 거듭 놀라지 않을 수 없었습니다. 다른 글에서도 썼지만 '머리에 뿔 달린 괴물'이란 말이 나와서 생각이 나는데, 뒷날 평화통일이 되고 나면 지난날에는 그런 일도 있었구나 할만한 일이 있습니다.

이보다 뒷날인 2000년 6월에 필자도 민간대표의 한 사람으로서 참가했던, 6·15남북공동선언이 나온 평양에서의 남북정상회담 때 일입니다. 만찬자리에서 필자 바로 옆자리에 앉은 남녘에서 간 일행 중의 한 사람이 필자의 다른 편 옆자리에 앉은 북녘의 현역 육군대장에게 난데없이 "정말 적화통일 포기했습니까?"하고 묻는 것이었습니다.

좋은 분위기이긴 해도 초면의 서로가 조심스러웠던 자리에서 갑자기 나온 이 난데없고도 곤란한 질문에 두 사람 사이에 앉은 필자가 얼마나 당황했는지 짐작되겠지요. 이 난감하고도 어려운 질문에 대해 북녘 현역육군대장이 어떻게 대답할까 하고 난처하면서도 또 몹시 궁금하기도 했습니다.

북녘의 육군대장이 두 손 검지를 이마에 댔다가 내리고는 웃으면서 "우리 머리에 뿔 달렸다고 배웠겠지요. 그러나 보세요. 뿔이 없지 않아요"하는 거였습니다. 그때서야 안도의 한숨이 절로 나왔습니다. 언제 어디서나 엉뚱한 짓으로 사람을 당황하게 하는 사람은 있게 마련이지요. 이야기를 다시 돌립시다.

박정희군사독재정권 때의 남북간 평화접촉은 7·4남북공동성명이 있기 1년 전에 남녘의 적십자사가 북녘 적십자사에게 인도적 차원에서 이산가족찾기회담을 제의하고 북녘 적십자사가 이에 호응해 생각보다 쉽사리 시작됐습니다.

이후 남북적십자사 사이의 예비회담이 진행되는 중에 남북 정부당국자에 의한 7·4공동성명이 발표된 겁니다. 그러고는 곧 남북조절위원회가 성립되어 그 1차공동위원장회의가 10월 12일에 판문점에서 열렸습니다. 오랫동안 막혔던 남북 사이가 열리려니 또 그렇게 쉽게 열리게 된 겁니다.

그런데 남북조절위원회 제1차공동위원장회의가 열린 닷새 뒤인 10월 17일에 박정희군사정권이 갑자기 국회를 해산하고 종신집권을 위한 '유신'을 강행했습니다. 그런가 하면 그 열흘 뒤인 10월 27일에 북녘의 김일성정권은 사회주의헌법을 제정해서 사회주의체제를 한층 더 강화했습니다.

7·4남북공동성명에서 통일을 평화적으로 민족주체적으로 하자는 발표를 해놓고 약속이나 한 것처럼 남녘은 남녘대로 또 북녘은 북녘대로 각기 제 나름의 통치체제를 연장하고 강화하는 조치를 취한 겁니다. 우리 근-현대사를 가르치는 '순진한' 필자의 처지로서는 이 같은 상황을 어떻게 이해하고 설명해야 할지 당초에는 그저 당황스럽고 막연할 뿐이었습니다.

6·25전쟁 뒤 한층 더 철저히 적대해 왔던 남북 두 정부 사이에 다행히도 어느 정도 인도적 평화적 접촉이 이루어지더니, 남녘은 '유신'체제로 가고 북녘은 사회주의체제 강화 쪽으로 가는 상황이 벌어진 겁니다. 또 한 번 어리둥절하지 않을 수 없었습니다.

7·4남북공동성명 뒤 남녘은 대통령종신집권체제인 '유신'을 강행함으로써 군사독재체제를 강화하고 북녘은 사회주의체제를 강화했는데, 그렇다면 평화통일 및 민족주체통일을 하자는 7·4공동성명이란 것은 도대체 무엇이란 말인가 하는 의문이 생기지 않을 수 없었습니다. 특히 대학에서 우리 근현대사를 가르치는 처지에서는 말입니다.

한 때의 어리둥절했던 상태에서 벗어나 냉철히 생각해 보면, 그 같은 '엉뚱한' 상황이 벌어진 데는 그만한 이유가 있었습니다. 자본주의 종주국 미국과 사회주의종주국 소련이 대립하고, 또 하나의 사회주의 강대국으로 태어난 중국이 미국과 대립하고 있었던 지금까지의 상황에 변화가 온 겁니다.

1970년대로 들어오면서 이 같은 상황, 즉 미국과 소련의 대립관계 및 미국과 중국의 대립관계에 변화가 나타나게 됐는데, 미국과 중국이, 또 미국과 소련이 지금까지의 극한적 냉전주의적 대립을 풀어 화해하고 공존하는 쪽으로 나아가겠다는 겁니다. 이른바 미-소 데탕트와 미-중 데탕트라는 것이 그것입니다.

냉철하게 생각해 보면 불행한 일이긴 하지만, 해방 후에 38도선을 경계로 남북에 성립된 우리 땅 남녘의 자본주의체제정부와 북녘의 사회주의체제정부는 모두 국제 정치적 상황에서 소련 및 중국 등의 사회주의세력권과 미국중심의 자본주의세력권이 계속 강하게 대립해 있어야만 각기의 안전성과 존속성이 확보되는 정부들이었다고도 할 수 있습니다. 왜냐하면 해방 후 우리 땅에 성립된 남북의 두 분단국가와 정부들은 우리 땅에서 미국과 소련의 대립상황을 바탕으로 성립됐기 때문입니다.

우리 땅의 분단체제는 제2차 세계대전의 끝남과 동시에 이루어진 미-소 대립의 산물이며, 6 · 25전쟁과 같은 열전이 동서냉전을 더 강화하는 방향으로 끝나고, 이후에도 냉전체제가 강화되면 될 수록 우리 땅의 분단체제도 강화되는, 그리고 남북의 분단정권들도 오히려 나름대로의 안정성을 얻게 되는 그런 상황이 근 30년간 지속된 겁니다.

우리 땅 남북 두 정부의 대립을 존속시키기 위해서는 계속 대립상태에 있어야만 하는 미국과 소련이 그리고 미국과 중국이, 평화적으로 공존하겠다는 데탕트란 것을 하게 된 겁니다. 그렇게 되면 대립만 해오던, 아니 그 대립상황에 존속근거가 있었다고 해도 될 우리 땅 남북의 두 정부는 그런 주변상황의 데탕트적 변화에 어떻게 대처해야 하는가 하는 문제가 제기되지 않을 수 없었던 겁니다.

그렇다고 해서 이데올로기와 체제를 달리하는 남북의 두 분단정부가 당장 하나로 되기는 어림없는 일이고, 결국 세계사적으로도 사회주의권과 자본주의권이 데탕트란 것으로 공존하기로 한 것처럼, 우리 땅 북녘의 사회주의체제 정부와 남녘의 자본주의체제 정부도 평화적으로 공존할 것을 잠정적으로나마 합의하지 않을 수 없었다고 하겠습니다.

세계사가 바야흐로 미−소 데탕트 및 미−중 데탕트로 쪽으로 나아가는데 우리 땅의 남북 두 분단정부들만이 계속 전쟁통일노선 및 극한적 대립노선으로만 갈 수 없어, 세계정세의 변화에 따라 평화공존노선으로 갈 수밖에 없게 됐다고 하겠습니다. 그리고 극한대립이 아닌 평화공존에 앞서서 각기의 내부체제를 강화할 필요가 있었던 거라 하겠습니다.

그런 한편, '4·19공간'에서 표출된 것과 같이 평화통일의지가 높아진 우리 민족사회의 경우, 통일문제를 배제한 평화공존만을 표방할 수는 없었기 때문에 평화통일 및 주체통일을 표방한 '남북데탕트'로서 7·4남북공동성명이 나온 것이라 할 수 있지 않을까 합니다. 후세의 역사학이 좀 더 분명한 해석을 하겠지요.

상대방을 철저하게 적대하고 타도대상으로 삼는 것이 제 정권을 유지하는 방법이었던 남북의 분단정권들이 국제정세의 변화에 맞추어 평화 공존하는 방향으로 가지 않을 수 없게 됐는데, 다른 한편으로는 남북정부들이 제 자신의 안전을 도모하기 위해 '유신'이나 헌법개정을 통해 내부체제 강화를 도모해 갔다고 하겠습니다.

비록 미국과 소련, 미국과 중국 사이의 데탕트에 맞추어 생산됐다고 할 7·4남북공동성명이라 해도, 그리고 이 땅의 남북 두 정부가 당장은 미-소·미-중 데탕트에 맞추어 임기응변으로 평화공존 하려는데 그 목적이 있었다 해도 민족통일을 평화적으로 그리고 주체적으로 하자는 데 합의한 사실 그것은 분단시대 역사에서 대단히 중요한 일이었다고 하지 않을 수 없습니다. 그 점에서 7·4남북공동성명의 민족사적 의의는 크다 할 겁니다.

7·4남북공동성명이 통일을 평화적으로 하겠다고 한 것은, 겉으로나마 종래의 북진통일론과 '혁명통일'론을 부인했다는 점에서도 중요하지만, 우리 땅 남녘의 경우 이 성명으로 인해 지난날 평화통일론에 덧씌워졌던 이적론이란 '누명'이 벗겨지게 됐다는 점이 특히 중요했습니다.

7·4남북공동성명 이후부터는 남녘에서 평화통일론이 이적론으로 법에 저촉되지는 않게 됐습니다. 그래서 7·4남북공동성명이 우리 땅의 평화통일론이 정착하는 계기가 됐다는 점에 특히 그 중요성이 있다고 하겠습니다. 진보당 당수 조봉암이 평화통일론을 내세웠다가 사형당한 지 13년 만의 일이었습니다.

다음, 7·4남북공동성명이 통일을 주체적으로 하자는 데 합의한 사실 역시 중요합니다. 종래 남녘정부의 경우 대북관계가 조금 가혹해졌을 때는 유엔감시하의 북녘땅 만의 선거에 의한 통일을, 또 조금 너그러워졌을 때는 유엔감시하의 남북총선거에 의한 통일을 내세웠습니다. 통일문제에 '유엔감시하'를 내세우는 근거는 물론 남녘정부가 '유엔감시하 선거'에 의해 성립됐다는 명분 때문이었습니다.

그런데 7·4남북공동성명에서는 유엔이란 '외세'의 감시 없이 남북 우리 민족만의 역량과 합의에 의해, 그야말로 민족의 주체적 역량에 의해 통일문제를 해결하자는 데 처음으로 합의한 겁니다. 남녘의 경우 정부에 의해 평화통일론이 공식화된 점과 유엔감시에 의한 통일 방책이 부인됐다는 점에 7·4남북공동성명의 역사적 의의가 있다고 하겠습니다.

그 실행여부와는 관계없이, 비록 미-소와 미-중의 데탕트 즉 자본주의세력권과 사회주의세력권 사이의 평화공존이라는 세계사적 변화에 밀린 결과라 해도, 군사독재정권 아래서 평화적으로 민족주체적으로 통일하자는 남북 정부 사이의 합의 성명이 나온 사실은 그 역사적 의미가 높다고 할 겁니다. 이후에는 남녘에서 평화통일론이 이적론으로 탄압받는 일은 없어진 겁니다.

어떻든 7·4남북공동성명으로 제2의 조봉암식 죽음은 나오지 않게 됐다고 하겠으며, 4월'혁명' 주체들이 내세웠다가 철퇴를 맞은 평화통일론이 철퇴를 휘둘렀던 바로 그 군사정권에 의해 합법화된 셈이니, 또 한 번 역사란 역시 가야 할 길로 가고야 마는 거라 할 수 있겠지요. 그러나 역사가 가는 길이 결코 순탄한 것만도 아니었습니다.

우리 땅 남녘의 경우 7·4남북공동성명은 한편으로 박정희군사독재정권이 종신집권을 기도하며 '유신'을 강행하기 위한 준비조치였던 것으로 생각되기도 했습니다. 긴급조치 남발로 유지된 박정희정권 '유신'체제의 반민주성과 반역사성이 너무도 혹심했기 때문이었습니다.

박정희'유신'정권의 횡포 때문에 7·4남북공동성명의 역사적 의의가 감소되느냐 하는 문제가 있겠는데, 7·4공동성명이 있은 7년 뒤에 박정희살해사건으로 '유신'체제가 일단 끝나고 불행하게도 전두환군사독재정권이 후속됐지만 다행히 평화통일론은 그대로 정착됐다고 할 수 있습니다.

억지로 3선개헌을 해서 집권을 연장한 박정희군사정권에 의해 7·4남북공동성명이 발표된 5개월 뒤에 영구집권체제를 기도한 '유신'이 강행됐고, 일본에서 '유신'반대운동을 하던 전 대통령후보 김대중이 납치되어온 사건을 계기로 7·4공동성명 뒤 한때 계속되던 남북관계가 완전히 단절되고 말았습니다. 그럼에도 7·4남북공동성명으로 이 땅에 평화적 주체적 통일론이 정착된 의의는 크다고 하지 않을 수 없습니다.

지정학적 조건으로 동북아시아의 대륙세력과 해양세력 사이의 '다리'도 될 수 있고 '칼'도 될 수 있다는 위치와, 제2차 세계대전 후의 세계사 위에 조성된 사회주의세력권과 자본주의세력권이 대립하는 조건에서, 사회주의체제와 자본주의체제로 분단된 우리 땅의 남북 두 정부가 한 때 미-소 데탕트와 미-중 데탕트에 영향을 받아 7·4남북공동성명 같은 것이 나왔다 해도, 남북 사이의 데탕트가 순조롭게 오래가지는 못했습니다.

그럼에도 불구하고 7·4남북공동성명 이후에는 남북을 막론하고 정부차원에서 북진통일과 '혁명통일'이 공언되는 경우는 거의 없어졌다고 하겠습니다. 그만큼 평화통일론이 정착되어간 거라 하겠는데, 그 점에 대해서는 다음에서 풀어보겠습니다.

북녘의 연방제통일안과 남녘의 연합제통일안이 제시됐습니다

1970년대에 7·4남북공동성명이 발표되고 남북적십자회담과 남북조절위원회의 활동 등이 있다가 곧 중단되고, 이후 남녘의 '유신'체제 시기에는 남북 사이의 평화적 관계가 단절되다시피 했습니다. 그러다가 남녘에서는 1980년대로 오면서 박정희군사정권이 끝나고 엄청난 피를 바친 5·18광주민주항쟁을 겪고도 불행하게도 전두환군사독재정권이 이어졌습니다.

필자의 경우 전두환군사독재정권 성립과정에서 4년간이나 이른바 해직교수가 되어 대학교단에서 쫓겨나 있으면서, 역사가 '유신'독재와 같은 폭압적 반역사적 시기를 겪고 5·18광주항쟁과 같은 엄청난 희생을 바치고도, 그 단계 하나를 넘어서기가 참으로 어렵구나 하는 생각을 절실히 했던 기억이 생생합니다. 그럼에도 역사는 그것이 가야 할 방향으로 기어이 가고 만다는 확신에는 변함이 없다하겠습니다.

해방 후 공화주의시대의 우리 역사를 서술하거나 논평할 때, 각 정권을 역사적 관점에서 평가하는 기준이 있게 마련입니다. 남녘의 경우를 보면 이승만정권과 짧았던 장면정권, 5·16쿠데타 이후의 박정희 등 군사정권들과, 12·12군사쿠데타 주동자면서 직선제로 집권한 노태우정권과, 그리고 문민정권으로서의 김영삼·김대중정권, 노무현정권, 이명박정권 등이 모두 이 기준에 의해 역사적 평가를 받게 마련인 겁니다.

그 기준이란 것은 공화주의시대요 민주주의시대이기 때문에 각 정권이 그 치세기간에 정치-경제-사회-문화면에서 민주주의를 얼마나 발전시켰는가 하는 문제와, 불행한 분단민족사회이기 때문에 각 정권이 통일문제, 특히 평화통일 진전에 얼마나 업적을 남겼는가 하는 것이 각 정권에 대한 역사적 평가기준이 되는 겁니다.

그 같은 역사적 평가기준을 알고한 것이라고는 생각되지 않지만, 남녘의 경우 역대 군부출신정권들도 비록 국내정치에서는 정치-경제-사회-문화면의 민주주의를 크게 탄압하고 위축시켰다 해도, 박정희군사정권의 7·4공동성명이나 노태우정권 때의 7·7선언과 같이 평화통일문제에서는 일정한 업적을 남겼다고 할 수 있습니다.

그러면서도 광주민주항쟁의 엄청난 피를 먹고 성립된 전두환군사독재정권기에는 남북 사이의 이면접촉은 있었다고 사사로이 듣기는 했지만, 그리고 북녘으로부터 수해구제물자가 오고 받아들이기는 했지만, 평화통일문제에 관한 구체적 접촉은 없었습니다.

그래서 전두환군사독재 시기에는 민주주의 발전부분에서도 그리고 평화통일 진전부분에서도 역사적으로 기록될 만한 업적이 전혀 없다 해도 틀리지 않습니다. 다만 북녘에서 제시한 평화통일방안에 대한 대응이기는 하지만, 일정한 평화통일방안을 일방적으로 내어놓기는 했습니다. 그 이야기를 좀 하지요.

1980년대로 오면서 먼저 북녘에서 평화통일방안으로 '고려민주연방공화국' 창설안을 내놓았습니다. 그 내용을 간단히 말해보면 남북이 각기 상대방의 사상과 제도를 인정하고, 남북 두 개의 정부를 유지한 채 그 위에 하나의 연방국가를 건설하자는 안이었습니다. 즉 남북 두 개의 정부 위에 대한민국과 조선민주주의 인민공화국이 아닌 하나의 고려연방공화국을 건설하자는 안인 겁니다.

사상과 체제를 달리하는 남북 두 개의 정부를 그대로 두고 그 위에 하나의 연방국가를 두자는 이른바 연방제통일안이 그것입니다. 남녘에서는 지금도 건재하는 국가보안법에 의해 연방제통일안에 동조하면 위법으로 다스려져 희생자가 적지 않음은 다 아는 일입니다. 북녘에서 제시한 연방제통일안을 평화통일안으로 인정하지 않는다는 뜻인 것 같지요.

그렇건 말건, 북녘에서 제시한 연방제 통일안을 좀 더 구체적으로 말해보기로 합시다. 지지한다고 하지는 말고요. 간략하게 말해서 남녘의 자본주의체제와 북녘의 사회주의체제에 의한 내치(內治)를 담당하는 두 개의 정부를 그대로 두고, 그 위에 남북 우리 땅 전체의 외교권과 군사권을 가지는 하나의 국가를 두자는 안이라 하겠습니다.

국가와 정부를 분리해서 다루었다는 점에 그 '묘미'가 있다고나 할까요.

체제가 다른 남북 두 정부의 내치권은 그냥 둘인 채로 두되, 그 두 정부 위에 세워지는 하나의 연방국가가 담당하는 외교권을 하나로 하면 남북 두정부가 각기 맺은 외국과의 조약을 단일화할 수 있으며, 지금처럼 외교무대에서 대립하지 말고 남북이 민족적 처지에서의 통일된 외교를 할 수 있다는 거라 하겠습니다.

그리고 남북의 두 정부 위에 성립되는 하나의 통일연방국가에게 군사지휘권이 주어지면, 즉 남북 우리 땅 전체의 군사지휘권이 하나로 된 국가에게 주어지면 우선 민족내전이 일어나는 것을 막을 수 있으며 외적의 침략에 대해 남북 두정부가 함께 대응할 수 있는 방안이라 할 수 있겠습니다.

이 같은 연방제통일안에 대해 남녘의 전두환군사정부는 거부하는 대신 '민족화합민주통일방안'을 제시했습니다. 그것은 장차 남북 전체의 국민투표로 통일헌법과 통일국회와 통일정부를 수립하는 방법으로 통일을 하되, 그것이 이루어질 때까지는 호혜평등에 의한 상호관계를 유지하고 상대방 내부문제에 대해 간섭하지 않으며, 남북 두 국가가 체결한 국제조약과 협약을 존중하고, 서울과 평양에 상호 상주 연락대표부를 설치하자는 안이었습니다.

북녘에서 제시한 '연방제통일안'과 남녘에서 제시한 '연합제통일안'을 평가해보면, 국가를 바로 하나로 할 것인가 당분간 둘인 채로 둘 것인가 하는 점에서는 차이가 있다 해도, 상당 기간 현재의 남녘정부와 북녘정부를 그대로 두며, 남녘의 자본주의체제와 북녘의 사회주의체제도 그대로 두자는 데는 남북정부가 일단 합의했다고 할 수 있겠습니다.

다시 말하면, 북녘정부가 제시한 연방제통일안은 당장 1국가 2정부 2체제로 하자는 데 반해, 남녘이 제시한 연합제통일안은 상당 기간 2국가 2정부 2체제로 두고 서로가 협력하면서 남북이 평화관계를 유지하자는 방안이었다고 하겠습니다. 1국가냐 2국가냐 하는 문제에는 차이가 있다 해도 각기 체제가 다른 2정부를 그냥 두자는 데는 남북이 일단 합의한 거라 하겠습니다.

1950년대에는 남북이 각기 제 체제중심으로 하나의 정부와 하나의 체제로 통일하기 위해 전쟁을 치렀는데, 1970년대에는 남북이 통일을 평화적으로 하자는 데 일단 합의하더니, 1980년대에 와서는 국가를 하나로 할 건가 당분간 둘인 채로 둘 건가 하는 점은 다르다 해도, 남북 두 개의 정부와 두 체제를 인정하면서 통일해 가자는 단계까지, 즉 상대방의 정부와 체제를 인정하면서 점차적으로 통일해 가자는데 일단 합의한 거라 하겠습니다.

미국과 소련, 미국과 중국 사이의 관계가 평화공존으로 가는 데 따른 우리 땅 남북정부의 공존이 주목적이었다고 할 1970년대의 7·4남북공동성명이 있은 뒤, 1980년대에는 우리 땅의 지정학적 조건 등 여러 가지 상황 때문에 어느 한 쪽이 다른 한쪽을 완전히 정복하는, 그래서 당장 하나의 국가 하나의 정부 하나의 체제가 구현되는 그런 통일은 불가능하다는 것을 남북 정부 모두가 일단 인정하게 됐다고 할수 있을 겁니다.

그래서 연방제통일안이니 연합제통일안이니 하는 것이 나오게 됐다고 하겠는데, 그것은 전쟁통일과 '혁명통일'을 지향한 6·25전쟁을 겪고도 통일되지 않았기 때문에 터득된 평화통일방안이라 할 수도 있을 겁니다. 그런데 남녘의 경우 지금까지도 북녘이 제시한 연방제통일안을 지지하는 경우 국가보안법 위반자가 된다는 것을 명심해야합니다.

1980년대 전두환군사정권시기에는 연방제통일안과 연합제통일안이 제시만 됐을 뿐, 두 통일방안의 차이점을 타협적으로 조정하면서 평화통일을 향해 한걸음씩이나마 전진하기 위한 남북 간의 접촉은 없었다고 할 수밖에 없습니다. 광주민중항쟁의 피를 먹고 성립된 전두환정권의 또 하나의 역사적 한계요 불행이라 하겠습니다.

전두환군사정권시기에는 남북 사이의 표면적 평화적 접촉은 없었고, 그래서 전두환군사정권은 앞서는 박정희군사정권이나 뒤에 오는 노태우정권과 달리 통일문제에는 역사에 기록될 만한 업적이 전혀 없는 불행한 정권이 됐다고 하겠습니다. 그래서 역사적으로는 광주의 피를 먹고 성립된 정권이란 점이 더 뚜렷해지겠지요.

그뿐만이 아닙니다. 전두환군사정권 뒤에 그와 12·12군사쿠데타의 동료였던 노태우정권이 성립됐는데도 대통령자리에서 물러난 전두환이 백담사로 '귀양'갈 수밖에 없었다는 사실이 광주항쟁의 엄청난 피를 먹고 성립된 그 정권의 역사적 위상을 말해준다 할 겁니다.

노태우정부가 7·7선언을 발표하고
'북방정책'을 추진했습니다

근 20년간 지속된 박정희군사독재정권은 서울 궁정동의 안가(安家)인가에서 중앙정보부장 김재규(金載圭, 1926·1980)가 박정희 '유신'대통령을 살해함으로써 끝나게 됐습니다. 종신집권을 기도한다고 생각되던 박정희 '유신'대통령의 갑작스런 죽음도 놀라운 일이었지만 그 살해자가 중앙정보부장이었다니 정말 놀라운 일이었습니다.

박정희살해사건은, 후속된 전두환군사정권에 의해 대통령경호실장 차지철(車智澈, 1934·1979)과 중앙정보부장 김재규 사이의 불화 및 권력다툼이 원인이었던 것처럼 돼버렸지만, 역사적 관점에서 보면 박정희살해사건 직전에 폭발한 부-마민중항쟁에 대한 두 사람의 견해 차이에서 빚어진 거라 할 수 있습니다.

군사독재정권 아래서 국내외의 정보를 총괄하던, 청와대 다음의 권력기관인 중앙정보부부장 김재규는 부-마민중항쟁을 김영삼 야당 당수를 국회에서 제명한데 대한 그 출신지역민의 불만분출로만 보지 않고, 박정희'유신'정권에 대한 민중저항으로 봤다고 하겠습니다. 더구나 그 민중저항이 박정희독재정권의 지지기반이라 말해진 경상도 지역에서 폭발한 겁니다.

부-마민중항쟁을 강제로 진압할 수 있다고 장담하는 대통령경호실장 차지철과, 그런 경호실장을 두둔하는 '유신'대통령 박정희에 대한 불만과 반감 때문에 결국 김재규가 박정희와 차지철을 살해하게 됐으며, 따라서 여러가지 곡절을 겪으면서도 1960년대와 70년대를 통해 지속된 박정희군사독재정권이, 종신집권을 다지던 '유신'정권이 하룻밤 사이에 종말을 고하게 된 겁니다.

박정희 '유신'대통령 살해가 김재규 단독행위냐, 아니면 핵무장을 기도했다는 박정권을 갑자기 무너뜨린 또 다른 배후가 따로 있었느냐 하는 문제는 세월이 더 지나야 밝혀지리라 생각됩니다. 전두환군사정권이 광주항쟁군의 엄청난 피를 먹고 성립됐고, 핵무장을 포기함으로써 정착될 수 있었다는 사실과 함께 말입니다.

이승만문민독재정권이 4월'혁명'으로 끝난 것과는 달리, 박정희군사독재정권이 부-마민중항쟁의 격화 확대에 의해 끝나지 않고 '유신' 권력내부의 알력과 대립에 의한 안가살해사건으로 끝났기 때문에, 근 20년간 지속된 박정희군사독재정권 뒤에 엄청난 피를 바친 광주민중항쟁이 있었음에도 또 전두환군사독재정권이 뒤이어진 거라 하겠습니다.

4월'혁명'이 발단된 곳이기도 한 경상도 지역에서 일어난 반'유신' 부-마민중항쟁이, 경상도출신 대통령 박정희가 군사독재정권 연장을 위해, '유신'을 감행하면서 지방의식을 부추긴 그 경상도 지역에서 일어난 부-마민중항쟁이, 격화되고 전국적으로 확대되어 박정희'유신' 정권을 무너뜨렸다면, 그 뒤에는 당연히 전두환정권 같은 군사독재 정권이 아닌 민주정권이 섰을 겁니다.

그런데 부-마민중항쟁이 확대 격화될 가능성과 그 결과로 박정희 '유신'정권의 종말이 올 것을 우려한, 그래서 4월'혁명' 뒤와 같은 상황이 전개될 것을 두려워한, 군사독재정권시기에 가장 상세하고도 정확한 정세정보를 가진 중앙정보부장에 의해 '안가살해사건'이 저질러진 거라 할 수도 있을 겁니다.

그리고 그런 상황으로 박정희'유신'정권이 끝나게 됨으로써 4월'혁명' 뒤와 같은 민주정권이 성립되지 않고 전두환군사정권이 성립됐다고 할 수 있을 겁니다. 역사란 정확하면서도 냉혹해서 '공짜'가 있을 수 없는 매정한 것이라 할 수도 있겠습니다.

그런가 하면 역사란 또 대단히 정직한 것이기도 합니다. 광주민중항쟁의 피를 먹고 성립된 전두환군사정권 말기에는 '넥타이부대' 중심의 6월민중항쟁이 전국적으로 일어나서 전두환정권을 당장 뒤엎지는 못했으나, '유신' 이래 자행된 체육관선거가 아닌 대통령직선제로 돌아가는 6·29선언을 받아내는 데 일단 성공했던 겁니다.

대통령직선제를 받아냈음에도 민주진영의 분열이 하나의 원인이 되어 체육관선거가 아닌 보통선거를 통해서도 12·12군사쿠데타주역의 한 사람이며 전두환군사독재정권의 제2인자였다 할 노태우정권이 후속되고 말았습니다. 거듭 말하지만 역사에는 '공짜'가 없는 법이지요. '점잖은 넥타이부대'가 바친 만큼만 받아내졌다고 하면 너무 가혹한 말이 될까요.

노태우 개인은 전두환군사독재정권의 성립과 존속에 제2인자적 역할을 다한 군인출신이었습니다. 그렇지만 그 정권은 그래도 5·16쿠데타 및 12·12쿠데타로 집권한 군부세력들이 감행한 체육관선거가 아니고, 보통선거를 통해 성립된 정권이었기 때문에 다소는 '물렁한' 군인출신 정권이 될 수밖에 없었다고 하겠습니다.

앞선 박정희정권이나 전두환정권보다 그 독기가 덜하다는 뜻에서 '물태우'정권으로 불리기도 했지요. 체육관선거가 아닌 보통선거로 성립된 독기가 덜한 '물렁한 군사정권'이어서 군사쿠데타로 성립된 박정희정권이나 광주민중의 피를 먹고 성립된 전두환정권과는 다를 수밖에 없었던 거지요. 거듭 말해서 역사란 그렇게 정직하고도 정확한 거라 하겠습니다.

노태우정부 때는 마침 국내외적으로 큰 변화가 일어났습니다. 소련대통령 고르바초프가 개방-개혁정책을 추진했고, 국내에서도 역사상 처음으로 88올림픽을 개최하게 됐습니다. 올림픽을 앞두고 북녘을 포함한 사회주의권과의 관계를 완화하는 정책을 써야 할 필요도 있었고, 공산권과 국교가 열릴 수 있는 조건이 조성되기도 했습니다.

올림픽개최를 앞둔 노태우정부는 남북동포의 상호교류 추진, 이산가족 방문추진, 남북간 교역의 민족내부 교역간주 등을 내용으로 하는, 군인출신정권이면서도 박정희정권 때의 7·4남북공동성명 보다 훨씬 구체적인 남북관계 완화를 지향한 7·7선언(1988)을 발표했습니다.

7·7선언을 발표하고 올림픽을 치른 노태우정부는 사회주의국가들과 국교를 여는 이른바 북방정책을 추진했습니다. 먼저 1989년에 헝가리와의 국교수립으로 시작해서 폴란드-유고슬라비아와 국교를 열더니 마침내 1990년에는 30억 달러 규모의 경제협력 제공을 조건으로 사회주의종주국 소련과도 정식국교를 열게 됐습니다.

소련공군이 중국군복을 입고 참전했던 6 · 25전쟁을 겪고도 휴전선으로 분단된 우리 땅 남녘의 반공주의 군인출신 노태우정부가 경제적으로 어려워진 사회주의종주국 소련에게 경제협력을 대가로 국교수립을 받아냈으니, 그만큼 세상이 달라진 거라 하겠습니다. 그러나 그 변화가 남북 우리 땅 전체에 미치는 것은 아니었습니다. 분단시대의 우리 땅 남녘정부가 1990년에 사회주의종주국인 소련과 국교를 수립했지만, 우리 땅 북녘정부의 경우는 그때로부터 20년이 더 지난 지금까지도 자본주의종주국 미국과의 국교수립이 되지 않고 대립과 분쟁을 계속하고 있는 겁니다.

노태우정부의 이같은 북방정책을, 사회주의권 특히 소련과의 국교를 엶으로써 북녘정부를 고립시키려는 의도가 깔린 거라 말해지기도 했지만, 1990년에 중국이 아시안게임을 주최하게 되자 북방정책의 연장에서 9백만 달러의 광고사업에 참가하고 차량 4백 대를 제공한 것을 계기로 두 나라 사이에 무역대표부가 설치되더니, 결국 1992년에는 국교가 수립됐습니다.

동유럽 사회주의국가들과 국교를 맺고, 그 연장선상에서 소련 및 중국과 국교를 열게 된 북방정책의 본뜻이 설령 북녘정부를 고립시키는 데 있었다 해도, 그것이 결과적으로는 1990년의 남북 유엔동시가입과 1991년의 '남북의 화해와 불가침 합의서'가 채택되는 데까지 나아가게 됐다고 할 수 있을 겁니다.

우리 땅 남녘정부와 중국 및 러시아와 국교가 수립됐다면 따라서 북녘정부와 일본 및 미국의 국교도 열려야 동북아시아의 국제관계에 균형이 잡히고, 이 지역의 평화가 정착되는 중요한 계기가 되겠지만 아직도 그렇게는 되지 않고 있는 것이 현실입니다.

우리 땅 남녘정부와 대륙세력 소련의 후신인 러시아 및 중국과의 국교정상화가, 북녘정부와 해양세력 미국 및 일본과의 국교정상화로 연결되지 못했다는 사실이, 21세기에 들어선 시점까지도 동북아시아의 평화정착을 저해하는 중요한 요인임이 재삼 지적되지 않을 수 없는 겁니다.

1990년대의 동유럽권 및 소련권의 변화, 즉 20세기 말의 이 같은 세계사적 변화가 우리 땅 남북관계의 변화로까지 어느 정도 연결되어 갔다고는 하겠습니다. 그리고 그 변화가 오랫동안 계속 대립하게만 했던 우리 땅 남북정부 사이에도 '기본합의서' 즉 '불가침합의서' 같은 것이 채택되게 한 거라 하겠습니다.

그러나 노태우정권은 비록 '물렁'하다해도 군인출신정권이었기 때문인지 남북 사이에 '불가침합의서'가 교환됐으면서도 그것으로 인한 구체적인 성과는 전혀 없었습니다. 그 점에서 '기본합의서' '불가침합의서'는 뒷날 김대중정부 때의 6·15남북공동선언과 크게 다르다고 하겠습니다.

남북정부 사이에 '화해와 불가침합의서'가 채택됐습니다

1960년의 4월'혁명'으로 활성화됐던 대학생과 민중층 중심 '혁명'주체들의 평화통일운동이 5·16군사쿠데타로 철저히 탄압됐다가 1970년대에 들어와서 박정희군사정부 때 미국과 소련, 미국과 중국의 데탕트에 영향을 받아 7·4남북공동성명이 발표됐으나 남녘의 경우 그것은 박정희종신집권을 위한 '유신'의 '멍석 깔기'가 됐다고 앞에서 말했습니다.

1980년대에 들어와서 북녘에서는 연방제통일안이 나왔고, 남녘에서는 이에 대응해 연합제통일안이 발표됐으나 남북관계 진전에는 아무런 효과가 없다가 1990년대에 들어와서야 남녘정부의 북방정책이 실시되고 남북의 유엔동시가입이 이루어졌습니다. 그러고 보면 1980년대는 통일문제 및 남북관계에서 특기할만한 구체적 진전이 없었던 시기였습니다.

그 과정을 되새겨보면 비록 군사정권 아래에서라 해도, 또 7 · 4공동성명과 같이 비록 군사독재정권의 연장책으로 이용된 일면이 있었다 해도, 어떻든 분단시대의 군사정권들도 통일문제를 외면할 수는 없었으며, 그렇다고 해서 북진통일론을 내세울 수는 없었기 때문에, 비록 구체적 실천성은 없었다 해도 평화통일을 위한 방안들이 조금씩이나마 진전되면서 제시됐다고 할 수 있겠습니다.

5 · 16군사쿠데타 이후의 마지막 군인출신정부였던 노태우정부 때에 와서 '남북 사이의 화해와 불가침 합의서' 즉 '남북기본합의서'가 채택됐습니다. 남녘의 경우 비록 '물렁'하다 해도 군인출신정부시기인데도 이 같은 합의가 이루어졌다는 것은 평화통일을 위한 한 단계의 진전이었다고 하겠습니다.

그러나 남북정부의 국무총리들이 서명한 '기본합의서'에 의한 구체적 실천은 전혀 따르지 않고 그저 '합의'와 발표만으로 끝나고 말았습니다. 그럼에도 그 '기본합의서'는 남녘의 경우 30년 넘게 지속된 군사독재 및 군인출신정부시기의 마지막 평화통일안이 된 셈입니다.

군사정부시기와 군인출신전권시기임에도 '7 · 4남북공동성명'과 '남북기본합의서' 같은 것이 나올 수 있었다는 것은 1945년 8월 이후의 분단시대는 곧 민족적 통일염원의 시대였고, 그 민족적 염원은 반공주의 및 반북주의의 첨병이라 할 군사독재정부도 외면할 수 없었음을 말해준다 하겠습니다.

돌이켜보면 남북에 두 개의 분단국가가 성립된 1948년 이후 남북정부의 합의에 의해 발표된 평화통일안은 분단 후 근 30년 만에 미-

소·미-중 데탕트의 영향을 받아 남녘정부의 중앙정보부장과 북녘정부의 노동당조직지도부장 이름으로 발표된 7·4남북공동성명이 처음이었습니다.

그런데 1991년에 와서 남북 두정부의 국무총리들 이름으로 '남북 사이의 화해와 불가침 및 교류-협력에 관한 합의서'가 발표됐습니다. 7·4남북공동성명 이후 20년 만에 두 번째로 남북정부 사이에 합의가 이루어진 겁니다. 남북 사이의 평화통일방안이 합의되기가 그렇게도 어려웠다 할 수 있겠지요.

1990년대에 들어와서야 남북정부 사이에 통일문제에 대한 그만큼의 진전이 있었다고 하겠는데, 양쪽 국무총리 사이의 합의가 있었다면, 비록 그 '합의서'에 의한 구체적 실적은 없었다 해도, 다음에는 양쪽 최고통치자 사이에 평화통일에 대한 합의가 있을 법 했는데, 그것이 2000년의 6·15남북공동선언이었다고 하겠습니다.

6·15남북공동선언에 대해서는 다음에서 상세히 말하겠지만, 외세에 의한 강제지배와 민족분단으로 이어진 민족사적으로 불행한 시기였던 그 20세기 안에 평화통일문제에 대한 이만큼의 진전이 있었던 것은 그래도 다행이라고 해야 하지 않을까 합니다.

역사적 안목에서 보면 특히 6·25전쟁 후 계속된 남북 사이의 반목과 대립 속에서도, 전체 민족사회의 염원인 평화통일을 위한 남북정부 사이의 합의가 6·25전쟁이 발발한 이승만정부시기를 제외하고는 군사정권시기와 민간정권시기를 통해 이같이 그 단계를 차츰 차츰 높여간 거라 하겠습니다.

그리고 이 같이 점차적으로나마 진전되어간 평화통일문제 합의과정의 구체적 역사적 궤적을 남북을 막론한 우리 분단민족사회의 구성원 개개인이 익히 알고 높은 관심을 가져야만 전체민족의 숙원인 평화통일을 조금씩이나마 앞당길 수 있을 겁니다.

정식명칭이 '남북 사이의 화해와 불가침 및 교류-협력에 관한 합의서'(1992. 2. 19)인 '기본합의서'의 내용은 크게 세 부분으로 나눌 수 있습니다. 먼저 '화해부분'은 첫째 상대방 체제의 인정과 존중, 둘째 정전상태에서 평화상태로 전환하기까지 군사정전협정 준수, 셋째 판문점 연락사무소 설치 운영 등이었습니다.

'기본합의서'가 교환된 지 20년이 지난 지금까지도 아직 실천되지 않고 있긴 하지만, 정전협정을 평화협정으로 전환하는 문제가 거론됐다는 점이 중요합니다. 왜냐하면 평화통일의 전제조건이 되는 남북 사이의 평화관계를 획기적으로 정착시키기 위한 선결문제가 무엇보다도 정전협정을 평화협정으로 전환하는 문제이기 때문입니다.

휴전협정이 조인된 지 60년이 된 지금까지도 우리 땅은 6 · 25전쟁이 완전히 끝난 평화로운 상태에 있는 것이 아니라 전쟁이 잠깐 멈춘, 그래서 언제라도 재발될 수 있는 정전상태에 있는 겁니다. 우리 땅의 평화정착을 위해 정전협정을 빨리 평화협정으로 바꾸어야 함은 말할 나위가 없습니다.

다음 '기본합의서'의 전쟁재발을 막기 위한 중요한 합의부분이라 할 '불가침부분'은 첫째 무력불사용 및 불가침, 둘째 군사분계선의 불가침경계선화이고, 다음 '교류협력부분'은 첫째 자원의 공동개발과 물자교류, 둘째 자유로운 왕래와 접촉, 셋째 철도-도로 연결 및 우편과 전기통신 시설의 회복 등이었습니다.

특히 '교류협력부분'의 자유로운 왕래와 접촉 및 철도-도로의 연결 등은 노태우정부시기에는 실현되지 못하다가 10년 후 김대중-노무현정부 기간을 통해 실제로 추진됐습니다. 그러나 같은 문민정부인 이명박정부 때로 오면서 완전히 막혀버린 겁니다. 문민출신이나 군인출신을 막론하고 대통령중심제사회의 대통령이 반드시 갖추어야 할 것은 투철한 역사의식이며 민족의식이라 하겠습니다. 대통령은 발가

벗고 역사 앞에 서는 사람이니까요.

노태우정부에 의해 합의된 이 '불가침합의서'는 유럽에서 독일이 흡수통일 된 뒤에 이루어진 거였습니다. 그럼에도 이 '합의서'는 전쟁통일은 말할 것 없고 흡수통일을 지향한 것이 아니라 옳은 의미의 평화통일 즉 남북 대등통일을 지향한 '합의서'라 할 수 있다는 점이 중요합니다. 아직도 흡수통일을 지향하는 쪽이 있는 것 같아서 하는 말입니다.

그 노태우정부에 의해 채택된 '남북기본합의서'에 전쟁통일이나 '혁명통일'은 말할 것 없고 흡수통일을 위한 '책략'이 조금이라도 숨겨져 있었다면 남녘총리나 북녘총리의 어느 한 쪽이 서명할 리 없었겠지요. 그리고 이 '합의서'의 내용이 실천됐더라면 비록 군인출신정부 시기라 해도 우리 민족의 평화통일과정이 크게 진전될 뻔하기도 했습니다.

노태우정부는 그 임기 동안 통일문제 즉 남북문제에서 7·7선언과 남북 사이의 '기본합의서' 즉 '불가침합의서'를 남김으로써 우리 현대사 위에서 박정희정권 때의 7·4남북공동성명에 이어 전쟁통일론이 아닌 평화통일론 및 민족주체통일론을 정착시킨 정권이 됐다고 할 수 있습니다.

특히 7·4공동성명이 결과적으로 박정희군사정권의 종신집권을 위한 '유신'체제 강행의 '전주곡'이 되고 말았던 반면, 노태우정부의 '불가침합의서'가 정치적으로 악용되지 않았다는 점에서도 일정한 역사적 의미를 가진다 해도 괜찮지 않을까 합니다. 그러나 남북정부 사이에 '불가침합의서'가 교환되기만 했지 노태우정부 시기를 통해서 평화통일문제에 구체적 업적을 남기지는 못한 것도 사실이라 하겠습니다.

'합의서'에서 합의한, 남북 사이 자원의 공동개발이나 철도연결이나 사람의 자유로운 왕래 등이 노태우정부 때나 그 후속의 김영삼문민정부 때는 제대로 이루어지지 못했습니다. 그 점에서는 김대중정부 때의 6·15남북공동선언이 나온 뒤와는 대단히 다른 점이었다 하겠으며, 따라서 6·15남북공동선언의 역사적 의의는 그만큼 크다고 하겠습니다.

노태우정부 때의 총선거결과 의회가 모처럼 여소야대로 됐는데, 노태우중심의 신군부세력과 김종필중심의 구군부세력, 그리고 김영삼중심의 민주세력이 합당을 해서 여대야소 정국을 만들었고 그 결과 노태우정부 다음에 김영삼문민정부가 성립됐습니다.

그리고는 한때 남북 사이에 전쟁 위험이 높아지는 상황까지 됐다가 미국 쪽의 중재로 남북정부 사이에 정상회담을 열기로 합의했습니다. 그러나 우리가 알다시피 북녘정상이 갑자기 사망하고 그 뒤에 일어난 조문파동 등으로 불행하게도 남북관계가 다시 크게 악화되고 말았습니다.

김영삼정부는 군사정부에 저항했던 민주세력 일부를 중심으로 성립된 정부이면서도 남북관계에서는 오히려 동해안의 일부 무력충돌만을 남겼을 뿐, 평화통일 진전을 위해서는 전혀 업적을 남기지 못한 역사적으로는 불행한 문민정권이 되고 말았습니다. 김영삼정부에 대해서 생각나는 일이 있어서 한 가지 여담을 보태렵니다.

남녘사람 중에도 이미 가본 사람이 많겠지만, 북녘의 묘향산에는 김일성 주석과 김정일 국방위원장 부자가 무슨 기념일 같은 때 외국정상이나 중요인사들에게서 받은 많은 선물들이 지하에 조성된 몇백 개의 방에 보관되어 있습니다. 필자가 두 번인가 가서 본 적이 있는데, 남녘의 모 보수적인 신문사가 일제강점기의 보천보전투를 보도한 자사의 신문연판인가를 금으로 만들어 보낸 선물도 있었다고 기억됩니다.

그 외에 남녘의 재벌기업들이 보낸 선물은 말할 것 없고, 박정희 대통령을 비롯한 남녘 대부분의 대통령들이 보낸 선물도 보관되어 있었으나, 오직 김영삼 대통령의 선물은 없었던 것 같습니다. 남북정상회담이 일단 합의됐던 상황이었는데도 보낸 선물이 없었는지 혹은 있었는데도 전시하지 않았는지 궁금해서 북녘 설명자에게 물어봤지만 그는 웃기만 하고 대답하지 않았다는 기억입니다.

그러면서도 김일성 주석이 사망했을 때 김영삼정부가 전군비상계엄령을 내리고 남녘사람들의 조문을 막은 일에 대한 북녘 관계자들의 비난은 대단했다는 기억입니다. 박정희 대통령 사망 때는 북녘에서 전군비상계엄령 같은 것은 내리지 않았다고 하면서 말입니다.

김영삼정부 뒤에 성립된 김대중정부 때의 6·15남북공동선언과 노무현정부 때의 10·4남북공동선언이 있었음에도, 통일부를 없애려다가 강한 반대여론 때문에 존속시킨 이명박정부 때는 금강산관광객의 죽음, 천안함사건과 연평도포격사건 등이 일어나면서 문민정부이면서도 그 임기동안 평화통일문제에는 아무런 업적을 남기지 못하는 정부가 되고 말았습니다. 민족사적으로 '불행한' 일이 되겠지요.

이명박정부 5년간의 치적이 앞으로 역사에 기록될 때 평화통일문제에 관해서는, 앞선 김영삼정부 같이 전혀 기록될 만한 업적이 없는 정부가 될 것 같습니다. 분단시대의 정부로서 그 치적이 역사에 기록될 때 평화통일문제에 관한 업적이 전혀 없다면, 거듭 말하지만 그 정부는 역사적으로 불행한 정부가 되지 않을 수 없을 겁니다.

12. 6·15남북공동선언으로
   평화통일이 시작됐습니다

먼저 '김대중의 3단계통일론'을 알아봅시다

지금은 고인이 됐지만, 김대중 대통령은 세상이 다 아는 민주주의
신봉자로서 또 노벨평화상을 받을 만큼의 평화주의자로서, 그리고
정치인으로서 많은 시련을 겪은 한편 또 많은 업적을 남기기도 했습
니다.

박정희군사독재정권이 1969년에 억지로 3선개헌을 해서 정권을 연
장하려하자 이를 저지코자 대통령선거에 출마했다가 실패한 뒤, 박
정희정권이 1972년에 '유신'을 강행하자 해외에서 '유신'반대운동을
하다가 납치되어 목숨을 잃을 뻔도 했습니다. 군사독재정권의 무작
함이 세계적으로 알려진 일이기도 했습니다.

10·26안가살해사건으로 박정희군사독재정권이 끝나고 전두환군
사독재정권이 성립되는 과정에서 그는 또 광주항쟁을 선동했다는 조
작된 이유로 이른바 내란음모사건의 주모자가 되어 사형선고를 받고
옥살이를 하다가 풀려나기도 했습니다.

전두환군사독재정권에 저항한 6·10민중민주항쟁이 대통령직선제
를 받아냄으로써 다시 출마했으나, 한 번은 노태우 후보에게 또 한

번은 김영삼후보에게 패배했다가 출마 네 번째 만에 1998년 2월에 대통령에 취임했습니다.

여러가지 어려움을 겪고 당선된 김대중 대통령은 취임한 3년째인 2000년 6월에 평양에서 열린 남북정상회담에서 김정일 국방위원장과 함께 역사적인 6·15남북공동선언을 발표하여 민족사 위에 하나의 큰 획을 긋게 됐습니다.

김대중 대통령에 의해 6·15남북공동선언과 같은, 우리 민족의 평화통일이 구체적으로 시작됐다고 할만한 계기가 되는 역사적 업적이 이루어지게 된 배경을 이해하기 위해서는 야당지도자 시절에 이미 구상하고 완성한 '김대중의 3단계통일론'을 알 필요가 있다는 생각입니다.

김대중 대통령은 대통령이 되기 전에 야당지도자로서 이미 민족통일문제에 대한 일정한 방법론을 가지고 있었던 겁니다. 쿠데타로 집권한 사람이건 선거로 대통령이 된 사람이건 집권 전에 전체 민족사회의 염원인 평화통일문제에 대해 나름대로의 일정한 구상이나 방안을 가졌던 사람은 김대중 대통령이 유일하지 않은가 합니다.

김대중 대통령의 3단계통일론은 1970년대에 처음 구상됐고 1980년대의 발전기를 거쳐 1990년대에 와서 완성됐다고 합니다. 군사독재 '유신'정권 아래서 탄압받는 야당정치인으로서 평화통일론을 수립하기란 결코 쉬운 일이 아니었으며 따라서 신중해야 했다고 할 수도 있겠습니다. 더구나 군사독재정권들은 천주교신자인 그를 계속 '좌익'으로 몰았으니까요.

'김대중의 3단계통일론'의 제1단계는 남북연합단계입니다. 이 단계에서는 남과 북이 독립국가로서의 주권과 모든 권한을 보유한 채 협력기구를 제도화하자는 겁니다. 즉 남북연합 정상회의, 남북연합의회회의, 남북연합각료회의를 구성하되, 이들 연합기구의 임무는 평화공존과 평화교류와 평화통일의 실천을 3대 행동강령으로 하는 겁니다.

3단계통일론의 제2단계는 남북연방단계입니다. 이 단계에서는 남북을 합친 연방정부를 수립하되 그 연방정부가 외교 국방 및 중요한 내정권을 보유하고 연방대통령과 연방의회를 구성하는 겁니다. 그리고 그 연방정부 밑에 남북에 각각 지역자치정부를 두자는 겁니다. 남북을 통해 하나로 수립되는 연방정부가 외교업무 및 국방업무와 내정권을 가지게 하고, 아직은 남북에 두 개의 지역자치정부를 두자는 겁니다.

3단계통일론의 제3단계는 완전통일단계입니다. 완전통일단계는 중앙집권제 또는 세분화된 연방제를 지향하되 통일국가의 이념과 체제는 민주주의-시장경제-사회복지-도덕적 선진국-평화주의 등을 표방했습니다. 다시 말하면 완전 통일된 국가는 민주주의와 시장경제체제하에 사회복지 및 평화주의를 지향하는 국가여야 한다는 겁니다. 일종의 사회민주주의국가를 지향했다고 할 수 있지 않을까 합니다.

1990년대에 와서 이 같은 통일방안을 완성한 김대중 대통령은 어려움 끝에 대통령이 되자 그것을 실천하기 위해 2000년 6월에 평양에 가서 북녘의 김정일 국방위원장과 분단 이후 55년 만에 처음으로 역사적 남북정상회담을 성사시키게 됐다고 하겠습니다.

그 결과 우리 민족사회의 평화통일과정에 큰 획을 그은 6·15남북공동선언을 발표함으로써 세상을 놀라게 했는데, 이 '선언'은 분단시대 이래의 남북관계 및 통일문제를 두고 생산된 다른 성명이나 합의와는 다른 한층 더 구체적인 결과를 가져오게 됐습니다.

언제 어디에서였던가 기억이 분명치 않는데, 현직일 때의 김대중 대통령과 대담 중에 들은 말입니다. 6·15남북공동선언을 7·4남북공동성명과 달리 '성명'이라 하지 않고 '선언'이라 했는데, 그것은 '선언'

은 '성명'보다 더 적극적인 의미를 가진다는 생각 때문이었다고 했습니다. 뛰어난 언변가이면서 용어선택에도 세심하고 신중했던 생전의 모습이 다시 생각납니다.

박정희군사정부 때 남북정보책임자의 이름으로 발표된 7·4남북공동성명이나, 노태우정부 때 남북 국무총리들의 이름으로 발표된 남북 사이의 '기본합의서' 등에 비해, 6·15남북공동선언은 남북정부의 정상 사이에 이루어진 합의요 선언이었다는 점에서도 큰 의미가 있지만, 그 내용과 결과에서도 과거의 어느 성명이나 합의와도 다른 것이었습니다. 이제 그 내용을 상세히 살펴보기로 합시다.

6·15남북공동선언의 내용을 정확히 알아야 합니다

6·15남북공동선언은 모두 5개 항으로 되어있는데, 그 첫째항에서는 "남과 북은 나라의 통일문제를 그 주인인 우리 민족끼리 서로 힘을 합쳐 자주적으로 해결해나가기로 하였다"고 했습니다. 통일을 외세의 개입 없이 즉 유엔감시선거 등에 의하지 않고 민족 자주적으로 그리고 평화적으로 하자했던 7·4남북공동성명의 정신을 계승한 대목이라 하겠습니다.

조금 딴 이야기지만, 평양에서 들은 것으로 기억되는데, 6·15남북공동선언이 발표된 6월 15일을 남북이 함께 기념하는 '우리 민족끼리의 날'로 하자는 말이 있었습니다. 해방 직후 좌우대립이 심화되는 계기의 하나가 된 것은 서울에서의 1946년 3·1절 기념식을 좌우익이 따로 연 일이라 할 수 있겠으며, 이후에는 좌우가 또는 남북이 함께 하는 기념일은 없었다고 생각됩니다.

평화통일을 촉진하기 위해 남북 정부당국과 민간이 휴전선상에서 하건, 혹은 서울과 평양을 교대로 오가면서 하건, 함께 하는 기념일 하나쯤은 가졌으면 좋을 것 같고, 그렇다면 평화통일의 획기적 계기를 마련한 6월 15일이 좋겠다는 생각을 하기도 했습니다. 이야기가 너무 빗나갔나요.

6·15남북공동선언의 둘째 항에서는 "남과 북은 나라의 통일을 위한 남측의 연합제와 북측의 낮은 단계의 연방제 안이 서로 공통점이 있다고 인정하고, 앞으로 이 방향에서 통일을 지향시켜 나가기로 하였다"고 했습니다. 필자는 6·15남북공동선언 다섯 개 항목 중 어느 항목보다도 이 둘째 항목이 특히 중요하며 남북을 막론한 우리 민족 구성원 각자가 이 항목에 대한 올바른 이해가 있어야 한다고 생각합니다.

1980년대로 오면서 먼저 북녘에서 1국가 2정부 2체제를 내용으로 하는 연방제통일방안을 제시했고, 이에 대응해서 남녘에서는 장차 헌법과 국회와 정부를 하나로 하는, 1국가 1정부 1체제의 통일을 하되, 그 때까지는 2국가 2정부 2체제를 유지하면서 협조하자는 연합제 통일방안을 제시했습니다.

북녘이 제안한 연방제통일방법은 바로 1국가 2정부 2체제 통일을 하자는 거고, 남녘이 제안한 연합제통일방법은 끝내는 1국가 1정부 1체제 통일을 지향하되, 그런 통일이 이루어질 때까지는 국가와 정부와 체제를 둘인 채로 두고 서로 협력하자는 안이었습니다.

이 같이 남북이 제시한 통일방안이 달랐으나, 남녘이 제시한 연합제 안의 경우도 완전통일이 되기까지라는 조건이긴 하지만 2정부 2체제를 인정한다는 점에서 만은 북녘이 제시한 연방제통일안과 같다고 하겠습니다. 그러나 앞에서도 말했지만 남녘의 국가보안법은 지금도 연방제통일안 지지는 위법으로 취급하고 있습니다.

북녘의 1국가 2정부 2체제의 연방제통일안과 남녘의 2국가 2정부 2체제의 연합제통일안이 제시되기만 했지 두 안을 어떻게 합일시켜 갈 것인가에 대해서는 별다른 진전이 없는 채 서로 대립하기만 해왔다고 하겠습니다. 그러다가 노태우정부 때인 1989년에 문익환 목사가 정부허가 없이 북녘에 가서 연방제통일안을 '느슨하게' 하자는 데 합의하고 돌아와서 곧 감옥으로 갔습니다.

그런데 문익환 목사가 제기했던 '느슨한' 연방제가 6·15남북공동선언에서는 '낮은 단계'의 연방제로 된 것이라 할 수 있지 않을까 합니다. 어떻든 6·15남북공동선언에서 북녘이 제시한 연방제통일안의 단계를 낮추면 남녘이 제시한 연합제통일안과 서로 공통점이 있다고 인정하고, 앞으로 이 방향에서 통일을 지향해 나가기로 한 거라 하겠습니다.

북녘이 제시한 연방제통일안과 남녘이 제시한 연합제통일안이 오랫동안 대립해 오기만 했는데, 문제는 6·15남북공동선언이 말하는 '낮은 단계'의 연방제, 즉 연방제통일안의 단계를 낮춘다는 것이 구체적으로 무엇을 말하며, 연방제통일안의 단계를 낮추면 남녘에서 제시한 연합제통일안과 어떤 공통점이 있느냐 하는 점입니다.

'낮은 단계'가 아닌 '높은 단계'의 연방제통일방안은 정부와 체제는 지금처럼 둘인 채로 그냥 두고, 즉 각기 내정만을 맡는 지금의 남녘 정부 및 북녘정부와, 남녘의 자본주의체제 및 북녘의 사회주의체제도 그대로 두고, 이념과 체제를 달리하는 남북 두 개의 정부 위에 단일한 외교권과 군사권을 가지는 하나의 국가를 수립하자는 겁니다.

그런데 6·15남북공동선언의 둘째 항에서는 북녘이 주장하는 연방제통일안의 단계를 낮추면 남측의 연합제통일안과 공통점이 있다고 했습니다. 북녘이 제시한 연방제통일안의 1국가 2정부 2체제가 아니고 남녘이 제시한 연합제통일안의 2국가 2정부 2체제라 해도, 연방제통일안의 단계를 낮추기만 하면 연합제통일안과 공통점이 있다는 겁니다.

그것이 무엇을 말하는가 하면 국가를 당장 하나로 할 수 없음을 남북정부 모두가 인정하고, '높은 단계'의 연방제가 지향하는 대로 외교권을 당장 하나로 하지는 못한다 해도, 국제외교마당에서 종래처럼 대립하지 말고 협조하여 '낮은 단계'의 연방제가 실현되게 하자는 겁니다.

그리고 '높은 단계'의 연방제가 지향하는 대로 남북 두 분단국가가 각각 가진 군사권을 당장 하나로 하지는 못한다 해도, 남북을 막론하고 군사훈련 상황이나 부대의 이동상황 등을 상대방에 미리 알리고 또 와서 참관하게 하여 그 이동이나 훈련이 침략목적이 아님을 알게 하여 '낮은 단계'의 연방제가 실현되게 하자는 겁니다.

'높은 단계'의 연방제가 주장하는 대로 외교권과 군사권을 당장 하나로 하는 1국가를 바로 실행하는 것이 아니라, '낮은 단계'에서는 상당 기간 2국가인 채로 두되 종래처럼 외교적으로나 군사적으로 대립하지 말고 서로 협조하고 소통하자는 거라 하겠습니다.

6·15남북공동선언을 두고 남녘사회의 일부에서는 김대중정부가 연방제통일안을 받아들인 것 아닌가 하는 의구심도 있었지만, 사실은 북녘의 김정일정부가 당장 군사권과 외교권을 가지는 하나의 국가를 성립시킬 수 없다는 현실적 조건을 인정하고, '높은 단계'연방제 1국가 안을 미루고 상당 기간 2국가를 유지하는 '낮은 단계'안을 받아들인 거라 하겠습니다. 오히려 북녘에서 양보한 거라 할 수 있겠지요.

6·15남북공동선언의 셋째 항은 인도주의문제로서 남북의 이산가족을 만나게 하는 일과 비전향장기수문제를 해결하는 거였습니다. 이후 비전향장기수문제는 일단 해결됐고 이산가족면회도 정례화 하

기위해 금강산에 면회장을 건설하게 됐지만, 이명박정부에 의해 금강산관광과 함께 남북가족면회가 중단됐습니다. 특히 민족분단시대의 경우 올바른 민족의식과 역사의식이 있는 정권이라야 한다는 생각이 절실한 겁니다.

살아있는 이산가족 본인은 대부분 살날이 얼마 남지 않은 노년층이 됐습니다. 6·25전쟁의 혼란 속에서 가족과 생이별했던 청년들이 이제 생의 막바지에서 가족들을 그리워하고 있는 겁니다. 그들이 죽음을 앞둔 시점에서까지도 정치적 이해관계의 희생물이 돼서야 되겠습니까.

금강산 여행객의 죽음이나 천안함사건이나 연평도포격사건도 물론 민족분단이 가져온 불행입니다. 그러나 그런 불행으로 인해 본의 아니게 평생 가족과 생이별로 살았고, 이제 죽음을 앞둔 수많은 늙은이들의 평생소원이던 이산가족면회가 중단됐다는 것은, 여행객의 죽음이나 천안함사건이나 연평도포격사건 등 분단민족사회가 빚은 불행을 더 키우는 일임을 아는 것이 중요하다고 하겠습니다.

6·15남북공동선언의 넷째 항에서는 남북의 경제협력을 통해 민족경제를 발전시키는 문제와 사회문화 분야의 교류를 활성화하는 문제입니다. 수천 년을 같은 문화권 안에서 살아온 남과 북이 해방과 함께 타의로 분단되고 6·25전쟁으로 그 분단이 고착화되면서 민족의 동질성을 많이 잃어간 것이 사실입니다.

통일이란 결코 남북 두 개의 국가가 하나로 되는 문제만이 아닙니다. 민족분단시대를 통해 경제적으로 사회적으로 문화적으로 이질화된 문제를 통일해가는 일도 정치적 통일보다 오히려 더 중요하며 시일도 더 많이 걸리게 마련입니다. 따라서 정치적 완전통일에 앞서 동족의식을 회복하고 경제 및 사회문화적 통일을 추진해 가는 일이 중요함은 더 말할 나위가 없습니다.

6·15남북공동선언은 지금까지 대립되기만 했던 정치적 통일방안 즉 남녘의 연합제안과 북녘의 연방제안의 공통점을 어떻게 추구해갈 것인가 하는 문제도 물론 중요하지만, 전쟁으로 상실된 동족의식을 회복하고 민족경제를 수립해 가는 일과, 긴 분단시대를 통해 사회문화적으로 이질화된 부분을 어떻게 통일해 갈 것인가 하는 문제도 정치문제 못지않게 중요한 일임을 지적하고 있는 거라 할 겁니다.

6·15남북공동선언의 다섯째 항에서는 "남과 북은 이상과 같은 합의사항을 조속히 실천에 옮기기 위하여 빠른 시일 안에 당국간의 대화를 개최하기로 하였다"고 했는데, 이후 김대중정부 노무현정부 기간을 통해 '당국간의 대화'가 순조롭게 지속됐고 그 결과 다음에서 말하는 것과 같이 통일이 실제로 또 구체적으로 상당히 진전되어갔던 겁니다.

6·15남북공동선언 이후 실제로 통일이 되어갔습니다

제2차 세계대전이 끝남과 동시에 우리 땅이 일본제국주의의 강제지배로부터 해방되면서 바로 남북으로 분단됐는데, 이 분단과정을 흔히 세 단계로 나누어 말하기도 합니다. 분단의 첫째 단계는 1945년 태평양전쟁이 끝날 당시에는 미국군과 소련군이 일본군의 항복을 받을 경계선이었을 뿐이었으나 결국에는 불행한 민족분단선이 되고만, 38도선이 그어진 '국토분단' 단계를 말합니다.

분단의 둘째 단계는 미국군과 소련군이 우리 땅에 있는 일본제국주의 군대의 항복을 받고 그 무장을 해제하기 위한 경계선이었을 뿐이었던 38도선이, 이후 국제적 미-소 대립과 민족내적 좌우대립으로 인해 남북을 합친 하나의 민족국가를 수립하는 데 실패하고, 38도선을 경계로 해서 남녘의 대한민국과 북녘의 조선민주주의인민공화국 등 두 개의 국가가 성립된 1948년의 '국가분단' 단계를 말합니다.

1945년에 38도선이 그어짐으로써 '국토분단'이 되고, 1948년에 38도선 남녘에 대한민국이 성립되고 그 북녘에 조선민주주의인민공화국이 성립됨으로서 '국가분단'이 됐다 해도 같은 피를 가지고 같은 말을 쓰며 같은 문화 속에서 수천 년을 살아온 우리 땅 남북주민들 사이의 동족의식은 아직 살아있었습니다. 그러나 1950년에 그 동족의식마저 말살되어 서로 적이 되고 원수가 되게 한 6·25전쟁이 일어났습니다.

이 전쟁을 누가 먼저 일으켰는가, 이 전쟁이 통일전쟁인가 침략전쟁인가 하는 문제도 있지만, 그것이 통일전쟁이건 침략전쟁이건 '국토분단'과 '국가분단'에도 불구하고 아직은 동족이었던 우리 땅 남북주민들을 이제 동족이 아닌 서로 총부리를 겨누고 죽이는 적이 되게 함으로써 '민족분단'을 가져온 겁니다. 침략전쟁이건 통일전쟁이건 그것은 결국 '민족분단' 전쟁이 되고만 겁니다.

흔히 분단고착화를 말하지만, '국토분단'이나 '국가분단'보다 수천 년을 함께 살아온 지금까지의 동족을 하루아침에 적이 되게 한 6·25전쟁으로 인한 '민족분단'이 분단고착화의 결정적 계기가 됐다고 하겠습니다. 이 전쟁이 없었다면, 비록 지정학적으로 어려운 위치에 있다 해도 21세기에 들어선 시점에까지 세계 유일의 분단민족사회로 남아있지는 않았을지도 모릅니다.

우리 땅은 주로 그 지정학적 조건 때문에 근대 이후의 제국주의시대에는 대륙세력이건 해양세력이건 어느 하나의 세력권에 들어가게 되면 곧 국제분쟁에 휩싸이게 마련이었습니다. 그래서 내국인과 외국인에 의해 여러 번 국외중립화론이 나오기도 했으나, 약육강식의 제국주의시대에는 그것도 실행될 수 없었고 결국 남의 강제지배를 받거나 남북으로 분단되는 결과가 되고만 겁니다.

다음에서 상세히 말하겠지만, 세계사적 발전에 의해 제국주의가 약화하고 민족자결주의 및 평화주의가 정착해 가면서 지정학적으로 어려운 위치에 있는 민족사회라 해도, 제국주의시대의 지역분쟁을 막기 위한 일종의 절충책이요 타협책이었다 할 중립지대화가 아닌 다른 길이 열릴 수 있다는 사실을 아는 일 또한 중요하다는 생각입니다.

6·15남북공동선언은 6·25전쟁으로 싸우고 대립하는 적이 됐던 우리 땅 남북주민들이, 그 전쟁이 발발한지 꼭 50년 만에 그리고 타민족에 의한 강제지배와 민족분단과 동족상잔으로 얼룩졌던 20세기가 마지막 가는 해인 2000년에 서로 화해하고 협력하는 동족으로 되돌아가는 큰 계기를 마련한 겁니다. 6·15남북공동선언이 '민족통일'의 시작점이 된 겁니다.

1945년의 '국토분단'과 1948년의 '국가분단'과 1950년의 '민족분단'으로 이어졌던 불행한 우리 민족의 현대사를 이제 반전시켜서 '국가통일'과 '국토통일'에 앞서서 6·15남북공동선언은 남북주민들 사이의 적대의식을 동족의식으로 바꾸어 가는 즉 '민족통일'이 먼저 이루어져가는 계기가 되게 한 겁니다.

6·15남북공동선언으로 '민족통일'이 이루어져 가기 시작하자 이에 이어서 곧 '국토통일'이 시작되어 갔습니다. 먼저 휴전선이란 군사대결선이 풀리면서 금강산 육로관광길이 열리게 됐습니다. 남해안 항구도시 출신인 필자의 경우 8·15 해방 전, 즉 남북분단 전에도 금강산 등 북녘땅을 가볼 기회가 없었습니다. 그래서 금강산 해로관광길이 열리자 누구보다도 먼저 가봤는데 곧 금강산 육로관광길이 열리게 된 겁니다.

버스를 타고 살벌한 군사대결선이었던 휴전선을 예사롭게 넘어서 금강산관광을 하면서, 6·15남북공동선언 선포의 현장에 참가했던 한 사람으로서 그 선언이 '민족통일'과 '국토통일'을 이루어가는 출발점이었음을 절감했습니다. 특히 평생 우리 근-현대사를 공부한 사람으로서 마치 역사 그것이 살아서 움직이는 그 현장에 선 것 같은 느낌이었습니다.

분단과정은 '국토분단'에서 시작됐지만 통일과정은 무엇보다도 남북 사이의 적대의식을 없애고 동족의식을 회복하는 '민족통일'부터 시작하는 것이 옳았고, '민족통일'이 시작되자 금강산 육로관광길이 열리고 개성공단이 조성되고 남북 사이의 철도가 연결되는 등 '국토통일'이 이루어지기 시작한 겁니다.

평소 평화통일을 주장하던 사람으로서 당국의 초청을 받고 6·25전쟁으로 끊겼던 경의선이 복구돼 처음으로 운행되는 열차 칸에서 지금은 고인이 된 리영희교수 등 남녘 여러분과, 이 뜻 깊은 행사에 동석한 북녘 요인들과 함께 남북의 경계선상에 있는 도라산이 어떻고 하는 즐거운 담소를 하면서 '원한의 38선'이 바뀐 '통한의 휴전선'을 편안하게 넘은 감격은 평생 잊을 수 없습니다.

대중가요에서도 애절하게 불리던 '원한의 38선'이 바뀐 휴전선을 오랫동안 멈추었다가 남북의 합의와 공동작업에 의해 다시 운행되는 열차를 타고 넘은 감격은, 6·15남북공동선언 만찬 때 남북참가자들이 '우리의 소원은 통일'을 합창하던 때의 감격과 함께 두고두고 평생 잊을 수 없는 일이 됐습니다.

그런데 어렵게 연결된 이 철도가 이명박정부에 의해 일시나마 무용지물이 되고 말았습니다. 분단 이후 50년이 지나 모처럼 연결된 경의선과 동해선을 무용지물로 만들어버린 그런 정부가 앞으로의 역사에서 어떻게 평가될 것인가는 미리 말하지 않아도 자명하다 할 겁니다. 모든 정권은, 그리고 그 수반인 대통령은 싫건 좋건 제 본의와는 상관없이 모두 역사 앞에 발가벗고 서게 마련이니까요.

개성공단만 해도 그렇습니다. 필자는 평양에서 자동차로 개성까지 가봤는데, 중간에 몇 번인가 검문소를 지났습니다. 개성은 남북대결의식에서 보면 접경지대요 긴장관계의 최전선이라고 할 수 있는 곳입니다. 그런 곳을 남녘에 개방해서 공단을 조성한다는 것은 북녘으로서는 모험이기도 했겠지요. 북녘사람에게서 들은 말인데, 개성을 남녘에 개방해서 공단을 조성하게 하려하자 북녘군부가 강력히 반대했다고 합니다. 군부로서는 당연한 일이었다 하겠지요.

지금은 고인이 된 김정일 국방위원장이 개성이 6·25전쟁 전에는 남녘땅이 아니냐. 돌려주는 셈치고 개방하자면서 군부를 설득했다고 들었는데, 그렇게 조성된 개성공단에서의 남북협력사업은 이후 계속 발전했습니다. 개성공단은 앞으로 우리 민족의 평화통일역사에서 크게 다루어져야 할 사실(史實)의 하나가 될 겁니다.

필자가 개성공단을 마지막 가본 때는 개성근처의 북녘 노동자는 이제 거의 수용됐고 다른 지방의 노동자를 데려와야 하겠는데, 그러기 위해서는 숙박시설을 마련해야 하는 상황이었습니다. 이명박정부가 들어선 뒤 개성공단의 존립자체가 위협받는 상황이 되기도 했고 숙박시설을 짓는다는 말은 못 들었습니다.

지금은 그렇지 않지만, 필자는 김대중-노무현정부 때 대통령 통일고문회의의 일원으로서 국내외를 막론하고 통일강연을 많이 하고 다녔습니다. 강연을 하고나서 제일 많이 받는 질문이 언제쯤 통일이 되겠느냐는 것이었습니다. 그런 질문에 대해서는 언제쯤 통일이 되겠느냐 하는 문제보다 어떤 통일을 할 것인가를 먼저 생각하는 것이 중요하다고 대답했습니다.

전쟁통일이나 흡수통일이 아닌 옳은 의미의 평화통일을 지향하는 이상 그것은 남북 사이의 '협상통일'이 될 수밖에 없겠는데, '협상통일'이라면 6·15남북공동선언 이후 이미 시작됐고 이후 계속 추진되고 있는 거라고 대답했습니다. 이명박정부에 의해 일시 중단됐지만, 다음 정권이 어떤 정권이 되느냐에 따라 그 추진속도가 달라질 겁니다.

우리 민족의 분단과정을 1945년의 '국토분단'과 1948년의 '국가분단'과 1950년의 '민족분단'의 3단계로 나누어서 말했는데, 6·15남북공동선언에서 남북 민족구성원들이 적대하지 말고 화해하고 협력함으로써 동족의식을 회복하자는 데 합의함으로써 '민족통일'이 먼저 시작됐다고도 했습니다.

그럼에도 반세기 이상 전쟁도 하고 적대해오기도 한 남북관계라서 6·15남북공동선언이나 다음에서 언급할 10·4남북공동선언 등이 아무런 반작용 없이 순조롭게 추진되기는 어려운 일이라 할 수도 있겠는데, 이명박정부의 출현이 그것을 말해주고 있기도 합니다.

역사진행이 직선으로만 가면 얼마나 좋겠습니까만, 그런 것만은 아니고 때에 따라서는 역사전진이 완전히 막히기도 하고 경우에 따라서는 전진은 하되 한 때는 좌측으로 가기도 하고 또 한 때는 우측으로 가기도 하며, 또 경우에 따라서는 계속 지그재그로 가는 경우도 있게 마련이겠습니다.

박정희정권 이후의 군사정권시기가 우리 현대사 진행의 지그재그가 각도 좁게 우측방향으로 간 때였고, 그 뒤의 민간정부시기는 지그재그의 각도가 넓게 좌측방향으로 간 시기였다면, 그 뒤에 성립된 이명박정부는 비록 그 지그재그의 방향이 우측으로 간다 해도 군사정부 때와 같이 각도가 좁은 우측행이 아니라 가능한 한 각도가 넓은 우측행이여야 하는 거라 하겠습니다. 국내정치 뿐만 아니라 남북관계에서도 마찬가지겠지요.

그런데 민간정부이면서도 7·4공동성명이나 '기본합의서'를 생산한 군인출신 정부들보다도 역사에 기록될 평화통일에 관한 업적이 전혀 없다면, 누가 무어라 해도 이명박정부는 통일문제에 있어서는 분단시대정권 중 역사적으로 가장 불행한 정권으로 평가되지 않을 수 없을 겁니다.

역사의 지그재그가 우측으로 갈 때건 좌측으로 갈 때건 그 각도가 넓어야지, 좁으면 극우나 극좌가 돼버리고 맙니다. 극우적 시대건 극좌적 시대건 그 시기의 역사발전 자체는 극히 제한되기 마련입니다. 남북관계나 통일정책의 경우도 이 같은 상황과 전혀 다르지 않다고 하겠습니다.

10·4남북공동선언도 그 내용과 의미를 제대로 알아야 합니다

노무현 전대통령이 2007년 10월 2일부터 4일까지 평양에 가서 발표한 10·4남북공동선언의 정식명칭은 "남북관계 발전과 평화번영을 위한 선언"입니다. 내용이 8개 항목으로 되어있는데 2000년의 6·15남북공동선언을 한층 더 구체화하고 발전시킨 남북공동선언이라 할 수 있습니다. 6·15남북공동선언과 함께 전체 우리 민족사회의 평화통일역사 위에 세워진 또 하나의 중요한 이정표라 하겠습니다.

10·4남북공동선언의 제1항에서는 먼저 7년 전에 공표된 6·15남북공동선언을 지지하고 그 이행을 확인했습니다. 남녘의 경우 비록 정권은 바뀌었다 해도, 노무현정부 역시 김대중정부의 6·15남북공동선언을 전적으로 인정하고 그 정신과 정책방향을 계승할 것임을 확인했다고 하겠습니다. 노무현정부 뒤에 이명박정부가 들어선 상황

과는 전혀 다르다 하겠지요.

필자는 노무현 대통령 취임식 날 남북역사학자협의회 관계로 평양에 있었습니다. 북녘관계자들도 김대중정부에 이어 노무현정부가 출범하게 된 것을 매우 기뻐하면서, 앞으로 남북 사이의 평화관계 진전이 더 확대되리라 크게 기대하고 있음을 확인할 수 있었습니다.

김대중정부 때의 6·15남북공동선언에 이어 노무현정부에 의해 한층 더 진전된 남북관계 개선을 위한 조처가 현실화하리라 기대했는데, 그 결과가 10·4남북공동선언으로 나타난 거라 하겠습니다. 6·15남북공동선언에 이어 10·4남북공동선언이 나온 것은 우리의 민족문제 및 평화통일문제에 대해 그만큼의 진전이 있은 거지요.

10·4남북공동선언의 제2항은 통일지향의 법률적 제도적 장치를 정비하는 문젭니다. 민족이 분단된 시대가 반세기 이상이나 지나면서, 또 한쪽은 자본주의체제이고 한쪽은 사회주의체제이므로 법률적 제도적 차이점이 많음은 말할 나위가 없겠습니다. 그 점을 남북 두 정부가 하나하나 차근차근 해결해 가자는 것이라 하겠는데, 한쪽이 다른 한쪽을 정복하거나 흡수해서 폭력적으로 강압적으로 지배하는 통일이 아닌 옳은 의미의 평화통일을 지향하는 이상 당연히 이 같은 사전 조치가 필요하다 하겠습니다.

10·4남북공동선언의 제3항은 남북이 군사적 대결을 해소하기 위해 협력하고 서해에 공동어로수역 즉 평화수역을 설정하는 문제였습니다. 남북이 군사적 대결을 해소하기 위해 협력하자는 것은 곧 6·15남북공동선언에서 지향한 '낮은 단계의 연방제'를 실천하는 길이라 할 수 있을 겁니다.

그리고 남북어민과 중국어민까지 조업하는 서해지역에서 충돌이 빈발하는 문제를 해결하기 위해 이 지역을 폭넓은 남북공동어로수역이나 평화수역으로 설정해서 불상사를 막자는 안이었습니다. '민족통일' 시작으로 '국토통일'이 진전되면 바다 위의 한계선문제도 저절로 해결될 수 있었겠지요.

10·4남북공동선언의 제4항은 한마디로 말해서 평화체제 구축과 전술핵문제였습니다. 잘 알다시피 6·25전쟁이 끝난 지 반세기가 넘었는데도 우리 땅은 아직도 전쟁이 잠깐 멈춘 정전상태에 있습니다. 우리 땅의 평화통일을 이루기 위해서는 무엇보다도 먼저 정전조약을 평화조약으로 바꾸어야 함은 말할 나위가 없습니다. 그런데 휴전이 된 지 60년이 돼도 아직 정전조약이 평화조약으로의 전환이 안 되고 있는 겁니다.

남녘정부와 북녘정부가 함께 참전국인 미국 및 중국 등을 적극적으로 설득해서 정전조약을 평화조약으로 바꿈으로써 우선 이 땅에 항구적 평화를 정착시켜야 하는 겁니다. 우리 땅의 평화정착이 곧 평화통일을 위한 불가결한 선결문제요 나아가서 동북아시아의 평화를 정착시키는 하나의 중요한 계기가 될 것이기 때문입니다.

우리 땅의 평화통일에 또 하나 걸림돌이 되는 것이 이른바 '북핵'문제입니다. 우리 땅과 같이 국제세력 즉 해양세력과 대륙세력 사이의 이해관계가 첨예하게 작용하고 남북으로 분단되어 대립한 지역의 경우, 남녘이건 북녘이건 핵무기를 가진 이상 평화통일은 불가능하다는 것이 상식이라 할 수 있을 겁니다.

핵무기가 없어도 대륙세력과 해양세력 사이의 국제정세가 복잡한 동북아시아지역에, 주변국가들 보다 비록 규모는 작다 해도 상당한 군사력과 경제력을 갖춘 남북의 두 국가가 통일되어 하나의 국가를 이루는 것을 주변 국가들이 달가워하지 않을 수도 있는데 말입니다.

북녘사람들도 남북을 막론하고 핵무기를 가져서는 통일이 될 수 없으며, 그래서 남북을 막론하고 핵무기를 가지지 말아야한다는 것이 김일성 주석의 '유훈'이라 하는 것을 들었습니다. 6·15공동선언과

10 · 4공동선언 정신에 따라 남북관계가 획기적인 평화관계로 전환되면서 평화통일정책이 정착돼가고, 특히 북녘정부와 미국 및 일본과의 관계가 정상적 국제관계로 됨으로써 '북핵'문제도 함께 해결돼야 할 겁니다. 즉 북미수교와 북-일수교가 북핵문제를 해결하는 지름길이라 할 수 있겠지요.

세계사적으로 냉전체제가 해소되면서 우리 땅의 남녘정부는 중국 및 소련과 정상적 국제관계로 된 지 오래됐는데도 북녘정부와 미국 및 일본과는 아직도 정상적 국제관계로 되지 않고 있습니다. 이러고서는 해양세력과 대륙세력 사이에 놓인 우리 땅의 옳은 평화가 정착되기 어려울 겁니다.

10 · 4남북공동선언의 제5항은 남북 사이의 경제협력강화문젭니다. 특히 황해도 해주를 중심으로 한 서해평화협력특별지대 건설문제와 개성공단의 확대, 그리고 개성과 신의주 사이의 철도와 고속도로 보수문제 등이 합의됐습니다.

개성공단이 확대되고, 성급한 생각일지 모르지만 또 하나 '해주공단' 건설의 가능성이 합의된 것이라 할 수도 있을 겁니다. 그러고 나면 나아가서 '원산공단' 건설도 가능할 수 있을 것이며, 더 많은 남북의 주민들이 같은 공간에서 활동함으로서 민족화해가 한층 더 진전될 수 있겠지요. 그리고는 '국토통일'이 한층 더 추진될 수 있게 되겠지요.

노무현정부 뒤에 옳은 의미의 평화통일노선 정부가 섰더라면 10 · 4남북공동선언 합의에 따라 서해에 평화수역이 설정되고 '해주공단'이 신설되고 개성공단이 확대되고 남북 사이의 철도에 이어 고속도로가 연결됨으로써 '국가통일'에 앞선 '민족통일'과 '국토통일'이 훨씬 더 추진됐을 겁니다.

그래서 지금까지는 군사대결선이었던 휴전선이 단순한 하나의 경

계선으로 변하면서 남북사이의 인적내왕이 훨씬 자유롭고 빈번해짐
으로써 '민족통일'과 '국토통일'이 크게 추진되고 그에 따라 우리 땅의
평화가 한층 더 정착될 수 있었을 겁니다.

그러나 이명박정부가 후속됨으로써 유감스럽게도 그 임기 5년 동
안에 6·15남북공동선언과 10·4남북공동선언 합의가 전혀 실현되지
못하고 말았습니다. 아까운 5년간의 평화통일 추진기간이 허비된 데
대해 뒷날의 역사는 반드시 그 책임을 물을 겁니다.

제6항은 사회교육분야의 협조와 서울과 백두산 직항로 개설, 그리
고 베이징올림픽 남북응원단의 경의선 이용 동시참가 등이 내용이었
습니다. 지난 이야기지만, 필자는 6·15남북공동선언 뒤 북녘의 역사
학자들과 남북역사학자협의회를 조직해서 남녘 역사학자들과 자주
북녘은 드나들었고 또 북녘학자들이 남녘에 왔다 가기도 했습니다.

그럴 때마다 학자들만이 아닌 남녘의 학생들이 고적답사나 수학여
행 길에 평양의 고구려유적을 가보고, 북녘 학생들이 경주나 부여 등
지의 고적을 답사할 수 있게 해야 한다고 생각했고 북녘학자들에게
도 그런 의견을 말했습니다. 남녘에 평화통일 지향의 정부가 후속됐
다면 지금쯤은 가능했을 거라 생각됩니다만.

죽기 전에 꼭 백두산을 가보고 싶었는데, 6·15남북공동선언 전에
는 중국의 연변 쪽으로 해서 두어 번 가보았다가, 6·15남북공동선언
뒤에 평양에서 비행기를 타고 삼지연공항에 내려 버스를 타고 백두
산을 가보았습니다. 중국 쪽으로 오르는 백두산과 우리 쪽으로 오르
는 백두산은 너무도 다름을 알았습니다. 옛사람들이 남긴 백두산 등
정기는 모두 우리 쪽으로 오르면서 쓴 것들임을 확인할 수 있었습니
다.

노무현정부 뒤에 이명박정부가 아니고 평화통일 지향의 정부가 섰
더라면 10·4남북공동선언의 합의에 따라 서울에서 백두산을 직접

갈 수 있는 항로가 열리고, 남녘땅의 많은 사람들이 그렇게도 가보고 싶어 한 민족의 영산 백두산을 중국 쪽이 아닌 우리 쪽으로 등정할 수 있었을 겁니다. 정권선택의 결과가 이렇게 남북문제 통일문제에서도 판이한 결과를 가져온 겁니다.

중국 쪽에서 백두산에 오르면 민둥산을 올라가서 정상에서 천지를 내려다보는데 그칩니다. 그러나 우리 쪽에서 백두산에 오르면 그 경치가 중국 쪽보다 훨씬 아기자기할 뿐만 아니라 정상에서 케이블카를 타고 천지수면까지 직접 내려갈 수 있는 겁니다.

평양에서의 6·15남북공동선언 때 일입니다. 김대중 대통령이 김정일 위원장에게 백두산에 가서 천지를 보고 싶지만 다리가 불편해서 갈 수 없을 것 같다고 했더니, 김정일 위원장이 우리 쪽 백두산은 천지수면까지 케이블카가 설치되어 있어서 가실 수 있다고 했습니다.

10·4남북공동선언의 제7항은 이산가족상봉문제입니다. 이산가족 하면 주로 북에서 남으로 온 경우가 말해지는데, 사실은 남에서 북으로 간 이산가족도 적지 않았습니다. 남으로 온 경우건 북으로 간 경우건 당사자들은 모두 여생이 얼마 남지 않았는데 신청을 해놓고도, 면회소까지 지어놓았다고 알고 있는데도 면회자체가 중단됐으니 더 없이 안타까운 일입니다.

10·4남북공동선언의 제8항은 국제무대에서의 협력문제입니다. 앞에서 말한 것과 같이 북녘에서 제시한 연방제통일안은 내치권(內治權)을 가지는 남북 두 정부 위에 외교권과 군사권을 가지는 하나의 국가를 두자했고, 남녘에서 제시한 연합제통일안은 당분간은 국가와 정부와 체제를 둘인 채로 두고 국제무대에서 외교적으로 대립하지 말고 협조하자는 겁니다.

6·15남북공동선언에서는 당분간 2국가체제를 유지하되 외교 및

군사적으로 협력하자는 남녘 안이 채택됐다고 하겠는데, 10·4남북공동성명에서도 '낮은 단계'의 연방제에서 지향한 국제정치상에서의 남북협조를 다시 확인한 거라 하겠습니다.

2007년의 10·4남북공동선언은 2000년의 6·15남북공동선언에 이어 우리 땅의 남북협조에 의한 평화정착과 평화통일 추진노선을 한층 더 굳게 정착시키기 위한 성명이었다고 할 수 있겠습니다. 그런데 남녘의 경우 10·4남북공동선언이 이행되기 위해서는 무엇보다도 김대중정부와 노무현정부에 이어 평화통일 지향의 정부가 수립되는 것이 요긴했습니다.

박정희정권 이후 군사정권의 연속으로 비민주적으로 극우방향으로 갔던 우리 땅 남녘의 역사가 비록 군사정권을 혁명적으로 청산하지는 못했다 해도, 노태우정부에 이어 김영삼문민정부가 성립되고 뒤이어 김대중정부와 노무현정부가 이어짐으로써 우리 역사가 비교적 적극적으로 민주화 방향으로 나아갔다고 할 수 있었습니다.

그에 따라 통일문제도 6·15남북공동선언 및 10·4남북공동선언에서와 같이 평화통일방안이 계속 정착돼 갔습니다. 그러다가 노무현정부 뒤에, 성립 당초에는 통일부 자체를 없애려다가 여론에 밀려 그냥 둘 수밖에 없었던 이명박정부가 성립됨으로써, 남북관계가 군사정권시기로 되돌아가는 것 아닌가 할 정도로 경직됐고 마침내 금강산광관객의 죽음과 천안함사건 및 연평도포격사건 같은 불행이 벌어지고 말았던 겁니다.

이명박정부 역시 문민정부이면서도 김영삼정부와 같이 평화통일문제에는 역사에 기록될 만한 업적을 전혀 남기지 못하는 정부가 되고 말았다고 하겠습니다. 대통령중심체제에서 대통령의 올바른 시대인식 및 역사의식 있고 없음이 그 민족사에 얼마나 영향되는가를 절감하지 않을 수 없다 하겠습니다.

지난 20세기에 두 차례의 제국주의전쟁과 동서냉전을 겪은 세계사가 21세기에는 어디로 가고 있는가, 지난 20세기 전반에는 타민족의 강제지배를 받았고 후반에는 민족 분단과 상잔을 겪었는데, 세계사가 평화주의를 지향하는 21세기를 맞아서 세계 유일 분단민족의 오명을 벗는 길은 무엇이며, 그래서 지향해야 할 대북정책이 무엇인가를 제대로 아는 통치자가 간절히 요구된다고 하겠습니다.

13. 남북화해로
북-미, 북-일수교가 될 뻔했습니다

전쟁재발 위협 뒤 '북-미 공동커뮤니케'가 나왔습니다

민족내적으로는 남북정부 사이에서 6·15남북공동선언과 10·4남
북공동선언 등이 성사되어 평화통일문제에 진전이 있다 해도, 동북
아시아의 요충지대에 놓인 우리 땅의 경우 그곳을 둘러싼 국제세력
들 사이의 이해관계와 우리의 통일문제가 연관되기 마련입니다. 평
화통일뿐만 아니라 6·25전쟁과 같은 전쟁통일기도와, 그리고 결과
가 전쟁통일과 다르지 않는 흡수통일의 경우도 마찬가지라 하겠습니
다.

주변 강대국들이 겉으로는 우리 땅의 통일을 바란다고들 하더라
도, 그리고 정작 우리 땅 남북 사이의 평화통일 기도가 어느 정도 진
전된다 해도, 그것이 주변 강대국들의 이해관계와 상충되는 경우 그
방해를 받을 수 있게 마련입니다. 그 점에 대한 정확한 이해가 없고
서는 우리 땅의 평화통일문제를 풀어나가기 어렵다고 하지 않을 수
없겠습니다.

1960년의 4월'혁명'공간에서 평화통일운동이 크게 진전되자 남녘의
군부와 미국이 긴장하더니 결국 5·16군사쿠데타가 일어나서 평화통

일운동을 '간접침략'으로 몰아 탄압한 사실을 앞에서 상세히 말했습니다. 6·15남북공동선언과 10·4남북공동선언을 통해 남북 사이의 평화통일 기운이 높아져 갔을 때, 그런 상황에 대한 해양 쪽 미국과 일본의 대응이 특히 복잡해서 온기와 냉기가 교차되는 상황을 볼 수 있었다고 하겠습니다.

해양세력 중에서도 특히 미국이 이른바 '북핵'문제를 중심으로 문제를 제기했고, 일본도 대체로 이에 동조했습니다. 소련으로부터 실험용 원자력발전시설을 도입해서 원자력개발을 시작한 우리 땅 북녘정부가 1985년 12월에 핵확산방지조약(NPT)에 가입했습니다. 그리고 1992년 1월에는 핵확산방지조약에 의한 보장조치협정(SA)을 체결하고 그 협정에 의해 6회의 특정사찰을 받기도 했습니다.

그런데 5회에 걸친 사찰까지도 별문제가 없다한 국제원자력기구(IAEA)가 6회 사찰에서 원자폭탄 1개를 만들 수 있는 플라트늄이 추출됐을 거라 했고, 미국은 저희 정찰위성이 파악한 북녘땅 두 곳의 시설이 의심된다고 했습니다. 그리고 국제원자력기구는 우리 땅 북녘정부에게 의혹이 있는 시설에 대해 특별사찰을 받으라고 요구했습니다.

한편 미국은 1993년 1월에 한미합동군사훈련 팀스피리트 재개를 발표하고는 곧 대규모 군사훈련을 단행했습니다. 이렇게 되자 우리 땅 북녘정부는 그 해 3월 12일에 핵확산방지조약 탈퇴를 선언했고, 이후 북-미관계 및 남북관계가 악화해서 한 때는 전쟁 위험 직전까지 갔다고 할 정도까지 됐습니다.

우리 땅 북녘정부의 핵확산조약 탈퇴가 다른 나라로 확대될 위험도 있었는데 다행히 1993년 6월 11일에 북녘정부와 미국정부 사이에 핵을 포함한 무력행사의 부인, 내정불간섭과 우리 땅의 평화통일 지지 등이 합의됐고, 다음 달 7월의 북-미회담에서는 북녘땅의 흑연로를 경수로로 바꾸는 일 등이 합의됐습니다.

그러고는 우리가 알다시피 1994년 6월에 미국의 카터 전대통령이 평양에 가서 남북정상회담 개최에 합의했으나 북녘정상이 갑자기 사망함으로써 정상회담은 이루어지지 않았고, 조문문제 등으로 남녘의 김영삼정부와 북녘 김정일후계정부와의 관계가 오히려 악화됐습니다. 그러다가 다행히도 같은 해 10월 21일에 「쥬네브 북-미기본합의문」(제네바 북-미기본합의문)이 성립됐습니다.

이 '기본합의문'에서는 "(두 나라의) 전문가협의에서 영사 및 기타의 실무적 문제가 해결됨에 따라서 서로의 수도에 연락사무소를 개설한다" 하고 "상호관심사의 해결이 진전됨에 따라 양국 관계를 대사급으로 승격시킨다"고도 했습니다. 또 "아메리카합중국은 핵무기를 사용하지 않으며, 핵무기로 위협도 하지 않는다는 공식보증을 조선민주주의인민공화국에게 부여한다"고 했습니다. 북-미수교가 이루어지고 나아가서 북-미불가침조약이라도 맺어질 것 같은 분위기로 됐었다고 하겠습니다.

우리 땅이 평화롭게 통일되기 위해서는 무엇보다도 이데올로기의 차이와 상관없이 먼저 남북 사이의 평화관계가 수립돼야 하고, 다음에는 우리를 둘러싼 외세 즉 남녘정부와 소련정부 및 중국정부, 그리고 북녘정부와 미국정부 및 일본정부 사이의 평화관계가 수립돼야 합니다. 그런 뜻에서 '쥬네브 북미기본합의'는 우리 땅의 평화통일을 위한 하나의 중요한 전제조건이 되는 것이었다고 하겠습니다.

다시 한 번 되새겨봅시다. 동북아시아의 대륙세력과 해양세력 사이에서, 그리고 자본주의세력과 사회주의세력 사이에서 남북으로 분단된 우리 땅의 경우 남과 북, 그리고 미국과 중국이 참전한 6·25전쟁을 겪고도 남녘정부는 사회주의국가 소련 및 중국정부와 정식국교를 수립했습니다. 그러나 북녘정부는 자본주의국가 미국정부 및 일본정부와의 정식 수교가 아직도 되지 않고 있는 겁니다.

1994년 10월의 「쥬네브 북-미기본합의문」에서는 "서로의 수도에 연락사무소를 개설한다" "상호관심사의 해결이 진전됨에 따라 양국관계를 대사급으로 승격시킨다"고 해서 처음으로 우리 땅 북녘정부와 미국정부가 정식 국교를 수립할 것을 약속했습니다. 그러나 북-미수교가 약속됐던 때로부터 20년이 다된 지금까지도 두 나라 사이의 정식 국교는 이루어지지 않고, 따라서 대립관계가 계속되고 있는 겁니다. 그렇게 된 이유가 어느 쪽에 더 있는가는 훗날의 역사가 정확히 밝혀낼 겁니다.

합의문에서는 또 "조선민주주의인민공화국은 시종일관하여 조선반도의 비핵화에 관한 남북공동선언을 이행하기 위한 제반조치를 이행할 것이다", "조선민주주의인민공화국은 핵확산방지조약의 가맹국으로서 남으며 조약에 따르는 보장조치를 이행한다"고 했습니다. 그리고 2003년까지 2백만 킬로와트 발전능력의 경수로발전소를 우리 땅 북녘에 제공할 것이 확약됐지만, 알다시피 완공되지 못하고 말았습니다.

북-미사이의 '쥬네브 기본합의문'이 나온 뒤 우리 땅 남녘에서 김영삼정부 뒤에 김대중정부가 들어서고 2000년에 '6·15남북공동선언'이 나오게 되자 우리 땅 북녘과 미국사이의 평화관계도 한층 더 발전해 갔습니다. 남북관계의 진전이 곧바로 우리를 둘러싼 외세에도 변화를 주게 마련임이 증명된 거라고 하겠지요.

우리가 알다시피 2000년 10월 9일에는 우리 땅 북녘정부의 조명록(趙明祿) 국방위원회 제1부의장이 미국을 방문함으로써 10월 12일에 '북-미공동커뮤니케'가 나왔고, 뒤이어 올브라이트 미국 국무장관이 평양을 방문했습니다. 북-미수교가 현실화할 것 같은, 즉 우리 땅의 평화가 크게 정착될 것 같은 상황이 된 겁니다.

그 위에 조명록 제1부의장의 미국방문 직전인 2000년 10월 6일에 '국제테러에 관한 '북-미 공동커뮤니케'가 발표됐습니다. 그 전에 미국은 우리 땅 북녘과 이란 이라크 리비아 등의 나라를 '테러지원국가'로 규정하고 있었는데, 이 '북-미공동커뮤니케'를 통해 우리 땅 북녘을 '테러지원국'에서 제외한 겁니다.

바야흐로 우리 땅 북녘정부와 미국정부가 6·25전쟁이 발발한지 반세기만에 비로소 서로가 상대방을 승인하고 대사급 외교관을 상주케 하는 정상적인 국제관계로 될 것이 전망된 겁니다. 우리 땅 남녘정부와 중국 및 러시아와의 국교가 열린 지 10여 년 만에 북녘정부와 미국과의 국교가 열릴 상황이 된 거지요.

이때 발표된 '북-미공동커뮤니케'에서는 또 "1953년의 정전협정을 굳건한 평화보장체계로 바꾸어 6·25전쟁을 공식으로 종식시켜서 4자협의 등 여러 가지 방책이 있음에 대해 견해를 같이 한다", "쌍방은 그 어떤 정부도 다른 쪽에 대해 적대적 의사를 가지지 않을 것을 선언한다"고 했습니다. 우리 땅의 평화정착에 획기적 계기가 될 정전협정의 평화협정으로의 전환이 약속되고 나아가서 북-미 사이의 '불가침조약'이라도 맺어질 것 같은 상황이 된 거라 할 겁니다.

'북-미공동커뮤니케'는 또 "쌍방은 호혜적 경제협력과 교류를 발전시키기 위해 협력할 것에 합의했다"하고, 우리 땅 북녘정부는 "모든 장거리미사일을 발사하지 않을 것을 미국 측에 통고한다"고 했습니다. '테러지원국가'에서의 제외와 '장거리미사일을 발사하지 않는다는 통고' 등을 통해 북-미관계의 정상화가 곧 이루어질 것 같은 상황이 됐고, 그렇게 되었다면 장차 북-미 불가침조약 같은 것이 체결됨으로써 우리 땅의 평화가 크게 정착될 수도 있었겠지요.

'북-미공동커뮤니케'에서 북-미 사이의 정상적 국제관계 수립이 약속된 한편, 클린턴 미국대통령의 평양방문이 이루어짐으로써 그것을 완결 짓지 않을까 기대되기도 했습니다. 그러나 불행하게도 클린턴 대통령의 임기가 촉박해서 대망의 방북이 이루어지지 못함을 안타까워했음이 아직도 우리의 기억에 남아있습니다.

미국의 클린턴정부 뒤에 같은 민주당정부가 섰더라면 북-미 사이의 국교가 수립되고 더 나아가서 불가침조약 같은 것이 체결될 수 있을 것으로 전망될 수도 있었습니다. 그러나 공화당의 부시정부가 서게 됨으로써 저 불행한 '9·11 테러사건'이 터지고 부시미국정부에 의한 '테러와의 전쟁'이 벌어지면서 우리 땅 북녘정부가 '악의 축'에 들게 되고 북-미수교가능성이 멀리 가버리고만 겁니다.

비록 우리 땅의 지정학적 위치가 강대국들의 이해관계가 상충하는 지점에 있다 해도 우리 땅의 평화정착문제 및 우리 민족의 평화통일문제를 우리 민족 스스로가 이루어가려 노력할 때 그에 따라 주변정세도 변하게 마련임을, 제2의 6·25전쟁 직전까지 갔던 상황에서 '쥬네브 북-미기본합의문' 및 '북-미 공동커뮤니케' 등이 나오게 된 데서도 알 수 있겠습니다.

그런가 하면 우리 땅의 평화정착과 평화통일문제가 어느 정도 추진돼 가다가도, 즉 김대중정부에 의해 평화통일문제가 상당히 진전되다가도 미국 쪽에서 그것에 동조하는 클린턴정부가 아닌 대북적대주의 부시정권 같은 것이 서면 우리의 평화통일의지가 제약되게 마련인 겁니다. 우리 땅의 지정학적 위치문제가 다시 말해져야 할까요.

우리 땅 남녘에 오랜 군사정권 뒤에 민주정권이 들어서게 되면서 북-미관계도 풀려서 '북-미기본합의서' 및 '북-미공동커뮤니케'가 이루어지게 된 것은, 곧 우리 땅 남북사이의 평화가 정착되고 평화통일 기운이 높아져 감에 따라 우리 땅과 그곳을 둘러싼 외세와의 정상적 국제관계도 정착되어 감을 실감케 하는 일이라 하겠습니다.

우리 땅 남녘정부와 소련정부 및 중국정부와의 국교가 수립된 것과 같이, 북녘정부와 미국정부 및 일본정부와의 국교가 수립되어 동북아시아의 평화가 정착되고, 그 같은 조건과 상황을 바탕으로 해서 우리 땅 남북 사이의 평화통일이 한층 더 진전되는 것이 바람직합니다. 그러나 북-미관계 및 북-일관계가 정상화되지 않는 이상 우리 땅 및 동북아시아의 평화가 정착되기 어렵다는 사실이 미국부시정권의 대북관계에서 증명되었다고 하겠습니다.

6·15남북공동선언 및 10·4남북공동선언을 통해 우리 땅 남북사이의 평화관계가 증진되고 그에 따라 북-미관계 및 북-일관계가 호전될 것 같은 상황이 되었다가도, 부시정권 및 이명박정권이 후속되면 남북관계가 다시 악화되는 등 원점으로 돌아가게 마련이었습니다. 그럼에도 우리 땅의 평화정착과 평화통일 진전문제는 어디까지나 외세에 앞서 남북 우리 민족사회 스스로가 먼저 주체적으로 해결해야 할 문제임이 틀림없다 하겠습니다.

'북-미 공동커뮤니케' 뒤에 '북-일 평양선언'이 나왔습니다

태평양전쟁 이후 우리 땅 해양 쪽의 중요한 외세로는 미국과 일본이 있고, 우리 땅을 둘러싼 국제관계에서 대개의 경우 이들 두 나라가 같은 처지에서 같은 영향을 미쳤다 해도 틀리지 않습니다. 대륙쪽의 중국 및 소련 러시아 등 두 세력에 맞서는 해양 쪽의 두 세력이기도 하고요.

앞에서 말한 것과 같이 한때는 제2의 6·25전쟁 발발위험 직전까지 갔다가 '북-미공동커뮤니케' 등으로 우리 땅 북녘정부와 미국정부 사이의 평화관계가 진전되는 쪽으로 한때나마 형세가 바뀌어져가자 일본도 어김없이 이에 따라 북-일평화관계 수립에 나섰습니다.

2002년 9월 당시 일본의 고이즈미(小泉洵一郎)수상이 평양에 가서 김정일 국방위원장과 회담하고 9월 17일에 '북-일평양선언'을 발표했습니다. 미국이 우리 땅 북녘정부와 정상적 국제관계를 맺으려하자 일본도 따라 나섰다고 할까요. '북-미공동커뮤니케'가 없었다면 '북-일평양선언'은 있을 수 없었다고 하면 좀 지나친 말이 될까요.

어떻든, '북-일평양선언'의 내용을 일단 알아봅시다. '평양선언'은 그 앞부분에서 "북-일간의 불행한 과거를 청산하고 현안사항을 해결하며, 실질적 정치 경제 문화적 관계를 수립하는 것이 쌍방의 기본이익에 합치됨과 동시에 지역의 안전과 평화에 크게 기여하게 된다는 공통의 인식을 확인한다"고 했습니다.

즉 '평양선언'은 '불행한 과거 청산'과 '현안사항 해결'이 북-일 사이의 기본이익에 합치하고 '동북아시아의 평화'에 기여하는 일임을 공동으로 인식한다는 겁니다. 해방된 지 만 57년 만에 우리 땅 북녘과 일본 사이의 침략과 피침략 관계가 공식적으로 청산될 것이었지만, 그것마저 지금까지도 성사되지 않았습니다. 그렇다 해도 계속 그 내용을 알아봅시다.

'평양선언'의 제1항에서는 2002년 10월 중에 북-일 국교정상화교섭을 재개하기로 했습니다. 20세기 전반을 통해 남북 우리 땅과 일본은 지배와 피지배관계에 있었고, 그 후반에 와서 우리 땅 남녘과 일본과는 여러 가지 문제점이 있었음에도 일단 국교가 수립되었으나, 우리 땅 북녘과 일본과는 21세기에 들어와서야 정상적 국교를 맺기로 일단 약속하는 것이라 하겠습니다.

말하자면 2000년의 6·15남북공동선언과 같은 해 10월의 '북-미 공동커뮤니케'의 '후산물'이라고도 할 '북-일 평양선언'의 제2항은 과거청산문제였습니다. "일본 측은 과거의 식민지지배에 의해 조선사람들에게 많은 손해와 고통을 주었다는 역사적 사실을 겸허하게 받아들이고, 통절(痛切)한 반성과 마음으로부터의 사죄를 표명했다"고 했습니다.

일본제국주의의 괴뢰만주국 장교출신인 박정희군사정부에 의해 체결된 1965년의 한일협약에서는 일본이 우리 땅 남녘정부에 대해 유상무상 5억 달러의 경제협력을 하기로 하고, '한국이 조선반도 유일의 합법정부'라고 했는데, '평양선언'으로 남녘정부의 '조선반도 유일의 합법정부'임이 일단은 부인된 거라 하겠지요.

'평양선언'의 제2항에서는 또 "재일조선인의 지위에 관한문제 및 문화재의 문제에 대해서는 국교정상화 교섭에서 성실히 협의한다"고 했습니다. 해방 후에도 일본 땅에 살면서 대한민국의 국민이 되지 않은 '조선사람'들의 법적 지위문제 해결을 거론하고 있으며, 일제강점기에 북녘지방에서 약탈해간 우리 문화재의 반환문제를 말하고 있는 겁니다.

이후 일본의 일부 지식인들이 사회당정부 수상경력자를 중심으로 북-미간 국교수립을 촉구하는 모임을 만들고 그 회원들이 북녘정부와 문화재반환문제를 논의하려 북녘땅에 갔고, 마침 그 때 남북역사학자협의회 관계로 북녘에 갔던 필자가 그 일본지식인들을 만난 적이 있었습니다. 일본도 한 때는 그만큼 북-일국교정상화에 적극적이었음을 알 수 있다고 하겠습니다.

'평양선언'의 제2항에서는 또 쌍방은 국교정상화 후 "무상자금협력 저금리 장기채권 공여 및 국제기관을 통한 인도주의적 지원 등의 경제협력을 실시한다"고 했습니다. 우리 땅 북녘정부는 일본과의 국교를 여는 조건으로 35년간에 걸친 제국주의 일본의 우리 땅 강제지배에 대해 사죄하고 보상할 것을 요구했고 일본도 이에 응한 거라 하겠습니다. 보상액이 얼마나 될지는 모르지만 말입니다.

'평양선언'의 제3항에서는 쌍방은 국제법을 준수하며 "일본국민의 생명과 안전에 관한 현안문제에 대해서는 조선민주주의인민공화국은 조선과 일본이 비정상적 관계에 있는 동안 일어난 유감된 문제가 금후에는 다시 일어나지 않도록 적절한 조치를 취할 것을 확인한다"고 했습니다.

이른바 납치문제는 우리 북녘땅과 일본이 전쟁상태는 아니었다 해도 '비정상적 관계'에 있을 때 일어난 일임을 쌍방이 인정하고 앞으로는 그런 일이 없게 할 것을 약속한 거라 하겠습니다. 그러나 우리가 알다시피 이 납치문제에 대한 일본 쪽의 여론이 크게 악화되고 그것이 곧 북-일교섭 중단의 표면적 빌미가 되고 맙니다.

'평양선언'의 제4항에서는 "쌍방은 동북아시아지역의 평화와 안전을 유지 강화하기 위해 서로 협력해 갈 것을 확인한다"고 했습니다. 과거의 불행했던 동북아시아 상황을 청산하고 앞으로 동북아시아의 평화관계 수립을 약속한 대목입니다. 우선 북-일간의 국교수립이 선결문제라 하겠지요.

따라서 21세기에 들어와서도 동북아시아지역에서 유일하게 정식 국교가 없었던 우리 땅 북녘정부와 일본정부 사이의 '평양선언'이 순조롭게 실행됨으로써 이 지역의 진정한 평화가 정착될 뻔도 했습니다. 그러나 '평양선언'이 있은 지 10년이 지난 지금까지도 북-일국교는 수립되지 않고 있는 것이 사실입니다.

우리 땅의 평화통일에 영향을 주기 마련인 주변세력들 중, 해양세력 일본과 북녘정부 사이에 합의된 '평양선언'이 이행되지 않은 것과, 같은 해양세력인 미국과 북녘정부 사이에 합의된 '쥬네브 북-미기본합의문' 및 '북-미공동커뮤니케'가 이행되지 않은 사실이, 같은 원인과 조건 때문이라고 봐도 크게 틀리지 않을 것 같습니다.

북-미관계가 화해방향으로 나아감에 따라 북-일관계도 같은 방향으로 일단 가는 것 같았지만, 북-일관계의 정상화는 어디까지나 북-미관계 정상화와 연관돼 있다 해도 틀리지 않을 겁니다. 또한 그것은 우리 땅 남북평화관계의 진전과도 연관되어 있다하지 않을 수 없습니다. 우리 땅에서 남북관계가 순조롭지 못하면 어느 정도 진전됐던 북-미관계 및 북-일관계도 바로 그 영향을 받게 마련이기 때문이라 하겠습니다.

반대로 우리 땅의 남북평화관계가 어느 정도 이루어졌다 해도 북-미관계 및 북-일관계가 나빠지면 어렵게 이루어졌던 남북평화관계도 그 영향을 받게 마련입니다. 그렇다 해도 문제해결의 선결조건은 무엇보다도 우리 땅 남북에 평화통일지향 정권이 안착하는 일이라 하겠습니다.

그리고 대북관계와 관련해서 우리 땅 남녘에 어떤 정권이 들어서느냐에 따라 우리 땅은 물론 동북아시아 전체의 평화와 불화문제가 달려있다 하겠습니다. 어느 때보다도 남북을 막론한 우리 민족사회의 한층 높은 차원의 민족의식 및 역사의식이 요구되는 시점이라 하겠습니다. 그 민족의식과 역사의식이 의식으로만 그치지 말고, 여러 가지 장애요인을 기어이 극복하고 평화통일문제에 실질적으로 적용될 수 있느냐 하는 문제가 더욱 중요하다 하겠지요.

미국 부시정부가 '악의 축'과 6자회담을 했습니다만

2000년 11월의 미국대통령선거 결과 공화당의 부시정부가 들어서고 2001년 9월 11일 미국에서 이른바 동시다발 테러사건이 터졌습니다. 태평양전쟁 발발의 계기가 된 일본의 하와이 진주만공격 이후 미국이 당한 최대의 공격이라 했고, 부시정부는 테러사건의 범인이 오사마 빈라덴이 지휘하는 알카에다 조직이라 단정하고 그들을 보호하고 있다는 아프가니스탄을 '테러와의 전쟁' 운운하면서 공격했습니다.

부시정부는 '테러와의전쟁'을 선포하는 한편 클린턴정부 때 합의된 '쥬네브 북-미기본합의문'과 '북-미공동커뮤니케' 등을 일방적으로 폐기하고, 더 나아가서 2002년 1월의 대통령일반교서를 통해 이라크 이란 등과 함께 우리 땅 북녘정부를 이른바 '악(惡)의 추축(樞軸)'이라 하고 이들 국가에 대해서는 핵무기로 선제공격을 할 수도 있다고 공언했습니다. 앞선 민주당 클린턴정부 때와는 전혀 다른 상황이 벌어지게 된 겁니다.

미국의 클린턴정부가 우리 땅에서 핵무기를 없애고 북녘정부를 승인함으로써, 평양에 미국의 연락사무소와 나아가서 미국대사관까지 두어 동북아시아와 우리 땅의 평화를 정착시키려 했던 사실이 일시에 그만 물거품이 되고 말았으니 안타까운 일이었습니다. 혹시 '9·11 테러사건'이 없었다면 부시정권이라 해도 클린턴정권의 대북정책을 그대로 이어갔을까요.

미국 부시정부의 대북관계가 악화된 뒤 우리 땅 남녘에 남북사이의 평화관계 수립을 지향하던 노무현정부 뒤에 이명박정부가 서서 미국 부시정부와 밀착관계를 이룸으로써 우리 땅에서의 평화정착은 더 멀어지고만 겁니다. 옛말에 화불단행(禍不單行) 즉 재앙은 겹쳐 오게 마련이라 했는데, 우리의 민족문제에서도 바로 그런 상황이 된 거라 하겠습니다.

미국공화당의 부시정부는 2002년 12월 10일에 '대량파괴무기에 대응하는 국가전략'이란 것을 발표하고, 핵무기에 의한 선제공격을 할 수 있는 대상에 이라크-이란-시리아-리비아 등과 함께 우리 땅 북녘도 포함시켰습니다. 우리가 알다시피 부시정부는 2003년 3월 20일 대량파괴무기를 가졌다는 이유로 이라크를 공격해서 후세인정부를 붕괴시켰지만, 그 뒤 미국조사단에 의해 이라크에 생물-화학무기 비축은 전혀 없었고 핵무기 개발계획도 1991년 이후 좌절됐다는 내용의 최종보고서가 발표되기도 했습니다.

그런 한편, 2003년 8월부터 남북 우리 땅의 비핵화를 목적으로 우리 땅의 남북 두정부와 미국 중국 러시아 일본 등의 정부대표가 참석하는 '6자회담'이 시작됐습니다. 우리 땅 북녘을 '악의 추축'에 넣고 핵무기로 선제공격 할 수도 있다하던 부시정부가 그 태도를 돌변해서 우리 땅 문제의 평화적 해결을 위한 '6자회담'에 참가하기로 한 겁니다.

우리 땅의 문제를 남북의 우리 민족끼리 해결하지 못하고, 어떻든 제 나라의 이익문제가 앞서게 마련인 우리를 둘러싼 주변 국가들과 함께 논의하지 않으면 안 되게 됐다는 사실은 문화민족사회로서 부끄러운 일이기도 하지만, 역시 우리 땅이 처한 지정학적 위치문제를 생각하지 않을 수 없게 하는 일이라 하겠습니다.

2005년 9월 19일에는 '6자회담'에서 '9·19공동성명'이 발표됐습니다. 그 내용을 요약하면 첫째 우리 땅 북녘정부가 모든 핵무기 및 기존의 핵계획을 포기하고 핵확산금지조약(NPT) 및 국제원자력기구(IAEA) 보장조치에 조속히 복귀하는 한편, 미국은 우리 땅에서 핵무기를 가지지 않을 것과 북녘땅에 대해 핵무기 또는 통상무기에 의한 공격 또는 침략의도를 가지지 않을 것을 확인한다는 내용이었습니다. 미국이 또 한번 우리 땅 북녘에 대해 불가침을 약속한 것이지요.

그리고 우리 땅 북녘정부가 핵무기 및 핵계획을 포기하고. 우리 땅 남녘정부의 영역 안에는 핵무기가 실재하지 않음을 확인함과 동시에. 1992년 우리 땅 남북정부 사이에 성립된 비핵화공동선언에 따라 핵무기를 도입하지 않으며 배치하지도 않는다는 약속을 재확인했습니다. 한편 북녘정부는 원자력을 평화적으로 이용할 권리가 있다고 발언했고, 다른 참가국들은 이 발언을 존중한다고 하는 동시에 적당한 시기에 북녘땅에 경수로를 제공하는 문제를 논의할 것에 합의했습니다.

이대로만 된다면 남북 우리 땅에서 핵문제가 완전히 해결되고 그에 따라 평화가 정착되며 나아가서 평화통일의 기초가 마련될 만한 것이 6자회담에서 나온 '9·19공동선언'의 핵심내용이었다고 하겠습니다.

남북을 막론하고 핵무기가 없어도 주변국가들이 '동북아시아에 또 하나의 강대국 등장' 운운하면서 우리 땅의 통일을 달가워하지 않은 일면이 있겠는데, 남녘이건 북녘이건 핵무기를 가진 이상 우리 땅이 통일되기 어려울 것은 말할 나위가 없을 겁니다. 앞에서도 말했지만 북녘사람들은 우리 땅의 비핵화가 김일성 주석의 '유훈'이라 하기도 합니다.

'9·19공동성명'은 둘째로 '6자'는 각자들 사이의 관계에서 유엔헌장의 목적 및 원칙, 그리고 국제관계에 대해 인정된 규범을 준수할 것을 약속했습니다. 그리고 우리 땅 북녘정부와 미국정부는 서로의 주권을 존중할 것, 평화리에 공존할 것, 양국관계에 관한 각기의 정책에 따라 관계정상화를 위한 조치를 취할 것 등을 약속했습니다. 북-미 사이의 국교정상화가 또 한번 약속된 거라 하겠습니다.

1994년의 '쥬네브 북-미기본합의문'과, 2000년의 '북-미 공동커뮤니케'와, 2005년의 6자회담 '9·19공동선언' 등이 모두 우리 땅 북녘정부와 미국정부의 국교정상화를 거론했지만, 두 나라 사이의 국교정상화는 아직도 이루어지지 않았습니다. 도대체 몇 번이나 약속을 더해야 북-미국교정상화가 현실화할 것인지 참으로 답답하고 안타까운 일입니다.

몇 번씩이나 약속을 하면서도 실제로는 이루어지지 못하는 그 원인이 어느 쪽에 더 있는가, 우리 땅 북녘정부와 미국정부 모두가 혹은 그 중의 어느 한 쪽이 국교정상화를 말로만 약속하고 실천은 하지 않는 것이 현실적으로 제 국익에 도움이 된다는 책략 때문이지는 않은지, 훗날의 역사가 기어이 밝혀내지 않을까 합니다.

또 우리 땅 북녘정부와 일본정부는 이 6자회담 공동선언에서 지난날의 '평양선언'에 따라 불행했던 과거를 청산하고 현안사항의 해결을 기초로 국교정상화 조치를 취할 것을 약속했습니다. 이 선언대로라면 동북아시아에서 21세기에 들어와서까지도 유일하게 국교관계가 없는 북-일관계가 마침내 정상화할 것 같았지만 아직도 그렇게는 되지 않고 있는 겁니다.

거듭 말하지만 우리 땅 북녘정부와 미국정부는 앞에서 본 것과 같이 '쥬네브합의'와 '공동커뮤니케' 등을 통해서, 그리고 북녘정부와 일본정부는 '평양선언'을 통해서, 그리고 '6자회담'의 '9·19공동성명'에서 다시 북-미와 북-일의 국교정상화 약속이 되풀이 됐습니다. 그러나 이 글이 써지는 지금까지도 북-미수교와 북-일수교가 이루어질 기미는 보이지 않고 있는 것이 현실입니다.

6자회담의 '9·19공동선언'은 셋째로, '6자'는 에너지 무역 및 투자분야에서의 경제협력을 2국 간 혹은 다국 간에 추진할 것을 약속했고, 우리 땅 북녘정부에 대한 다른 참가 5개국들의 에너지 지원을 약속했습니다. 특히 우리 땅 남녘정부는 북녘정부에 대해 2백만 킬로와트 전력공급에 관한 2005년 7월 12일의 제안을 다시 확인했습니다.

'9·19공동성명'은 넷째로 동북아시아의 영속적 평화와 안전을 위해 공동으로 노력할 것을 약속하고, 우리 땅의 항구적 평화체제와 동북아시아의 안전보장을 위한 방책을 탐구하자는데 합의했습니다. 우리 땅 북녘정부를 '악의 추축'으로 규정했던 부시정부도 참가한 '6자회담공동성명'에서 이런 합의가 나온 것은 그야말로 바람직한 일이었다고 하겠습니다.

그러나 이후 갑자기 부시정부는 우리 땅 북녘정부가 미국의 1백 달러 지폐를 위조해서 유포한다고 발표하고, 바로 6자회담 무렵인 2005년 9월에 마카오의 은행 방코델타아시아(BDA)에 있는 북녘관련 자금 약 2천 5백만 달러를 동결시켰습니다. 그러자 이에 대응이라도 하듯 북녘정부는 2006년 7월에 미사일발사 실험을 했고, 같은 해 10월에는 핵실험을 했습니다. 그런데도 미국은 또 2007년 3월에 동결했던 북녘관련자금 전액을 해제하고 반환하기로 했습니다.

필자는 얼마 전에 일본의 외교관 출신인 하라다(原田武夫)란 사람이 써서 2008년에 출판한 『북조선VS.아메리카—위미(僞米)달러사건과 대국(大國)의 파워게임—』이라는 책을 사서 읽었습니다. 이 책의 저자 하라다는 외교관시절 독일에서도 근무했고, 일본외무성 북동아시아과의 북조선반장을 지낸 사람이기도 했습니다.

이 책에 의하면, 자신이 반미주의자가 아니며 '북조선을 뒤틀린 테러국가'라고 생각한다는 독일인기자 '크라우스 벤다'라는 사람이 2007년 1월 7일 독일의 유력한 보수계신문 '프랑크프르트 알게마인'에 쓴 〈'수퍼노트' 위조달러를 둘러싼 비밀〉이란 기사에서 다음과 같이 썼다고 합니다.

"수퍼노트—1백 미국달러 위폐—를 인쇄한다는 것은 북조선 사람들에게는 기술적으로 불가능한 일이다. 아마도 아메리카의 정보기관이 범인일 것이다. 이것은 유럽의 고정도(高精度) 인쇄기 제조자와 유럽의 형사경찰 간부들 사이에서 널리 퍼져 있는 견해를 내가 다시 말하고 있을 뿐이다."

자신이 반미주의자가 아니며 우리 땅 북녘을 '뒤틀린 테러국가'라고 생각한다는 독일인 기자 '벤다'가 제 나라의 보수계 신문에 세상에 돌아다니는 1백 달러 위조지폐를 만들어 유포하는 범인이 미국정보기관일 거라는 기사를 쓰고도 온전할 수 있었는지, 또 그 사실을 쓴 일본인 하라다의 책을 우리 국내 서점에서도 사 볼 수 있다니 놀라운 일이 아닐 수 없습니다.

　우리 땅 북녘정부를 범인으로 지목하며 한때 세상을 떠들썩하게 했던 1백 달러 미국지폐 위조문제가 곧 잠잠해진 것도 또한 사실인 것 같습니다. 그리고 제 이름을 밝히고 이 '어마어마한' 기사를 쓴 독일인 '벤다'기자는 일본인 하라다와 인터뷰도 했다고 합니다.

　그건 그렇다 하고, 이렇게 북-미 관계는 녹았다 얼었다하게 마련입니다. 우리 땅 북녘정부에 의한 달러위조설과 미사일발사와 핵실험이 있고도 미국은 동결했던 북녘자금을 해제했는가 하면, 2007년에 남북 우리 땅의 비핵화, 북-미국교정상화 및 북-일국교정상화, 북녘에 대한 경제 및 전력지원 등을 담은 6자회담 합의문이 또 나왔으나 전혀 실현되지는 않았습니다.

　그러고는 2008년 2월 우리 땅 남녘에 이명박정부가 서서 미국 부시정부와의 관계를 각별히 하고 북녘과의 관계를 소홀하게 함으로써, 김대중정부와 노무현정부 때 모처럼 가까워졌던 우리 땅 남북사이의 동족관계는 멀어진 반면, 한-미관계가 밀접해져간 겁니다. 이명박정부의 미국소고기 수입문제로 전국에서 그리고 전 세계 교민사회에서 이에 반대하는 민족적 촛불데모가 일어나기도 한 것은 우리가 다 아는 일입니다.

　우리 땅 북녘정부를 '악의 축'으로 몰았던 미국공화당의 부시정부 뒤에 클린턴정부 후 8년 만에 민주당의 오바마정부가 섰습니다. 미국에 흑인 대통령이 그렇게 빨리 탄생하리라고는 미처 생각하지 못했는데, 21세기에 들어서자마자 미국역사상 최초의 흑인 대통령이 탄생한 겁니다. 놀라운 일이었습니다.

역사라는 것은 가야 할 방향으로 가야 할 만큼 가고 만다는 생각을 한층 더 확실하게 하면서, 민주당 오바마정부에서는 동북아시아 평화정착정책이 더 적극적으로 추진되어 우리 땅 북녘정부에 대한 미국정부의 승인과 정식국교가 이루어지고 더 나아가서 불가침조약 같은 것이 맺어질 수도 있으리라 기대되기도 했습니다. 그러나 오바마정부의 첫 임기가 끝난 지금까지도 공화당 부시정부 때의 6자회담공동성명 핵심문제인, 북-미수교는 이루어지지 않았습니다. 새로 시작되는 오바마 2기정부에 기대하며 지켜보기로 할 수밖에요.

미국과 일본이 우리 땅 북녘정부를 정식으로 승인하는 일과 북녘정부가 핵무장을 포기하는 일이 동시에 이루어짐으로써 우리 땅과 동북아시아의 평화가 정착되고 우리 민족의 평화통일문제가 한걸음 더 전진되는 것이 바람직합니다. 그리고 이 같은 일을 우리 땅 남녘정부가 중국정부와 협력해서 북-미 사이에서 핵무기포기와 국가승인이 동시에 이루어질 수 있게 조정역할을 할 수 있는 것이 바람직하다는 생각이기도 합니다.

그러나 미국이 6·25전쟁에 참전한 때와 같이 우리 땅의 남쪽만이라도 혹은 남북 우리 땅 전체를 제 영향권 안에 둠으로써 일본을 보호하고 태평양을 '미국의 호수'로 확보해야 한다는, 그리고 미국이 세계의 '헌병노릇'을 계속해야 한다는, 지난 20세기적 세계정책을 버리지 않은 한, '쥬네브합의'나 '공동커뮤니케'나 '6자회담합의' 등이 백번 있어도 동북아시아의 대륙세력과 해양세력이 부딪치는 요충지대에 있는 우리 땅의 평화통일과 동북아시아의 평화정착은 어려울 것이라 말한다면, 너무 비관적인 관점이 될까요.

최근에 간행된 일본의 외교관출신이며 교수출신인 마고사키(孫崎

亨)란 사람이 쓴『지금부터 세계는 어떻게 될 것인가―미국쇠퇴와 일본―』이란 책을 읽고 있는데, 그 서두의 일부를 소개하면 다음과 같은 부분이 있습니다. 관심 있는 사람을 위해 인용해 두겠습니다. 참고하세요.

"2010년에 중국이 공업생산에서 미국을 제쳤습니다. 역사적 사건입니다. 미국은 1913년에 이미 공업생산에서 영국을 제쳤습니다. 공업생산에서 1870년에는 영국이 31.7%로 세계 1위였는데, 이것이 1913년에는 미국이 35.8%로 1위가 되었고 영국은 독일(15.7%) 다음의 제3위였습니다. 이후 약 100년 미국이 공업생산에서 세계 제1위 자리에 있었습니다. 그러므로 2010년이란 세계사에서도 전환의 순간, 즉 미국 세계1위 자리가 분명히 위협된 해인 것입니다."

14. '우리의 소원' 통일문제를 어떻게 풀어가야 할까요

우리 땅의 **지정학적 위차문제에** 대한
정확한 이해가 필요합니다

먼저 민족분단의 역사를 다시 한번 냉철히 되돌아봅시다. 동북아시아의 대륙과 해양사이에 걸쳐진 반도인 우리 땅은 근대사회 이전에도 거란과 몽고 등 대륙 쪽의 침략과, 왜구와 임진왜란 등 해양 쪽의 침략을 자주 받아왔습니다. 특히 근대사회 이후 세계사적으로 침략주의 및 제국주의가 성행하면서 우리 땅의 고난은 한층 더 심해졌고 본의 아니게 자주 국제분쟁의 원인지역이 되기도 했습니다.

지정학적으로 요충지대에 위치하면서 주변의 어느 국가나 민족사회보다 국토가 좁고 국세가 약했습니다. 지금도 남북을 합친다 해도 대륙 쪽의 중국이나 러시아는 말할 것 없고, 해양 쪽도 멀리 있는 미국은 물론 가까운 일본보다도 국토가 좁고 국세가 약하다고 하겠습니다.

더욱이 지금은 남북으로 분단되어 3년 동안의 처절한 동족상잔을 겪고도 반세기가 넘도록 서로 불신하고 대립함으로써 21세기에 들어와서까지도 분단된 채 각기 넉넉지 않은 국력을 소모하고 있으니 더 말할 나위가 없습니다. 이 시대를 사는 남북을 막론한 이 땅의 주민들을 이웃나라들이 얼마나 지탄하고 깔볼지 걱정되기도 합니다.

고대나 중세시대에는 겨울만 되면 얼어서 군사력이 마음대로 넘나들 수 있는 압록강과 두만강을 경계로 당시 동북아시아의 절대강자였던 중국과 접하고 있어서 그 침략을 자주 받았습니다. 그래서 정치적으로는 더러 예속되기도 했지만, 그런 조건에서도 민족적 문화적 독립성은 어렵게나마 지켜낼 수 있었습니다.

타민족의 경우를 예로 들기가 민망하기도 하지만, 우리 땅과 중국 중원지방 사이에 있었던 '만주'족들의 경우 한때는 중원 땅에 쳐들어가서 청나라를 세워 3백 년 이상 그 지역을 지배했으면서도 지금은 오히려 그 민족적 고유성을 거의 잃어가고 있습니다. 그 말과 글이 거의 소멸돼 가고 있는 것이 현실입니다.

흔히 말하기를 중국문화는 용광로와 같아서 주변의 어떤 이질적인 문화라도 승자의 처지건 패자의 처지건 일단 들어가기만 하면 그 용광로 속에서 녹아 중국문화가 돼버린다는 겁니다. 그러나 우리 민족사회의 경우 겨울이면 얼어붙는 강을 사이에 두고 그 용광로의 열기를 계속 받았으면서도 녹아버리지 않았던 것은 끈질긴 생명력 때문이라 해도 괜찮지 않을까 합니다.

우리 땅의 역대 통치자들은 1897년에 대한제국이 되기까지는 대부분 왕으로밖에 행세하지 못했는데, 일본에는 일찍부터 독자적 연호를 쓰는 천황제가 있다면서 비교되기도 했습니다. 그러나 일본 땅이 대한해협과 현해탄 건너가 아니고 우리 땅과 같이 중국 땅에 붙어있었다면 왕이 아닌 천황칭호와 독자연호를 쓸 수 있었을까요. 어림없는 일이었을 겁니다.

앞에서도 말했지만, 지난 역사에서 때로는 우리 땅 전체가 완전히 대륙세력권에 포함되기도 했고, 때로는 일제강점기와 같이 해양세력권에 강제로 편입되기도 했습니다. 해방 후에는 남북으로 분단되어 정치-외교-경제면에서 북녘은 중국 및 소련과의 관계가, 남녘은 미국 및 일본과의 관계가 깊었습니다.

그런 한편, 우리 땅을 둘러싼 대륙세력과 해양세력 사이에 힘의 균형이 이루어지거나 두 세력 사이의 이해관계가 맞아떨어져서 충돌을 피하려할 때는, 앞에서도 상세히 말했지만 우리 땅 전체를 대륙세력과 해양세력 사이의 완충지대 즉 중립지대로 하자는 논의가 여러 번 있었습니다.

그러나 대륙세력과 해양세력 사이에 끼인 우리 땅이 영세중립지대가 되어 독립을 유지하려면 내외적 조건이 맞아야 하는데 그렇지 못했습니다. 그래서 고구려사회와 같은 고대시대를 제외한 중세시대에는 우리 땅 전체가 대체로 중국중심의 대륙세력권에 포함됐다고 할 수 있으며, 근대로 오면서 한일'합방'을 통해 해양세력권에 포함됐다고 하겠습니다.

청일전쟁 때와 러일전쟁 때, 그리고 남북분단이 현실화 할 것 같았던 해방 직후의 한때와, 남북분단 뒤 6·25전쟁을 치르고 평화통일을 지향하려 했을 때도, 남북 우리 땅을 영세중립지대화 해야 한다는 의견도 있었습니다. 우리 땅의 지정학적 위치 때문에 그 같은 견해가 나오게 된 것이라 하겠습니다.

그러나 역사시대 이래 동북아시아의 대륙세력과 해양세력이 충돌하는 지점에 놓인 우리 땅이 국외중립화를 통해서 예속화나 식민지화나 전쟁이나 남북분단을 면할 수 있었던 경우는 한 번도 없었습니다. 그렇지만 지금도 남북이 평화적으로 통일되어 영세중립지대로 돼야 한다는 주장이 있기도 합니다. 역시 우리 땅의 지정학적 위치 때문이라 하겠습니다.

동북아시아의 대륙세력과 해양세력이 충돌하는 지점에 위치한 우리 땅의 '운명'이 대륙세력권에 포함되거나 해양세력권에 포함되거나, 대륙세력권과 해양세력권의 이해관계 대립으로 남북으로 분단되거나 하는 세 가지 경우이외에, 어느 세력권에도 포함되지 않고 또 분단되지도 않고 독립성을 지킬 수 있는 방법으로서 국외중립화가 논의되기도 했지만 한 번도 실행되지는 않았던 겁니다.

우리 땅이 대륙세력권 혹은 해양세력권에 포함되거나, 남북으로 분단되거나 하는 세 가지 경우와, 그 같은 경우를 피할 수 있는 방안으로서의 영세국외중립화방안이 제시되었으나 한 번도 실행되지 못한 것은 지난 20세기까지의 일이었습니다. 따라서 제국주의전쟁과 동서냉전이 계속된 20세기적 상황에서는 우리 땅의 지정학적 위치가 불리한 것으로만 작용했다고 할 수 있겠습니다.

그러나 역사와 시대상황은 변하게 마련입니다. 설령 21세기에도 지난 20세기적 상황, 즉 민족국가 사이의 대립과 분쟁이 계속된다 해도 남북 우리 땅이 평화롭고 순조롭게 통일되어 동북아시아에서 중국과 일본 사이에 위치한 독립된 단위민족국가가 된다면, 지난날과는 달리 이 지역의 힘의 균형과 평화를 이루는 핵심적 역할을 다할 수도 있을 겁니다.

제국주의와 냉전주의가 물러나는 21세기에 남북 우리 땅이 평화롭게 화해하고 통일되면 중세시대처럼 대륙 쪽 중국에 예속되다시피 하거나, 20세기 전반과 같이 해양 쪽 일본에게 강제지배 되거나, 20세기 후반과 같이 남북으로 분단되어 서로 대립하는 것이 아니라, 중국과 일본 사이에서 힘의 조정자역할을 함으로써 이 지역의 평화를 담보하는 핵심지역이 될 수도 있을 겁니다.

통일된 우리 땅이 만약 대륙의 중국 쪽과 가까워지면 일본이 고단해질 수밖에 없을 것이며, 반대로 일본 쪽과 가까워지면 중국이 말하는 '한쪽 팔'을 잃게 되어 어려워질 수밖에 없을 겁니다. 그러나 통일된 우리 땅은 어느 쪽에도 더 가까워질 필요가 없지요. 중국과 일본 사이에서 그들의 대립과 충돌을 완화하는 역할을 다하고 두 지역을 평화적으로 연결하는 가교역할을 다할 수 있을 겁니다.

21세기 세계사는 두 차례의 제국주의 세계대전과 치열했던 동서냉전으로 얼룩졌던 지난 20세기와는 달리 민족국가사이의 대립을 넘어 유럽공동체나 '아세안'과 같은 지역평화공동체를 이루어가는 방향으로 발전해가고 있습니다. 인류역사의 바람직한 발전방향이라 할 수 있을 겁니다.

다음에서 상세히 말하겠지만, 이 같은 21세기의 세계사적 진행에 맞추어 남북 우리 땅과 중국 및 일본이 동북아시아평화공동체를 이루거나 '아세안'과 함께 동아시아평화공동체를 형성하는 경우 이 지역의 두 강대국인 중국과 일본 사이에 위치한 통일된 우리 땅이 담당해야 할 평화주의적 가교역할은 대단히 크다 하지 않을 수 없을 겁니다.

우리 땅만이 냉전시대의 유물로 남아있을 수는 없습니다

동북아시아의 대륙과 해양 사이에 걸쳐진 반도인 우리 땅이 대륙세력권에 의해 위협받거나 혹은 그것에 포함되거나, 아니면 해양세력권에 의해 위협받거나 혹은 그것에 포함되거나, 그렇지도 않으면 대륙세력권과 해양세력권 사이의 이해관계에 따라 우리 땅 주민들의 생각과는 상관없이 남북으로 분단되거나 한 것은 제국주의와 동서냉전이 극심했던 지난 20세기까지의 일이었다 하겠습니다.

그러나 세상은 변하고 역사도 변하게 마련입니다. 제국주의가 천

년만년 갈 것처럼 제멋대로 날뛰던 시대의 산물인 식민지라는 것이 제2차 세계대전이 끝나면서 대부분 독립국가로 됐습니다. 그리고 홍콩-마키오와 같은 식민도시가 원주인에게 반환됨으로써 20세기 안에 제국주의의 불행한 산물인 식민지가 거의 다 없어졌다 해도 좋을 상황이 됐습니다.

그런가 하면 20세기 전반에 일어났던 두 차례의 제국주의 세계대전에 이어서, 20세기 후반에는 제국주의적 대립과는 또 다른 냉혹한 이데올로기 대립을 바탕으로 한 동서냉전시대가 됐습니다. 그러나 쉽게 해소될 것 같지 않던 그 냉전체제도 역시 20세기 안에 거의 해소되고 말았습니다. 역사라는 것이 변해야 할 때는 이렇게 속절없이 변하고 만다고 할 수 있겠지요.

창피하게도 동서냉전의 마지막 유물처럼 남아있던 우리 땅의 분단문제도 다행히 20세기의 마지막 해였던 2000년의 6·15남북공동선언에 의해 일단 해결되기 시작했다고 하겠습니다. 그리고 그 해결책이 2007년의 10·4남북공동선언으로 이어짐으로써 걸음이 빨라질 조짐을 보이기도 했습니다. 우리 겨레의 앞날을 위해 정말 다행한 일이었다 하겠습니다.

이명박정부에 들어서서는 이 민족사적 걸음이 잠시 멈칫해지긴 했지만, 앞에서도 말한 것과 같이 베트남식 전쟁통일도 독일식 흡수통일도 없었던 우리 땅의 평화통일과정을 '민족통일'과 '국토통일'과 '국가통일'의 3단계로 나누어 생각해 보면, '국가통일'은 좀 미루어진다 해도 2000년의 6·15남북공동선언 발표와 함께 '민족통일'과 '국토통일'은 이미 시작됐다고 할 수 있습니다.

세계사적 상황에서는 아직도 일부 제국주의적 행태가 남아있긴 하지만, 그리고 미국의 무소불위 세계정책이 윌슨 대통령의 민족자결주의 주장을 무색케 하고 있긴 하지만, 제국주의 및 식민주의의 청산과 평화주의 및 민족자결주의의 정착이 21세기 세계사의 진행방향임이 확인되어가고 있습니다. 따라서 우리 땅의 분단문제도 21세기의 세계사적 추세인 평화주의와 민족자결주의와 지역평화공동체 정착에 의해 해결돼 갈 것을 확신합니다.

다음 장에서 상세히 말하겠지만, 21세기의 세계사적 흐름은 단위 민족국가 사이의 벽을 낮추고 지역공동체를 형성해 가는 방향으로 나아가고 있습니다. 민족국가의 이익을 높이기 위해 국가사이의 벽을 높이 쌓고 다른 민족국가와 날카롭게 대립하던 제국주의시대나 냉전주의시대와는 다른 세계사적 현상이 일어나고 있는 겁니다.

지정학적으로 어려운 위치에 놓인 반도 땅에 살면서도 흰옷 입는 평화애호민족으로 불린 우리 민족이 앞으로 동북아시아의 평화와 세계평화에 기여해야 하는 문제를 생각하면서, 21세기 세계사의 보편적 발전방향이라 생각되는 지역평화공동체 형성문제와 우리 민족의 평화통일문제를 아울러 생각해 봐야 할 때가 됐다는 생각입니다. 우리 민족사회만이 부끄럽게도 20세기 냉전시대의 유물로 남아있을 수는 없지 않습니까.

21세기 세계사가 지역평화공동체 형성방향으로 가고 있습니다

세계사는 지난 20세기 동안 두 번의 제국주의 세계대전을 치르고도 또 바로 동서냉전시대로 이어져 인류사회의 영원한 지향이라 할 세계평화가 크게 파괴됐습니다. 그런 점에서 지난 20세기는 인류역사상 가장 불행했던 세기라 해도 틀리지 않을 겁니다. 그래서 21세기야말로 그런 불행을 딛고 진정한 세계평화를 정착시켜 가는 출발점이 될 것이라 희망하고 또 전망해마지 않는 겁니다.

지난 20세기를 통해 자행된 처절했던 두 차례의 제국주의침략전쟁과 전체세계가 꽁꽁 얼어붙었던 동서냉전의 중심지역은 미국을 포함한 유럽지역이었습니다. 그리고 두 차례 세계대전의 피해가 가장 심했던 곳도 유럽지역이었고, 동서냉전의 핵심지역 역시 미국을 포함한 유럽지역이었습니다.

그래서겠지만, 지난 20세기까지 일반적이었던 민족국가 사이의 대립 및 이데올로기적 갈등을 해소하고, 하나의 지역 안에 있는 민족국가들이 서로 국경의 벽을 낮추어 사람과 물품의 왕래를 자유롭게 하고, 단위국가의 국경을 넘어 더 큰 하나의 국가와 같은 평화로운 지역공동체를 이루려는 움직임이 유럽지역에서 먼저 시작됐습니다.

하나의 지역 안에 있는 각 민족국가들이 종래와 같이 제 나라의 이익만을 위해 대립하고 싸울 것이 아니라, 같은 지역 안에 있는 국가들이 함께 이룬 지역평화공동체의 이해관계가 마치 하나의 국가처럼 되게 하자는 겁니다. 지난 시대와 같이 지역 내의 국가들이 제가끔 제 이익을 위해 대립하고 싸우는 일이 없게 하자는 '철든' 생각이 나오게 된 거라 하겠습니다.

인류역사가 지향하는 최고 최후의 목적은 인간이 사는 이 지구 덩어리 전체를 하나의 평화공동체로 만드는 것이라 생각합니다. 그리고 역사교육을 비롯한 모든 교육의 최고 최종의 목적 역시 평화주의의 정착 그것이어야 한다는 생각입니다. 특히 역사교육에서 국가사이의 차이나 마찰이 있는 것은 역사교육의 큰 목적이 평화주의교육에 있다는 점을 간과한 때문이라 할 것입니다.

민족국가의 벽을 넘어 지역공동체를 이루어 평화롭게 살자는 생각이 먼저 나온 곳이 제국주의전쟁과 동서냉전의 치열한 중심지였다

할 유럽지역이었습니다. 그러나 유럽지역에서 먼저 나타난 지역평화 공동체 방안이 제국주의와 냉전주의의 산물이라고만 보는 것은 아닙니다.

국가사회주의가 해체됨으로써 냉전시대가 끝나고 자본주의가 이른바 신자유주의로 나아가게 됐는데 미국주도의 신자유주의적 세계화가 급격히 추진되는 상황에 대응해서, 그런 추세에서 벗어나기 위해 유럽공동체가 발달하기 시작했다고 볼 수도 있는 겁니다. 즉 미국 중심의 세계화에 대한 반발이라 볼 수도 있다는 겁니다. 유럽공동체 이외에도 이미 형성됐거나 형성될 기미를 보이고 있는 지역공동체들도 미국중심의 세계화체제에서 벗어나는 데 그 목적의 하나가 있다고 할 수도 있을 겁니다.

우리가 알다시피 유럽공동체의 출발은 당초 프랑스와 독일의 국경지대에서 생산되어 분쟁요인이 된 철과 석탄을 개별 국가의 영역을 넘어 국제기관에서 관리하자는 목적으로, 프랑스-서부독일-이탈리아-벨기에-네덜란드-룩셈부르크 등 6개국이 참가한 '유럽석탄철강공동체'(ECSC)의 발족에서 시작됐습니다.

그러다가 이 6개국이 1957년에 유럽경제공동체(EEC)와 유럽원자력공동체(EURATOM)를 발족시켰습니다. 그리고는 1967년에 유럽공동체(EC)가 탄생하게 됐고, 1991년에는 가맹국들의 경제통화를 통합하고 정치적 연합을 목적으로 유럽연합(EU)을 성립시키게 된 겁니다. 그러고는 소련 붕괴 뒤의 동유럽 국가들이 유럽연합에 가입해 그 범위가 크게 넓어지게 된 것은 우리가 다 아는 일입니다. 유럽공동체가 형성되어가는 데 대해 가장 예민한 반응을 보인 것이 미국이었다고 하겠지요.

자본주의권이었던 서유럽지역과 사회주의권이었던 동유럽지역은 특히 경제적 조건이 크게 달랐습니다. 냉전체제 해소 뒤 동유럽지역까지 너무 성급히 포함시킨 데서 오는 부작용이 있는 것 같기도 하지만, 어떻든 일시적 혼란은 있다 해도 21세기 세계사가 민족국가의 벽을 넘어 지역평화공동체가 발전해가는 방향, 즉 세계평화가 한층 더 확대정착 되어가는 방향으로 나아갈 것이라 확신합니다.

이 같은 유럽연합의 추진을 계기로 21세기의 세계사가 개별 민족국가의 벽을 넘어 지역평화공동체를 이루는 방향으로 나아가는 경향이 점점 확대되어 갔습니다. 동남아시아국가연합(ASEAN)이 성립됐고, 1994년에는 북미자유무역협정(NAFTA)이 발효됐으며, 아프리카공동체 및 남미공동체의 성립이 진행되고 있는가 하면 동남아시아국가연합에 우리 땅 남녘과 중국 일본을 포함한 동아시아공동체 성립이 말해지고 있기도 합니다.

유럽지역을 여행하다 보면 유럽연합에 가입한 나라의 여행객들은 입국심사 때 내국인 줄에 서서 심사받는 것을 보게 됩니다. 그만한 일에서도 그동안 높기만 했던 국경의 벽이 그만큼 낮아졌음을 실감하며, 유럽공동체의 경우 공동의 의회를 두고 화폐를 단일화하는 데까지 나아가고 있으며, 세계적으로도 입국사증 없이 갈 수 있는 나라가 점점 많아지고 있는 사실로도, 세계평화의 길이 그만큼 넓어져 감을 확인할 수 있다고 하겠습니다. 인간의 역사가 반드시 가야 할 방향으로 가고 있는 증거라 생각되기도 합니다.

지역평화공동체의 성립은 인류사회가 지난 세기 동안 두 차례의 처절한 제국주의 세계대전과 냉혹한 동서냉전을 겪은 결과라 할 수도 있겠지만, 인류사회가 본래부터 나아가는 큰 길은 역시 지구단위의 거주이동의 자유를 확대하고 세계평화를 정착시켜 나아가는 길이요 지구전체를 하나의 평화공동체로 만들어 가는 길임을 다시 한 번 확인하게 되는 겁니다.

남북화해와 북-일관계정상화가
동북아평화공동체 성립 요건입니다

동아시아지역 중에서도 흔히 말하는 동북아시아의 '동양 3국'이 비교적 역사도 오래고 문화수준도 높으며 경제적으로도 앞선 지역이라 인식되고 있지 않은가 합니다. 그런데 21세기 세계사 흐름의 큰 방향으로 생각되는 지역평화공동체 형성문제에서는 이들 '동양 3국'이 '아세안'을 이룬 동남아시아 지역보다 뒤떨어져 있는 것이 현실이라 하겠습니다.

오랫동안 같은 문화권 안에서 살아온 '동양 3국' 만으로 구성되는 동북아시아평화공동체를 이루지 못하고 있을 뿐만 아니라, 동남아시아평화공동체 즉 '아세안'에도 못 들어가고 '구차스럽게'도 아직은 '아세안 더하기 3국'식으로 '끼어들고' 있는 상황입니다.

그렇게 된 여러 이유가 있겠는데, 역사시대 이래 수천 년 동안 하나의 문화권을 이루어 왔던 '동양 3국'이지만 지난 20세기의 전반을 통해서 그 3국 사이가 침략과 피침략 관계로 됐던 사실이 지금까지도 '동양3국' 만의 동북아시아평화공동체를 이루지 못한 가장 중요한 원인이라 할 수 있을 겁니다.

또 다른 원인은 근대 이후 이른바 탈아입구(脫亞入歐)한 일본이 지금은 탈아입미(脫亞入美) 상태가 된 점과, 대륙 쪽 중국과 해양 쪽 일본을 평화적으로 연결해야 하는 중간위치에 있는 우리 땅이 남북으로 분단되고 대립되어 있어서, 중국과 일본을 연결해서 지역공동체를 이루기 위한 평화가교적 역할을 다하지 못하고 있기 때문이라 하겠습니다.

지난 20세기 전반 제국주의시대의 동아시아에서 유일한 침략국이었던 일본이 20세기 후반에 중국 및 분단된 우리 땅의 남쪽과는 정상적 국교관계를 회복했으면서도 우리 땅 북쪽과는 평화로운 국제관계를 수립하지 못하고 있는, 말하자면 아직도 20세기 전반의 침략과 피침략 관계를 해소하지 못하고 있는 상황인 겁니다.

지난 20세기와 같이 민족국가끼리 국경의 담을 높이 쌓고 서로 대립하거나 침범하는 것이 아니라, 국경의 벽을 낮추고 각 지역단위로 평화공동체를 이루어 평화롭고 자유롭게 살자는 것이 21세기 세계사의 큰 흐름이라하겠으며, 다른 지역에서는 이미 그런 방향으로 나아가고 있기도 합니다.

그런데 세계사 위에서도 비교적 문화수준이 앞선 지역의 하나로 알려지고 있는 '동양 3국'이 지난 20세기 전반에 있었던 일본과 우리 땅 및 중국 사이의 침략과 피침략 관계를 아직도 제대로 청산하지 못하고 있어서 지역평화공동체를 이루는 데 중요한 장애요인으로 되어 있다면 안타까운 일이지 않을 수 없겠습니다.

'동양 3국'만으로 동북아시아평화공동체를 이루려 해도 일본이 우리 땅 북녘과의 관계를 정상화하지 않고는, 즉 우리 땅 북녘을 제쳐놓고는 온전한 동북아시아평화공동체가 될 수 없는 겁니다. '동양 3국'은 우리 땅이 하나의 국가로 되어있던 때의 표현이지만 지금은 유엔에도 각기 가입한 두 개의 국가로 되어있으니까요.

'동양 3국'이 지금처럼 '아세안 더하기 3국'이란 '더부살이'로 이야기될 것이 아니라 아세안과 함께 동아시아평화공동체를 이루는 것이 바람직하지만, 우리 땅 북녘과 일본의 관계가 아직도 침략과 피침략 관계를 제대로 청산하지 못하고 정상적 국교를 성립시키지 못한 상태로서는 동아시아평화공동체 역시 온전한 것이 되지 못할 것임이 명백합니다.

21세기 세계사의 바람직한 방향으로서 평화로운 지역공동체 성립과 관련해서 '동양3국'만에 의한 동북아시아평화공동체가 되건 '동양3

국'과 '아세안'이 함께하는 동아시아평화공동체가 되건, 북-일관계가 정상화돼야 하며, 그러기 위해서는 먼저 우리 땅 남북 사이의 평화관계를 좀 더 확고하게 수립돼야 함은 말할 나위가 없겠습니다.

그렇기 때문에 21세기에 들어선 시점에서까지도 세계 유일의 분단 대립지역이요, 유일하게 남은 냉전지역이라 할 우리 땅에서도 탈분단과 탈냉전을 위한 6·15남북공동선언과 10·4남북공동선언이 있었고, 그것은 앞으로의 동북아시아평화공동체 및 동아시아평화공동체 성립문제와 그 궤를 같이 하는 것이라고 하겠습니다.

따라서 이명박정부에 의한 남북관계의 재긴장화는 분명히 지역평화공동체 발전이라는 21세기 세계사적 흐름에 역행하는 것이라 하지 않을 수 없습니다. 당연히 그에 상응하는 역사적 평가를 받겠지만, 이명박정부의 남북관계 긴장화 정책은 역사의 큰 흐름에서 볼 때 반역사적 현상이었다 하지 않을 수 없는 겁니다.

동아시아평화공동체 성립에
어려운 점이 없는 것도 아닙니다

21세기의 세계사적 흐름이 20세기까지의 제국주의와 냉전주의를 극복하고, 민족국가 사이의 벽을 낮추어 지역평화공동체들을 이루어가는 방향으로 가고 있음을 확인할 수 있다고 했지만, 그것은 실로 전 세계 평화주의자들의 오랜 여망의 결실이기도합니다.

이제 막 21세기에 들어선 인류사회의 역사가 실제로 평화주의 정착방향으로 가고 있는 것이 사실이지만, 아시아지역에서 평화공동체를 먼저 이룬 곳은, 다시 말하지만 흔히 아시아의 선진지역이라 말해지는 동북아시아의 '동양3국'이 아니고 '아세안'을 성립시킨 동남아시아 지역이었습니다.

정치 경제 문화적 조건 등이 '동양 3국'보다 앞섰다고 하기는 어려운 동남아시아 나라들이 21세기의 세계사적 흐름에 맞추어 발전시킨 동남아시아국가연합 즉 '아세안'은 1967년에 인도네시아-말레이시아-필리핀-싱가포르-타이 등 5개국에 의해 경제·사회·문화면의 지역협력기구로 출발했고, 그 뒤 브루나이-베트남-라오스-미얀마-캄보디아가 가맹해서 모두 10개국이 됐습니다.

그러다가 1997년의 동아시아 통화위기를 계기로 동남아시아국가연합 즉 '아세안'이 동북아시아의 '동양 3국'을 동반자로 끌어들여 '아세안 더하기 3국'회의를 제도화하게 됐습니다. 동남아시아국가연합을 넘어 장차 동아시아지역 전체의 평화공동체로 확대해 가려는 의도가 깔려 있다고 할 수 있겠습니다.

그런데 사회주의체제로 통일된 베트남은 1995년에 '아세안'에 가입했지만, 그 '아세안'이 동북아시아지역을 동반자로 끌어넣을 때는 그 지역에서 분명히 하나의 국가를 이루고 있는 우리 땅 북녘은 제외되고 남녘만이 들어간 '아세안 더하기 3국'이 됐습니다. 그런데도 별로 이상하게 생각하는 것 같지도 않습니다.

해마다 열리는 '아세안 더하기 3국'회의에서는 경제문제 뿐만 아니라 정치 및 안전보장문제까지 협의됨으로써 장차 동남아시아국가연합을 넘어 동아시아평화공동체로 발전할 기미를 보이고 있는 겁니다. '동양3국'만의 동북아시아평화공동체보다 '동양3국'과 '아세안'이 합쳐진 동아시아평화공동체가 되는 것이 더 바람직하기도 하겠습니다.

그런 한편, 1999년에 당시의 김대중 대통령이 한-중-일 3국의 경제협력 강화를 위해 각국에 연구기관을 두고 공동 연구할 것을 제의해

3국에 각각 연구기관이 설립되어 무역문제 투자문제 등을 연구하게 됐고, 노무현 대통령도 취임사에서 "21세기 동북아시아시대를 위한 한-중-일 공동체 형성"을 제의하기도 했습니다.

김대중 대통령과 노무현 대통령이 동북아시아평화공동체 나아가서 동아시아평화공동체 성립에 적극적인 관심을 보이면서, 한편으로 우리 땅 남북 사이의 평화관계 정착을 위해 6·15남북공동선언 및 10·4남북공동선언을 성사시킨 것은 당연히 21세기적 세계사진행방향에 적극적으로 부합한 일이었다 하겠습니다.

따라서 6·15남북공동선언 정신과 10·4남북공동선언 정신에 따르면 우리 땅 남녘이 동북아시아평화공동체 및 동아시아평화공동체 성립에 참가할 경우 우리 땅 북녘도 당연히 그들 평화공동체에 참가해야 할 것이며, 그래야만 옳은 의미의 동북아시아평화공동체 및 동아시아평화공동체가 성립되는 거라 하겠습니다.

우리 땅 남북사이의 평화관계 정착문제와 동북아시아평화공동체 및 동아시아평화공동체 성립문제는 그 궤를 같이 할 수밖에 없는 겁니다. 왜냐하면 우리 땅의 평화가 정착되지 않으면서 온전한 동북아시아평화공동체가 성립될 수 없으며, 동북아시아의 평화가 정착될 조건이 못되면서 온전한 동아시아평화공동체가 성립될 수 없기 때문입니다.

지금같이 '아세안 더하기 3국' 상태로 그냥 갈 것이 아니라 이 지역 평화공동체의 효능을 더 높이기 위해 동아시아평화공동체를 성립시켜야 한다는 생각이 나올만한 것은 당연하다 하겠습니다. 그런데 그것이 아직은 잘 안되고 있습니다. 지금까지의 상황을 참조해서 그 이유를 몇 가지로 요약해서 지적할 수 있지 않을까 합니다.

그 하나는 앞에서 말했지만, 우리 북녘땅이 당연히 참가하는 동북아시아평화공동체 및 동아시아평화공동체가 돼야 한다는 겁니다. 동북아시아평화공동체건 동아시아평화공동체건 그 공동체 안에서는 사람과 물건의 왕래와 교역이 완전히 자유로워야 할 것이며, 그래야만 지역평화공동체로서의 실제적 역할을 다할 수 있는 겁니다.

그런데, 우리 땅의 휴전선이 자유왕래를 막는 장벽이 되어 우리 땅 남녘이나 일본의 사람과 물건이 아무 막힘없이 육로로 우리 땅 북녘이나 중국 및 동남아시아지역에 갈 수 없다면, 반대로 우리 땅 북녘이나 중국 및 동남아지역의 사람이나 물건이 아무 막힘없이 육로로 우리 땅 남녘이나 그곳을 거쳐 일본으로 갈 수 없다면 그것은 결코 온전한 지역평화공동체가 될 수 없는 겁니다.

동아시아평화공동체 성립을 어렵게 하는 이유 중의 또 하나는 그 주도권을 두고 중국과 일본이 은근히 대립상황을 보이고 있다는 점을 들 수 있을 겁니다. 동아시아권 안에서는 분명 중국과 일본이 강대국입니다. 그리고 근대 이전에는 중국이 중화주의로서 이 지역의 종주국 노릇을 했고, 근대 이후에는 일본이 이른바 대동아공영권을 내세워 동북아시아지역과 동남아시아지역의 상당 부분을 침략해서 지배했습니다.

그러나 평화적 지역공동체 발전으로 나아갈 21세기에는 비록 한 지역의 대국이요 강대국이라 해도 패권주의적 중화주의나 침략주의적 대동아공영권 인식이 재생될 시대가 전혀 아님은 더 말할 나위가 없습니다. 지역평화공동체에 참가하는 모든 국가는 그 국세 여하를 막론하고 당연히 같은 자격이 부여돼야 하는 겁니다.

21세기의 지역평화공동체 형성과정에서 만의 하나라도 시대착오적인 중화주의나 대동아공영권적 인식을 적용하려 한다면 그 민족사회는 지역평화공동체에 참가할 자격이 없다 해도 전혀 틀리지 않을 겁니다. 뿐만 아니라 세계사의 큰 흐름에 역행하는 '후진국'이 되고 말 겁니다.

앞에서도 말했지만, 섬나라 일본은 근대화과정에서 이른바 탈아입구(脫亞入歐)를 지향하며 유럽의 제국주의를 배워 아시아지역을 침략했고, 태평양전쟁 이후에는 탈아입구가 아니라 탈아입미(脫亞入美) 상태가 되어 아시아대륙 쪽과의 관계를 소홀히 한다는 평이 있었습니다.

그런가 하면 우리 땅 남녘정부의 경우도 그 성립부터 미국의 뒷바라지에 의존했고, 6·25전쟁으로 미국의 영향권에서 이탈할 뻔했다가 미국군 중심 유엔군의 참전으로 그렇게 되지는 않았으며, 그 뒤 중국 및 소련과 국교가 이루어지기는 했지만 역시 미국의 강한 영향권에 있습니다. 그러나 그것은 어디까지나 20세기까지의 상황이라 하겠는데, 21세기의 동북아시아평화공동체 및 동아시아평화공동체가 성립될 때 미-일동맹관계와 한-미동맹관계가 어떻게 되느냐 하는 문제가 있게 마련이라 하겠습니다.

이야기가 조금 벗어나는데, 2010년에 일본에서 간행된 『일미(日米)동맹VS.중국-북조선』이란 책을 얼마 전에 읽었습니다. 수노하라(春原 剛)란 일본 언론인이 미국의 대표적 친일정객이라 할 리차드-아미티지 및 조셉-나이 등 두 사람과 미국과 아시아문제 등에 대해 대담한 내용입니다. 읽고서 21세기 동북아시아 각국의 국제관계를 전망함에 있어서 유의해야 할 문제들이 상당히 있다는 생각을 했기에 몇가지 소개할까 합니다.

2010년 6월에 캐나다 토론토에서 이명박 대통령과 회담한 오바마 대통령이 기자회견에서 한-미동맹은 태평양지역 안전보장의 요체(linchpin)라 강조한 사실을 두고, 수노하라가 당시 일본민주당의 하토야마(鳩山由紀夫)정부가 오키나와 보천간(普天間)기지 이동문제로 미국과의 사이에 문제가 있었던 사실과 비교하면서 일-미동맹이 한-미동맹보다 소홀해질까 걱정한 부분이 있습디다.

이명박정부의 친미정책이 일본의 친미정책 보다 앞서갈 정도였음을 말해주지만, 다음과 같은 아미티지의 말은 이명박정부의 친미주의가 어느 정도였던가를 알게 하며, 우리가 말하는 21세기 동북아시아평화공동체 및 동아시아평화공동체를 이루어감에 있어서 극복돼야 할 문제가 무엇인가를 알 수 있게 하는 것 같았습니다.

"나의 친구이기도한 이명박 대통령이 2008년 4월 워싱턴을 방문했을 때 오바마정권 성립 후에 와도 되는데 왜 일부러 말기의 부시정권 시대에 방미했는가 하고 물었더니, 그는 내가 발신하는 메시지는 미국을 향한 것이 아니고 한국국민을 향한 것입니다. 10년에 걸친 좌익정권 뒤에 나는 전혀 다른 자세로 대미관계에 임하겠다는 메시지입니다"라고 답했다고 합니다.

또 수노하라가 "통일조선에 대해 '중국 쪽'으로 되는 것이 아니고 '일-미 쪽'으로 되도록 작용할 수는 없을까요"하고 묻자 아미티지가 "조선의 통일이 문제가 되지 않게 하기 위해서는 일-미관계를 견고하게 해두어야 할 것입니다. 이것은 이제 상식이라 해도 괜찮겠지요"라 하기도 했습니다.

미국정객으로서는 '일-미 쪽'이 아닌 우리 땅의 통일을 상상할 수 없을지 모르지만, 21세기의 세계사적 흐름에 맞는 우리 땅의 통일은 '일-미 쪽'도 '중-러 쪽'도 아닌 지역평화공동체의 일원으로서의 통일이 가장 바람직함은 말할 나위가 없을 겁니다.

21세기에 들어선 지금에는 탈아입구론이 대아시아외교에는 유해무익한 것이 됐다고 반성하는 일본지식인들이 증가해가고 있기도 합니다. 도쿄대학의 요시미(吉見俊哉)교수는 그의 글에서 "21세기의 일본은 20세기의 일본보다 미국과의 사이에 서서히 거리를 두고 아시아에 가까워지는 방향(脫米入亞)로 나아갈 것이다. 그것이 안 되면 아시아에서 일본은 고립되어 미래의 전망을 잃고 말 것이다"고 했습니다.

그런가 하면 1997년에 태국에서 시작되어 동아시아 전체지역을 순식간에 휩쓴 아시아통화위기 때는 자본시장의 자유화를 강하게 요구했던 미국주도의 국제통화기금(IMF)과 경제협력개발기구(OECD)가 이를 방지하기보다 오히려 악화시킨 책임이 크다고 인식되기도 했고, 앞에서도 말했지만 이 아시아통화위기를 계기로 '아세안 더하기 3국' 회의가 시작되기도 했습니다.

지역평화공동체에서는 나라의 크고 작음이나 인구의 많고 적음에 상관없이 모든 참가국이 동등한 처지여야 함은 너무도 당연하다 할 겁니다. 대국주의나 강대국주의가 행세한 것은 제국주의시대나 냉전시대였습니다. 지역의 평화공동체를 성립시키는 과정에 대국주의를 적용시키려 한다면, 또 그 지역 밖의 강한 힘이 작용하려 한다면 그야말로 시대착오적인 처사가 된다 할 겁니다.

동아시아공동체 성립에 혼선과 차질을 빚게 하는 또 하나의 문제는 주로 일본 쪽의 제안인데 호주와 뉴질랜드를 동아시아평화공동체에 넣자는 겁니다. 이 제안 역시 다분히 미국의 눈치를 보는 데서 나온 거라 할 수 있겠는데, 미국은 북미자유무역협정(NAFTA)의 일원이면서도 아시아태평양경제협력체(APEC)를 계속 유지 강화하려 하고 있기 때문이기도 합니다.

이런 상황에서 일본은 미국의 눈치를 보면서 환태평양국가로서만 행세할 것인가, 즉 앞에서 말한 것처럼 '탈아입미'정책으로 일관할 것인가, 동북아시아평화공동체 및 동아시아평화공동체의 한 나라로 나아갈 것인가, 즉 '탈미입아'로 갈 것인가 하는 문제를 두고 고민하고 있으며, 그런 상황에서 동아시아평화공동체에 호주와 뉴질랜드를 넣자는 주장이 나온 것이라 할 수도 있지 않을까 합니다.

그리고 또 동아시아평화공동체에 인도를 넣을 것인가 하는 문제도 있습니다. 인도를 제외한 서남아시아국가들은 여러 가지 문제점에도 불구하고 종교공동체로서 이슬람평화공동체를 형성할 수도 있으며, 어떤 의미에서는 이미 어느 정도 성립됐다고 할 수도 있지 않을까 합니다. 미국의 세계전략에 맞서는 이슬람국가도 있고 타협하는 국가도 있지만.

그런데 힌두이즘사회인 인도의 경우 이슬람평화공동체에 들어가는 것도 그렇고, 그렇다고 해서 동북아시아평화공동체는 말할 것 없고 동아시아평화공동체에 들어가기도 지리적 조건 등으로 어려운 상황인 것 같습니다. 그런데도 동아시아평화공동체에 넣자는 의견이 있는 것은 아마 동아시아공동체에서 중국의 위치를 견제하려는 의도가 있는 것이 아닌가도 합니다.

그런데도 우리 땅 북녘과 같이 그 지리적 조건과 위치로 봐서는 당연히 동아시아평화공동체나 동북아시아평화공동체에 포함돼야 하는데도 불구하고 만약 그 정치체제나 경제체제가 다르다 해서 지역평화공동체에서 제외된다면 그 지역평화공동체는 옳은 의미의 공동체가 될 수 없을 겁니다.

실제로 베트남은 여타 '아세안'국가들과 다른 정치경제체제로 통일됐지만 '아세안'의 구성원이 됐고, 중국은 일본 및 우리 땅 남녘과 그 정치체제나 경제체제가 완전히 같은 것은 아닌데도, 그리고 사회주의국가임을 자처하는데도 현실적으로 '아세안 더하기 3국'에 들어있으며, 앞으로도 당연히 함께 지역평화공동체를 형성해야 한다고 말해지고 있습니다.

이상과 같이 동아시아평화공동체 성립에는 여러 가지 해결돼야 할 문제점들이 있기는 합니다. 그런데도 그 문제점들을 슬기롭게 해결하면서 '아세안 더하기 3국'이 아닌, 우리 땅 북녘지역까지 포함된 동아시아평화공동체를 성립시켜 나가야 할 겁니다. 21세기에는 아무리

정치 경제적으로 강하고 부유하다해도 지역평화공동체를 이루지 못하는 국가는 곧 후진국이 되고 말 것이라는 생각입니다.

우리 통일문제와 지역평화공동체문제가 어떻게 연관될까요

우리 땅이 대륙세력과 해양세력 사이에서 분쟁지역이 되는 것을 막기 위해, 또는 남북으로 분단되는 것을 막기 위해, 또 분단된 경우 통일을 위한 방법으로서 우리 땅 전체를 영세국외중립지대로 만들자는 논의들이 자주 나왔다고 앞에서 여러 번 말했습니다.

그렇다면 지난 세기와 같은 제국주의시대나 냉전시대가 아니고 21세기 세계사의 대세가 지역평화공동체 성립방향으로 가는 경우 우리 땅의 영세국외중립화 통일방법은 어떻게 되는가 하는 문제가 있습니다. 즉 지역평화공동체 가입과 영세중립화가 상치되느냐 그렇지 않느냐 하는 문제인 겁니다.

제국주의시대나 동서냉전시대에는 우리 땅과 같이 대륙세력과 해양세력이 맞부딪히는 지역이, 전쟁발발 분쟁지가 되거나 분단되어 대립하는 상황을 막고, 그 지역의 주권독립을 유지하는 방법으로 영세국외중립지대화 방안이 제시되기도 했습니다. 그러나 우리 땅의 경우 한 번도 국외중립이 이루어지지는 않았습니다.

식민지획득이 중심인 종래의 제국주의가 거의 종식되고 동서냉전이 해소된 21세기에 들어선 지금, 남북전체 우리 땅도 유럽의 스위스처럼 영세국외중립지역이 되면서 통일을 이루자는 안이 나오기도 했고, 또 그런 안이 앞으로 더 적극적으로 제시될 수 있다고 생각되기도 합니다.

21세기 세계사의 대세가 지역평화공동체 성립으로 가는 경우, 지정학적으로 어려운 위치에 있어 남북으로 분단되어 있는 우리 땅이, 영세국외중립화방법으로 통일될 수 있겠는가 하는 문제를 우선 생각해보지 않을 수 없습니다. 제국주의시대나 냉전시대에는 영세중립화할 수 없었던 지역도 지역평화공동체시대에는 그것이 가능할 수도 있을 테니까요.

유럽의 영세중립국 스위스의 경우 유엔에도 가입하지 않고 있다가 1986년에 가입여부를 국민투표에 부쳤으나 부결됐습니다. 그러다가 2002년에 다시 국민투표에 붙인 결과 통과되어 유엔에 가입했습니다. 그런 한편 유럽연합(EU)에는 1992년과 2001년의 국민투표에서 모두 부결되어 가입하지 않고 있습니다. 그런가 하면 유럽의 또 다른 영세중립국가인 오스트리아는 유엔과 유럽연합 모두에 가입했습니다.

우리 땅의 남북 두 나라는 모두 이미 유엔에는 가입했는데, 영세중립국으로 통일하더라도 오스트리아가 유럽연합에 가입한 것과 같이 통일된 우리 땅도 그 주민의 총의가 그렇다면 당연히 동북아시아평화공동체 및 동아시아평화공동체에 가입할 수 있을 겁니다.

그리고 그 지리적 조건으로 봐서 동아시아평화공동체, 특히 동북아시아평화공동체의 경우, 일본과 중국 사이에서 두 지역의 평화가 교적 역할을 담당해야 할 우리 땅이 빠져버리고는 온전한 동북아시아 및 동아시아 지역평화공동체 성립이 어렵다 해도 틀리지 않을 겁니다.

생각해 보면 영세국외중립화는 스위스의 경우와 같이 제국주의시대의 산물이거나 오스트리아의 경우와 같이 냉전시대의 산물이라 할 수도 있습니다. 평화적 지역공동체중심 시대에는 영세중립국의 존재 자체가 필요 없다고 할 수도 있겠지만, 우리 땅과 같이 국제분쟁지가 될 가능성이 있는 지역의 경우 영세중립화로 통일하는 것도 한 방법이 아닐까 생각되기도 합니다.

그건 그렇다 하고, 일본의 고이즈미 수상이 미국의 눈치를 보면서 앞으로 성립될 동아시아평화공동체에 호주와 뉴질랜드를 넣자고 했지만, 21세기는 어느 한 나라, 예를 들면 미국 같은 나라의 패권주의가 행세할 수 있는 그런 시대가 돼서는 안 될 겁니다. 유럽공동체 성립자체가, 그리고 남미공동체 성립기미가 미국패권주의에 대한 거부라는 의미도 있다고들 하니까요.

21세기가 지역공동체 평화공동체 중심의 세상이 되면, 미국은 20세기에나 통했던 '세계의 헌병' 노릇을 그만두고, '9·11 테러'로 아프간전쟁이나 이라크전쟁을 일으키는 그런 미국이 아니라, 일본이나 우리 땅이 중국 및 '아세안'과 함께 동북아시아평화공동체나 동아시아평화공동체를 형성하는 데 방해요인이 되지 말고, 몬로주의 전통을 살려서 북미평화공동체의 기초라 할 북미자유무역협정(NAFTA)의 일원으로서 평화롭게 살 수 있으면 좋을 겁니다.

이야기를 아세아문제로 돌립시다. 현재 진행되고 있는 동아시아평화공동체의 수준은 '아세안 더하기 3국' 형태를 강화해 가는 한편, 우리 땅 남녘과 아세안, 아세안과 중국, 아세안과 일본이 각기 자유무역협정(FTA)을 맺고 있는 단계에 있습니다. '아세안 더하기 3국'의 경우나 '아세안'과의 자유무역협정 체결 경우를 막론하고 우리 땅 북녘은 전혀 제외되고 있는 것이 현실입니다.

'아세안 더하기 3국' 형태가 장차 이루어질 동아시아평화공동체의 앞 단계라 할 수도 있겠지만, 공동체의 범위를 좁혀서 동북아시아평화공동체가 되건 범위를 넓혀서 동아시아평화공동체가 되건, 그 공동체의 변방이 아니라 중심지역에 위치한 우리 땅 북녘을 제외한 지역평화공동체, 그것도 21세기의 세계사적 흐름에 맞는 평화공동체를 이룰 수는 없을 겁니다.

이상하게도 동북아시아평화공동체를 말하는 경우건 동아시아평화공동체를 말하는 경우건, 그 전제조건의 하나인 우리 북녘땅의 문제는 전혀 논급되지 않고 있는 것이 현실입니다. 하기야 이 문제는 남북 우리 땅에 사는 사람들이 먼저 그 해결책을 마련해서 중국과 일본, 그리고 아세안에게 제시해야 할 문제이기도 합니다.

우리 생각으로는 어색하고도 과도기적 조처라 생각되는 '아세안 더하기 3국' 형태를 넘어서 동아시아평화공동체를 발족시키는 방법으로는 '아세안 더하기 3국'이 바로 동아시아평화공동체로 가는 경우와, 우리 땅과 중국과 일본 등이 먼저 동북아시아평화공동체를 이루고, 그 공동체와 '아세안'이 합쳐서 동아시아평화공동체를 이루는 방법이 있을 수 있을 겁니다.

어느 경우건 그것에 앞서서 분명 '사람 사는 공간'의 하나인 우리 땅 북녘이 어떤 경위와 과정으로 이 동북아시아평화공동체, 나아가서 동아시아평화공동체에 참가하느냐 하는 문제를, 우리 땅의 평화통일문제와 관련해서 적극적으로 생각하지 않을 수 없는 겁니다. 우리 생각으로는 그 방법이 크게 두 가지가 있을 수 있지 않을까 합니다.

첫째 방법은 우리 땅의 남북정부가 완전통일이 되기 전에 동북아시아평화공동체 및 동아시아평화공동체에 참가하는 경우 남북이 각기 따로 참가하는 방법입니다. 지금 우리 땅의 남북정부는 유엔에도 각기 가입하고 있습니다. 동북아시아평화공동체의 경우 우리 땅이 완전통일이 되기 전에는 그것이 3개국공동체가 아니라 4개국공동체가 되는 거지요.

이 경우 중국과 일본이, 특히 일본이 반대할 수도 있겠으나, 동북아시아의 평화정착을 위해 일본이 미국 눈치를 보지 말고 우리 땅 북녘과의 수교를 먼저 이루어야 하고, 우리 땅이 완전통일 되기까지 임시조처로서 동북아시아평화공동체의 경우 그 대상이 '동양 3국'이 아니라 우리 땅에 두 개의 나라가 있는 현실적 상황에 따라 동북아시아 4개국공동체가 될 수밖에 없을 겁니다.

우리 땅이 완전통일되기 전에 동아시아평화공동체가 성립되는 경우 역시 '아세안 더하기 3국'이 아니라 '아세안 더하기 4국'으로 공동체가 성립 될 수 있겠지요. 그리고 그 경우 '아세안 더하기 3국' 보다 '아세안 더하기 4국'으로 동아시아평화공동체를 성립시키는 것이 공동체의 평화적 완성도를 더 높이는 것이 되는 겁니다.

다음은 우리 땅 남북이 따로따로 즉 두 개의 국가로서 동북아시아 평화공동체 및 동아시아평화공동체에 들어가는 것이 아니라, 그보다는 더 합리적 방법이라 할 수도 있을, 사전에 남북이 합의해서 두 개의 국가이면서도 하나의 국가단위로 들어가는 경우입니다. 이것은 지금까지 제시된 우리 땅의 통일방법과도 바로 연관된다고 하겠습니다.

지금까지 제시된 우리 땅의 통일방안은 앞에서도 설명했지만 남녘이 제시한 것이 연합제이고, 북녘이 제시한 것이 연방제입니다. 두 방법 사이의 차이점은 정부와 체제는 당분간 둘인 채로 두되 국가를 바로 하나로 할 것인가, 아니면 국가도 당분간 둘인 채로 두고 그 위에 하나의 협의기구 같은 것을 둘 것인가 하는 점에 있습니다. 그렇다면 남북 사이의 이 같은 통일방안의 차이가 동아시아평화공동체 성립문제와는 어떻게 연관될까요.

우리 땅 남녘정부가 제시한 연합제통일방안에 따르는 경우, 우리 땅이 완전통일되기 전에 북녘정부를 동북아시아평화공동체 또는 동아시아평화공동체에 들어가게 하려면 어쩔 수 없이 '아세안 더하기 4국'을 기초로 하지 않을 수 없을 겁니다.

다음 연방제통일방안에 따르는 경우 우리 땅 남북 두 개의 국가가 미리 타협해서 지금처럼 남녘만이 참가하는 '아세안 더하기 3국'이 아니라 남북이 함께 참여하는 '아세안 더하기 3국'으로 할 수도 있겠습니다. 그렇게 되기 위해서는 6·15남북공동선언이나 10·4남북공동선언의 내용이 더 실천되어 앞에서 말한 '민족통일'과 '국토통일'이 더 진전되는 것이 중요하겠습니다.

　우리 땅의 분단현실이 동북아시아평화공동체 또는 동아시아평화공동체 성립과 같은 21세기 세계사의 큰 흐름에 저해요인이 되거나 그것을 불완전하게 하는 요인이 된다면, 지난 20세기의 세계사에서 우리 땅에 붙여졌던 "극동의 화약고" 등 세계평화를 해치는 지역이라는 오명을 21세기에도 그대로 가지고 가는 상황이 되고 말 겁니다.

　이른바 5천 년의 역사를 가진 문화민족사회가 불운하게도 제국주의와 냉전주의의 희생물이 됐던 지난 20세기를 넘기고 이제 세계평화가 정착되어가는 21세기를 맞게 된 시점에서, 앞으로 그 평화주의 시대를 어떻게 맞이하여 지난 세기를 통해 훼손된 민족의 자존심과 명예를 되찾을 것인가 하는 문제를 심각하게 그리고 냉철하게 생각하지 않으면 안 될 때가 됐다 하겠습니다.

　지난 세기를 통해 타민족에 의한 식민지배와 분단과 동족상잔 등으로 추락될 대로 추락된 민족적 자존심을 회복하는 길은 우리의 분단문제 남북문제를 슬기롭게 풀어내어 '극동의 화약고'라는 오명을 벗고 21세기 역사의 길인 세계평화정착에 이바지하는 겁니다, 그 역사적 과제를 이루어내지 못하면 21세기에도 문화민족의 일원으로 대접받지 못하게 될 겁니다.

글쓰기를 마치면서
하고 싶은 말이 있습니다

불행히도 '광복 8 · 15'와 '분단 8 · 15'가
대립되게 됐습니다

근 반세기에 걸친 끈질긴 독립투쟁의 결과 1945년 '8 · 15'에 꿈에도 그리던 광복을 맞게 됐습니다. 독립투쟁과정에서는 해방은 곧 광복이요 광복은 곧 독립이요 민족국가 건설이라 기대했지만 불행하게도 그렇게는 되지 않았습니다. 해방은 1945년 '8 · 15'에 됐지만 건국은 남녘의 경우 1948년 '8 · 15'에, 북녘의 경우 같은 해의 '9 · 9'에 이루어진 겁니다, 다시 말하면 해방은 한 날 한 시에 이루어졌지만 건국은 두 차례에 걸쳐 남북에서 따로 이루어진 것이 우리 현대사의 비극인 겁니다.

일제강점기의 독립운동과정에서는 좌익진영과 우익진영을 막론하고 해방 후에 건설될 민족국가는 어디까지나 하나의 국가였습니다. 그렇다면 해방 후에 세워진 남북 두 개의 국가는 모두 독립운동정신에 부합되지 않는 국가들이라 할 수밖에 없는 겁니다. 따라서 독립운동정신의 관점에서 보면 해방 후에 성립된 두 개 국가체제는 어디까지나 일시적 현상이며 따라서 언젠가는 반드시 청산되고 극복되어야 할 체제인 겁니다.

따라서 해방 후에 성립된 그 두 개의 국가가 모두 설령 독립운동세력에 의해 세워졌다 해도, 지난날의 피나는 독립투쟁이 어디까지나 하나의 국가를 건설하기 위한 투쟁이었기 때문에 해방 후에 두 개의 국가가 성립된 것은 그 독립운동정신에 어긋나는 것이며, 만약 해방 후에 성립된 국가 중에 조금이라도 독립운동정신에 어긋나는 즉, 과거의 반민족세력을 철저히 청산하지 못하고 그 일부라도 포함해서 성립됐다면 그 국가에는 민족적 역사적 정통성을 인정하기가 어려운 겁니다.

뿐만 아니라 우리 역사의 경우 남북 우리국토 전체가 일제강점에서 해방된 시점, 즉 1945년 '8·15'에 역사적 의미를 더 부과할 것인가, 그렇지 않고 독립운동정신과는 어긋나는 두 개의 분단국가들이 성립된 1948년의 '8·15'나 '9·9'에 더 역사적 의미를 부여할 것인가 하는 문제가 있겠는데, 역사적 관점에서 보면 후자의 경우는 분단체제를 정당화하는 입장이며, 그렇다면 해방 후의 분단시대가 안고 있는 통일이란 역사적 과제가 필요 없고 불행한 분단체제가 영원히 지속되어도 괜찮다는 입장이 되게 마련인 겁니다.

따라서 남북을 막론한 전체 민족적 처지에서 1945년의 '8·15'에 더 높은 역사적 의미를 부여할 것인가, 아니면 불행한 분단체제적 입장에서 1948년 '8·15'나 '9·9'에다 1945년 '8·15'보다 더 높은 역사적 의미를 부여할 것인가를 판단해봐야 하게 마련인 겁니다.

즉 우리 민족구성원 각자가 통일민족주의적 역사인식에 설 것인가 아니면 분단국가주의적 역사인식에 한정될 것인가 하는 구분이 분명해지게 마련인 겁니다. 어느 처지에 설 것인가는 물론 남북을 막론한 전체 민족구성원 개개인이 선택할 거지만 말입니다.

진보적 역사인식과 보수적 역사인식은
어떻게 다를까요

평생을 우리 역사 그것도 근-현대사를 공부하고 가르치고, 또 연관되는 글들을 쓰고 살아오면서 한 가지 꼭 지키고 싶었던 일이 있었습니다. 그것은 언제나 현실적 조건에만 얽매이지 말고 미래지향적 입장에서 살고 또 가르치며 글 쓰자는 생각이었습니다. 먹고 살기 위한 수단으로 선생노릇을 하고 있지만, 내 강의를 듣는 사람들은 나와 같은 시간대에만 살 사람들이 아니고 나보다 더 미래를 살아야 할 사람들이라는 사실을 잊지 말아야 한다는 거였습니다.

내가 살고 있는 오늘이 아닌 내일을 살아야하는 사람들을 가르치는 일을 생활방편으로 삼고 있는 나 같은 사람의 생각이, 오늘을 살고 있는 일반사람들의 생각과 별로 다르지 않다면, 나보다는 내일을 더 많이 살아야 할 젊은이들을 가르치는 일은 그만 두어야 한다는 생각이기도 했습니다.

과거 사실을 가르치는 역사선생이면서 '건방지게' 미래지향적인 생각을 가지려 애썼고 또 그것을 젊은이들에게 말해주려 노력했습니다. 그래서 박정희'유신'시기에는 그것이 반드시 넘어서야 할 시기임을 말해주었고, 우리가 살고 있는 민족분단시대도 반드시 극복되어야 할 시대임을 강조하기도 했습니다.

십몇 년 전의 일로 기억합니다. 우리 대학생들과 일본대학생들이 함께 일제강점기에 강제동원 됐다가 노동현장에서 사망한 사람들의 유골을 발굴하는 행사에 참가하러 일본의 북해도에 갔다가 그곳 일본인들을 대상으로 강연을 했을 때의 일입니다.

강연을 들은 중고등학교 교사인 것 같은 어느 여인이 "교사가 지향해야 할 이상이 무엇이라 생각하느냐"는 질문을 했습니다. 그래서 가

글쓰기를 마치면서 하고 싶은 말이 있습니다　325

르치는 학생들을 자신보다 더 나은 인간으로 만들려 노력하는 것이 교사들의 이상이 돼야 한다고 말해주었습니다. 가르치는 학생들이 자신과 같은 시대가 아닌 미래를 살 사람들이라는 것을 아는 교육자라야 한다는 말이겠습니다.

미래지향적 역사학, 이런 말이 가능할지 모르지만, 후진들을 위한 조그마한 재단을 만들면서 그 이름을 '내일을 여는 역사재단'이라 했습니다. 미래학이란 분야도 있다고 알고 있지만, 과거를 정확히 그리고 더 많이 아는 미래학이라야 옳은 의미의 미래학이 될 수 있다는 생각이기도 합니다.

평화주의 역사학 및 미래지향적 역사학 운운하다가 본의와는 상관없이 진보적 역사학자, 또는 민족주의 '좌파'라는 이름이 붙여지더니 어느새 어이없게도, 어쩌면 '과분'하게도 '친북좌파' 운운하는 이상한 명단에 들기도 했습니다. 80평생을 통해 처음으로 그런 '대접'을 받게 된 겁니다.

평생 역사학학술단체 외에는 오직 한 곳 경제정의실천시민연합의 통일협회에 관계했고 그 연장선상에서 저절로 민족화해협력범국민협의회란 단체에 관계하게 되어 김대중정부 때 6·15남북정상회담의 민간수행원으로 참가한 경력과, 그것이 계기가 되어 남북역사학자협의회를 조직해서 남북의 역사학자 및 역사학 교류를 도운 일밖에 없는데 말입니다.

다른 글에서도 이미 썼지만, 필자 세대의 사람들은 해방 직후의 좌우대립시기와 6·25전쟁과정 등에서 일단 '좌익'으로 지목되면 법의 보호조차 받을 수 없는 험악한 세상을 살아왔습니다. 그러니 진보적 역사학자라는 분류에 넣는 것까지는 그런대로 받아드릴 수 있다 해도 평생 정치적 색채가 있는 단체에는 가입한 적이 없는 처지로서는 '좌파'니 '좌익'이니 운운하는 데는 솔직히 말해서 마음이 편치 못한 것이 사실입니다.

지난날 '해방공간'에서는 주로 좌익이니 우익이니 하면서 대립하고 싸우더니 요즈음에는 좌파니 우파니 하는 말 외에도, 진보니 보수니 하는 말이 더 유행하고 있는 것 같기도 합니다. 성급한 사람들은 진보가 곧 좌익이고 좌파요 보수가 곧 우익이요 우파인 것으로 생각하거나 그렇게 말하는 경우도 있는 것 같습디다만.

그러나 진보가 곧 좌익이요 보수가 곧 우익이라는 식의 생각은 이른바 단세포적인 생각이라 할 수 있을 겁니다. 역사적 관점에서 보면 진보란 곧 현실에 안주하지 않고 현실적 상황을 조금이라도 타개해 나가자는 데 더 무게를 두는 입장이고, 보수란 곧 현실적 상황을 유지하자는 데 더 무게를 두는 입장이라 할 수 있을 겁니다.

현실상황이 제대로 평온하고 순조롭게 가고 있을 때는 대체로 진보와 보수 논쟁이 심하지 않게 마련입니다. 역사가 순조롭게 가고 있지 않을 때, 우리 역사에서 예를 들면 일제강점기나 해방 후의 남북대립 동족상잔 같은 시기에, 그런 현실을 타개해야 한다고 생각하는 사람들도 있고 그런 현실을 그대로 받아들이는 사람들도 있을 수 있겠습니다.

일제강점기를 예로 들어 말하면, 독립운동에 투신한 사람들은 일제강점이란 현실을 반드시 타개해야 한다고 생각한 입장이라는 점에서 모두 진보주의자들이었다고 하겠는데, 그 중에는 해방된 뒤 자본주의체제로 독립해야 한다고 생각한 사람들도 있었고 사회주의체제가 되어야 한다고 생각한 사람들도 있었습니다.

그런 차이에도 불구하고 독립투쟁에 나선 사람들은 모두가 일제강점이란 현실상황을 기어이 타개해야 한다고 생각한 진보주의자들이었다고 하겠습니다. 그런데 일제강점체제를 타개하고 청산하자는 길에 나서지 않고 그 체제를 어쩔 수 없다며 받아들이고 그것에 안주한 말하자면 보수주의적 처지를 택한 사람들이 오히려 많았습니다.

일제강점통치에 적극적으로 협력한 무리들은 물론 친일반민족세력이지만, 일제강점에 적극적으로 협력하지는 않았다 해도 강점체제가 현실적으로 유지되는 것을 별수 없이 그대로 받아들인 즉 개혁주의자 진보주의자가 아닌 보수주의자라 할 사람들이 많았던 겁니다.

해방 후 우리나라가 자본주의체제가 돼야 한다고 생각했으면서도 일제강점에 저항한 사람들을, 자본주의체제의 변형이라 할 제국주의에 의한 식민지배체제를 받아들이고 안존한 사람들과 같은 보수주의자로 규정해도 괜찮은지, 아니면 자본주의 지향이면서도 일제강점의 현실을 타개하려 했다는 점에서 진보주의자로 봐야 할 것인지 생각해 봐야 할 겁니다.

또 다른 예를 들어 봅시다. '해방공간'에서 이승만 중심 세력은 분단국가 수립노선으로 나아갔고 김구 중심 세력을 통일국가 수립노선으로 나아갔습니다. 그런데 이 두 세력을 우익이냐 좌익이냐 하는 기준으로만 구분한다면 누가 무어라 해도 두 세력은 모두 우익 중의 우익이었습니다.

그런데 38도선 확정과 민족분단이란 현실적 조건에 순응한 보수적 처지와 그런 현실적 조건을 극복하고 평화적으로 통일민족국가를 수립하려 한 현실타개의 진보적 처지를 같은 분류 속에 넣을 수 있을까요. 다시 말하면 분단현실을 보전하려는 보수주의자는 모두 우파라 한다 해도 분단현실을 타개하고 평화통일을 지향한 진보주의자를 모두 좌파라 할 수 있을까요.

현실을 타파 내지 개혁하려는 것이 아니고 현실을 유지하거나 현실에 안존하려는 것이 보수라면, 우리 근-현대사를 통에서 보수라 할만한 체제는 무엇이었을까요. 구한말의 전제군주체제 유지주의와 일제강점기의 보신협력주의와 해방 후의 분단체제 유지주의가 보수주의요 우파주의일까요.

역사적 안목에서 보면 보다 나은 내일을 위해 현실은 언제나 지나가야하고 극복되어야 할 대상입니다. 역사를 배우는 목적은 과거를 알자는 데만 있는 것이 아니라 과거를 철저히 알아서 바람직한 미래를 개척하는 데 도움을 얻고자 하는 데 있습니다. 과거나 현실에 안주하기 위해서가 아니라 현실을 타개해 더 나은 미래를 건설하려는 데 역사공부의 근본적 목적이 있는 겁니다.

따라서 역사학이야말로 어느 학문보다도 진보적이지 않을 수 없는 학문이라는 생각입니다. 모든 학문이 현실을 제대로 알고 그 현실을 한층 더 낫게 하려는 데 목적을 두고 있다면, 역사학은 그 현실에 앞선 과거까지를 상세히 알고, 그것을 바탕으로 현실을 한층 더 정확하게 개혁하는 데 도움이 되고, 나아가서 더 나은 미래를 창조하는 데 이바지하려는, 어느 학문보다도 개혁성과 진보성이 강한 학문인 겁니다.

이 책을 쓴 주된 목적은 물론 우리 민족사회가 당면한 합리적 통일방법을 생각해 보자는 데 있습니다. 그러기 위해서는 우리가 당면하고 있는 분단질곡이 역사상 어떤 연원과 조건에서 빚어진 것인가를 먼저 알고, 과거에도 어떤 경우에 분단위험이 있었고 그 극복방편으로는 어떤 것이 제시되었는가 하는 문제 등을 정확하게 알아야 하기 때문에 분단되기까지의 과정을 상세히 설명하는 데서 시작했습니다.

그리고 분단된 과정과 조건을 역사적으로 살펴본 결과 앞으로 변화하는 세계사 속에서 우리 민족의 통일문제가 어떤 방법으로 강구되어야 하겠는가를 생각하고 단견으로나마 의견을 제시해 본 겁니다. 분단질곡 분단현실에 안주하지 않고 민족사의 '바람직한 장래'를 가능한 한 내다보려 한, '진보적' 글을 쓰고 싶었던 겁니다.

민족사 위의 최대불행인 분단문제의 극복은 당연히 정치-경제-사회 및 문화 등 모든 분야에서 논의되고 연구되어야 하고 또 그렇게들 하고 있지만, 역사학의 한 모퉁이에서 보는 입장을 말해본 겁니다. 읽고 조금이라도 도움이 됐다면 필자로서는 더없는 다행이겠습니다.

• • •

주요참고자료

『일본외교문서』, 일본외무성

『주한일본공사관기록』, 국사편찬위원회, 1989

「유길준의 한반도중립화론」, 강만길, 『분단시대의 역사인식』, 창작과 비평사, 1978

『한국분단사』, 조순승, 형성사, 1982

「한반도의 중립화와 평화」, 강만길, 한반도평화, 평화와 민주주의 연구소, 1989

「러일의 한반도 분할 획책」, 신승권, 한국사 41, 국사편찬위원회, 2000

『한국분단사연구』, 신복룡, 한울아카데미, 2001

「한반도 분할의 국제정치학—19세기말 20세기초 열강의 논의를 중심으로」, 이완범, 국제정치논총 제42집 4호, 2002

『대한제국의 대외정책』, 현광호, 신서원, 2002

「러일전쟁과 대한제국의 중립화정책에 대한 비판적 검토」, 이성환, 국제정치연구 제8집 2호, 2005

「한말 고종의 중립화정책 연구」, 엄찬호, 강원사학 22-23합집, 2008

「영일동맹과 제정러시아의 극동정책」, 이항준, 사림 31호, 2008

『근대조선과 일본』(近代朝鮮と日本), 조경달, 岩波新書, 2012

『백범일지』, 김구, 고려선봉사, 1947

『조선민족혁명당과 통일전선』, 강만길, 역사비평사, 2003

『일본은 왜 전쟁을 시작했는가』(なぜ日本は戰爭を始めたのか), 益井康一, 光
    人社, 2008

『대일본제국 붕괴』(「大日本帝国」崩壊), 加藤聖文, 中公新書, 2009

『일미전쟁과 전후일본』(日米戰爭と戰後日本), 五百旗頭 眞, 講談社, 2005

『김일성과 박헌영 그리고 여운형』, 유영구·정찬현 엮음, 선인, 2010

『조선전쟁 ― 미국의 개입과정』(朝鮮戰爭―米国の介入過程), 小此木政夫, 中央
    公論社, 1986

『마오쩌둥의 조선전쟁―중국이 압록강을 건너기까지』(毛沢東の朝鮮戰爭 中
    国が鴨緑江を渡るまで), 朱建榮, 岩波書店, 2004

『마오쩌둥 스탈린과 조선전쟁』, 션즈화, 최만원 역, 선인, 2010

『쇼와사(昭和史)의 수수께끼를 좇다(하)』(昭和史の謎を追う〈下〉), 秦 郁彦, 文
    春文庫, 1999

『한국대통령을 움직인 미군대위―하우스만 증언―』, 짐 하우스만·정일화
    공저, 한국문원, 1995

『김대중의 3단계통일론』, 김대중, 도서출판 한울, 1995

『우리 통일, 어떻게 할까요』, 강만길, 도서출판 당대, 2003

『피스 메이커―남북관계와 북한문제 20년』, 임동원, 중앙북스, 2008

『조선반도 전쟁의 위기를 읽는다』(朝鮮半島戦争の危機を読む), 鎌倉孝夫, 白峰社, 2010

『북조선VS.아메리카―위미(僞米)달러사건과 대국의 파워게임』(北朝鮮VS.アメリカ―「僞米ドル」事件と大国のパワー・ゲーム), 原田武夫, ちくま新書, 2008

『동아시아공동체―경제통합의 행보와 일본―』(東アジア共同体―経済統合のゆくえと日本), 谷口 誠, 岩波新書, 2004

『동아시아공동체를 어떻게 만들 것인가』(東アジア共同体をどうつくるか), 進藤榮一, ちくま新書, 2007

『일미동맹VS.중국―북조선』(日米同盟VS.中国―北朝鮮), 春原 剛, 文藝春秋, 2010

『일본의 근현대사를 어떻게 볼 것인가』(日本の近現代史をどう見るか〈シリーズ 日本近現代史 10〉), 岩波新書編集部, 岩波新書, 2010

『천황(天皇)의 쇼와사(昭和史)』(天皇の昭和史), 藤原 彰 外, 新日本新書, 1984

「스위스의 유엔가입과 향후전망」, 국제문제 33권 7호, 국제문제연구소 편집부, 2002

「스위스의 대유럽연합정책」, 김웅운, 유럽연구 22호, 한국유럽협회, 2005

『지금부터 세계는 어떻게 될 것인가―미국쇠퇴와 일본―』(これから世界はどうなるか: 米国衰退と日本), 孫崎 亨, ちくま新書, 2013